法者，尺寸也，绳墨也，规矩也，
衡石也，斗斛也，角量也，谓之法。

江苏师范大学人文社会科学研究基金重点项目：
刑事庭审证据调查程序研究（项目号：17XLW026）

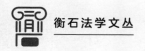
衡石法学文丛

刑事庭审
证据调查程序研究

A Study on the Procedure of
Evidence Investigation in Criminal Trial

张 杰◆著

中国政法大学出版社

2020·北京

图书在版编目（ＣＩＰ）数据

刑事庭审证据调查程序研究/张杰著. —北京：中国政法大学出版社，2020.12

ISBN 978-7-5620-9691-7

Ⅰ.①刑… Ⅱ.①张… Ⅲ.①刑事诉讼－审判－证据－调查研究－中国

Ⅳ.①D915.313.04

中国版本图书馆CIP数据核字(2020)第206293号

书　名	刑事庭审证据调查程序研究 XINGSHI TINGSHEN ZHENGJU DIAOCHA CHENGXU YANJIU
出版者	中国政法大学出版社
地　址	北京市海淀区西土城路 25 号
邮　箱	fadapress@163.com
网　址	http://www.cuplpress.com (网络实名：中国政法大学出版社)
电　话	010-58908466(第七编辑部) 010-58908334(邮购部)
承　印	北京朝阳印刷厂有限责任公司
开　本	720mm×960mm　1/16
印　张	15.25
字　数	250 千字
版　次	2020 年 12 月第 1 版
印　次	2020 年 12 月第 1 次印刷
定　价	65.00 元

序

　　《刑事庭审证据调查程序研究》一书是作者在其博士学位论文的基础上修改而成的。

　　庭审证据调查是我国刑事审判中最关键、最核心的环节，其过程应遵循什么样的程式与规则直接影响着案件事实证据的查明程度与案件结果的公正与否。然而，我国当前刑事庭审证据调查程序仍存在着诸多问题，如证据调查各方主体角色定位不清或职能发挥不佳，证据调查仍旧以"宣读式"进行，证人出庭较难，非法证据排除启动困难，辩方质证形式化等。故而，研究如何完善我国刑事庭审证据调查程序，促其严格化、规范化运行，是新时代全面依法治国新部署、新要求下进一步深化刑事司法体制改革重要而紧迫的任务。因此，当作者与我商量其博士论文选题并提出有意研究刑事庭审证据调查程序时，我觉得非常符合"以审判为中心，庭审实质化"刑事司法改革的要义，认为此选题具有重大的理论和实践意义，遂当即表示支持，并对该篇博士论文寄予很高的期待。

　　作者是一名年轻的高校法学专业教师，平时教学科研压力较重且孩子尚幼，为了完成该篇博士论文，作者下了很大的功夫。作者在博士一年级时，积极参与到我主持的"以审判为中心，完善证人、鉴定人出庭"的课题中，并随我到北京、哈尔滨、温州等地的相关法院进行实证调研，在统计证人、鉴定人出庭情况时获得一手数据资料。为进一步深入了解刑事庭审证据调查过程及相关制度、规则运行情况，作者在博士二年级时，又专门到其当地法院的刑事审判庭挂职，亲自参与审理刑事案件二十余件，与一线刑事法官多次进行交流沟通，切身体会了当前实践中刑事庭审证据调查的司法现状与问题所在，为顺利完成该论文的写作提供了更多的实证资料。正由于这篇博士论文具有较高的学术水准及实证性研究，在论文匿名评审与答辩中专家们都给予了较高的评价，后期又几经修改完善，并得到其工作单位江苏师范大学的出版资助，从而使之成为一本专著呈现在读者面前。

本书系统、全面地研究了刑事庭审证据调查程序，逻辑缜密、结构合理、体例清晰。全书共八章，其中前七章主要围绕刑事案件普通程序的庭审证据调查展开详细论证。首先从刑事庭审证据调查程序的概念、诉讼地位、功能、目的与任务等基本内容作以阐述，其次探究了刑事庭审证据调查程序的基本理论问题，并较细致地梳理了域外国家及地区刑事庭审证据调查的模式及其特征表现，最后对我国当前"法官主持，控辩双方参与调查"模式下的证据调查主体、顺序、范围、方法与结果等方面进行整体研究，客观阐述了举证、质证与认证各个环节的现实问题，并提出相应的改革意见，该部分研究内容具有一定的创新性，对当前实践操作具有一定的参考价值。此外，本书的最后一章对简易程序及2018年《刑事诉讼法》修改新增的速裁程序、认罪认罚从宽原则适用下被告人认罪与否庭审证据调查程序的相关问题进行分析，并提出合理的改革建议及改革展望。总之，在全面推进依法治国的新时代背景下，应不断深化刑事庭审证据调查程序的改革，严格规范庭审证据调查的程式，进一步增强控辩双方庭审的对抗性，实现庭审质证的实质化，努力让人民群众在每一个证据调查环节、每一件刑事案件中充分感受到公平正义。

我作为作者的博士生导师，看到其博士论文以专著的形式公开出版甚是欣慰、自豪，提笔作序以表祝贺。望作者在今后学术研究的道路上不断努力、勇攀高峰，取得更加丰硕的学术成果。

陈光中

2020.11.24

摘　要

　　如果说刑事诉讼程序是以审判为中心的话，那么刑事庭审证据调查程序则是刑事审判程序的核心。任何一个法治国家的刑事庭审证据调查程序都是该国审判模式的缩影，体现着一国刑事审判的价值取向。从《中华人民共和国刑事诉讼法》（以下简称《刑事诉讼法》）的三次修改可以看出我国刑事庭审证据调查模式发生了实质性变化。法律对刑事庭审证据调查的方法和程序预先作出规定，一方面体现了庭审证据调查过程自身的公正性，彰显了程序公正、民主、法治、文明的精神，使正义以看得见的方式实现；另一方面保证了庭审证据调查结果的可靠性，有助于法官准确认定证据，实现实体公正。因此，在庭审实质化司法改革的背景下，刑事庭审证据调查程序具有重要的研究价值和研究意义。

　　严格、规范的刑事庭审证据调查程序是实现司法公正的重要途径。但基于诉讼成本及司法资源有限性的考虑，刑事审判的各项程序并非都需要遵循严格的庭审证据调查要求和程式。因此，根据刑事审判程序类型及功能的不同，刑事庭审证据调查的范围和重点也有所不同。本书以刑事普通程序的庭审证据调查程序为主要研究对象，通过对刑事庭审证据调查相关概念的梳理、辨析，明确其内涵；通过对刑事庭审证据调查理论依据的追溯，探求其价值；通过域外国家及地区刑事庭审证据调查模式的比较研究，探究我国刑事庭审证据调查模式的实施路径；通过探究我国刑事庭审证据调查程序运行中内部结构和外部规制的具体内容，深入剖析我国立法现状和实践问题，提出具体制度的完善措施和程序构建的设想。因此，完善刑事庭审证据调查程序，有利于更好地发现案件事实真相，努力使人民群众在每个案件中感受到公平正义。

　　本书除引言外，共有八章。

第一章对我国刑事庭审证据调查程序进行概述。首先，从证据调查的"广义"与"狭义"角度对学者们的多种观点和表述进行界说，阐述我国刑事庭审证据调查的内涵。其次，论述处于刑事审判核心地位的庭审证据调查程序的展示证据、证据查验和证据释明三个方面的功能。再次，阐述我国刑事庭审证据调查程序具有保障庭审证据调查结果正确和被告人合法权益的目的，论述刑事庭审证据调查的三个具体任务。最后，阐述我国刑事庭审证据调查程序的重要意义。

第二章对我国刑事庭审证据调查程序的理论基础进行阐述。理论的探究为刑事庭审证据调查程序的运行提供了正当性根基。本章提出了我国刑事庭审证据调查程序的两个基本理论，即客观真实理论、程序公正理论，以及三个基本原则，包括直接言词原则、审判公开原则和证据裁判原则。

第三章对域外国家及地区刑事庭审证据调查程序的模式及其具体内容进行比较研究。比较两大法系及混合法系的刑事庭审证据调查模式的不同，通过探究域外国家及地区刑事庭审证据调查程序历史演变的研究方式，具体阐述典型国家的刑事庭审证据调查的模式和具体内容，提出当代英美法系国家主要采用"当事人双方共同推进调查"模式，大陆法系国家主要采用"法官依职权调查"模式。日本、意大利采用"控辩双方为主调查"模式以及我国台湾地区采用"法官为主调查"模式。

第四章对我国刑事庭审证据调查程序的历史演变及发展趋势进行考察。首先，对我国古代、近代的刑事庭审调查程序进行历史考察。其次，对我国 1979 年、1996 年和 2012 年《刑事诉讼法》[1]有关立法规定进行梳理，提炼出三种刑事庭审证据调查模式，即"法官强权调查"模式、"法官主导调查"模式以及"法官主持，控辩双方参与调查"模式。最后，对我国现阶段刑事庭审证据调查程序的改革背景、改革条件和改革方向进行论述。

---

〔1〕 本书的研究重点是刑事案件第一审普通程序的庭审证据调查内容，所涉及的刑事庭审证据调查模式的演变及法律条文的变化主要体现在 1979 年、1996 年和 2012 年三部《刑事诉讼法》中；2018 年《刑事诉讼法》新增的认罪认罚从宽、速裁程序等庭审证据调查将作为本书第八章的内容予以阐述。

第五章对我国刑事庭审证据调查程序的主体、顺序和范围进行具体阐述。首先，明确我国刑事庭审证据调查的主体包括法官和控辩双方。法官在庭审证据调查程序中处于"主持"的地位，对庭审证据调查享有程序控制权和补充调查权；控辩双方在庭审证据调查程序中享有"参与"调查的权利，对证据负有举证、质证的责任。其次，深入剖析我国目前刑事庭审证据调查的顺序，提出依据被告人认罪态度的不同进行"区别讯问"被告人和控辩双方协商确定举证顺序的改革建议。最后，探究我国刑事庭审证据调查的具体范围，建议将控辩协商理论引入我国证据调查范围问题的研究。

第六章重点探究我国刑事庭审证据调查程序的方式。刑事庭审证据调查主要通过控辩双方举证、质证的方式对证据的证据资格和证明力予以审查核实。按照证据表现形式的不同，言词证据的举证方式为宣读和出庭，质证方式为交叉询问、对质询问和法庭询问；实物证据的举证方式为出示、宣读和播放，质证方式为辨认和讯问（询问）。

第七章对我国刑事庭审证据调查程序的结果进行阐述。通过规范的庭审证据调查过程，法官将对证据调查的结果予以认证。首先，概述我国刑事认证的基本范畴，并阐述庭审证据调查与刑事认证的关系。其次，提出我国刑事认证包括单个证据的证据资格的认定、单个证据的证明力的认定及全案证据的综合认定三个层次的内容。最后，重点阐述确定证据的证据资格的非法证据排除规则、证人作证适格性规则和最佳证据规则以及确定证据的证明力的关联性规则和口供补强规则。

第八章对我国特殊程序的刑事庭审证据调查问题进行探究。该章节首先介绍、评价了域外国家及地区简易程序等（特殊）程序的规定，基于诉讼效率和被告人诉讼主体地位理论，特别是在认罪认罚从宽原则的适用下，分别对普通程序简化审、简易程序和速裁程序下的刑事庭审证据调查程序的运行及证明标准问题予以比较阐述，并提出相应的完善建议。

目　录

引　言

　　证据是司法公正的基石，刑事诉讼的整个过程都是围绕证据展开的。追求人权保障和程序公证理念已成为世界各法治国家刑事诉讼法的共识，而刑事庭审证据调查程序所包含的具体方法与程式对国家追究犯罪和保障被告人诉讼权利具有关键性作用。刑事庭审证据调查程序涉及举证、质证和认证环节，其将审查核实证据的证据资格和证明力作为重要任务，通过规范的证据调查程序保障案件事实的查明。

一、研究动机与目的

（一）研究动机

　　如果说1996年《刑事诉讼法》修改的最大亮点在于提出了"中国特色控辩式"审判模式，刑事庭审证据调查程序应逐渐弱化法官强权审查核实证据的职权色彩，强化控辩双方参与庭审证据调查的主动性与积极性这一要求，那么2012年《刑事诉讼法》的修改则在该模式下深入推进庭审方式改革的实质化进程，更集中致力于完善控辩双方参与刑事庭审证据调查程序的具体制度、方式、方法及规则等方面。我国当前"法官主持，控辩双方参与调查"的模式使得法庭审查核实证据的活动更具有中立性、民主性和公开性，符合审判公正的法定程序标准。

　　自党的十八届四中全会在全面推进依法治国背景下提出"以审判为中心，庭审实质化"的司法改革目标以来，中央在政策层面上更加关注司法体制改革。从近期颁布的关于推进"以审判为中心"刑事诉讼制度改革的两个意见[1]来

---

　　〔1〕　2016年"两高三部"颁布了《关于推进以审判为中心的刑事诉讼制度改革的意见》（以下简称《改革意见》）；2017年最高人民法院积极贯彻党中央、中央政法委的工作部署，公开发布了《关于全面推进以审判为中心的刑事诉讼制度改革的实施意见》（以下简称《实施意见》）。

看，如何发挥庭审的功能以实现庭审实质化，让法庭以看得见的方式保障司法公正具有更加重要的意义。因此，为防止庭审证据调查流于形式和确保控辩双方实质性对抗，刑事庭审证据调查程序成为关注焦点。在新一轮的司法体制改革中，如何保障庭审证据调查程序的规范运行，如何落实直接言词原则，如何完善证人、鉴定人出庭作证制度等，是当前我国法学界和司法实务界所面临的共同课题，也是本书研究刑事庭审证据调查程序相关理论和实践问题的缘由所在。

（二）研究目的

刑事庭审证据调查程序是一个值得深入研究的问题。法庭在追求真相的过程中，如何进行庭审证据调查，是每一个法治国家对本国诉讼制度和证据制度的理念与价值进行反思的重要环节。虽然说自 1996 年《刑事诉讼法》修改以来，刑事庭审证据调查程序的研究和立法取得了一定的成果，也产生了一些富有建设性的观点，但是，就我国刑事审判改革全面推进的今天而言，对刑事庭审证据调查程序的整体性研究有所欠缺，许多研究成果仅围绕刑事庭审证据调查的某一部分或某个阶段进行探讨。本书以"以审判为中心，庭审实质化"为背景，着重探求刑事庭审证据调查程序的模式构建及证据调查的主体、顺序、范围、方式、结果等问题的法理依据、立法规定和实践情况，以此提出符合我国刑事审判方式改革目的的立法建议及具体完善措施。笔者认为，研究刑事庭审证据调查程序，最根本的目的在于通过探究规范的法庭举证、质证程序来保障庭审证据调查结果的质量，实现有效认证，使法庭能够真正查明案件真相，彰显司法公正。

二、研究意义

刑事庭审证据调查程序作为刑事审判的核心，是每一个法治国家理论研究和实践探究的重要内容，也是建设法治国家基本方略在诉讼领域的必然要求和体现。

（一）研究的理论意义

1. 进一步深化客观真实理念在刑事庭审证据调查程序中的贯彻落实

实体（客观）真实主义的观念来自德国，其主张查明案件真相是法官的责任。我国刑事诉讼审判仍受传统大陆法系职权主义思想的影响，更关注案件的实体真实。规范的刑事庭审证据调查程序是法庭获得真实、可靠的定案根据的程序保障，从而实现案件事实的认定符合客观真实理念之目的。

2. 进一步探究程序公正理论对刑事庭审证据调查程序的具体要求

公正是人类社会所追求的首要价值目标，刑事庭审证据调查程序公正所体现的重要价值是无可非议的。司法机关要严格依法查证，规范庭审证据调查程序，坚决守住法律底线。要在法律规定的范围内保障证据调查的严格性，要在严格司法的环境下保障证据调查的可靠性，从而维护司法权威，使司法公正在每个案件中得以实现。

3. 进一步推动直接言词原则在我国刑事庭审证据调查程序中的落实

直接言词原则是法官亲历证据调查过程的指导性原则，对法官查明定案根据具有约束性作用。虽然我国《刑事诉讼法》并没有明确规定直接言词原则，但庭审证据调查程序的相关制度已经体现了直接言词原则的精神。就刑事庭审证据调查程序而言，落实直接言词原则的关键在于提高证人、鉴定人的出庭率，保障庭审证据调查中控辩双方质证的实质性，从而保证证据的真实性和可靠性。

4. 进一步在我国刑事庭审证据调查程序中体现审判公开原则

审判公开是法治国家刑事审判须遵循的一项基本原则，庭审证据调查过程的公开直接影响裁判结果的可接受性及司法裁判的公信力。庭审证据调查程序的公开意味着举证、质证和认证的透明化，可以避免法官"暗箱操作"导致的冤假错案的发生，使案件真相形成于法庭。

5. 进一步在我国庭审证据调查程序中贯彻证据裁判原则

证据裁判原则是我国当前刑事审判的"金科玉律"，是依证据定案、解决控辩双方的争议所必须遵循的一项基本原则。刑事庭审证据调查程序是围绕如何确定证据的证据资格和证明力展开的调查活动，其最终目的是要保证定罪量刑的根据经得起法庭的检验。在我国庭审证据调查程序中要坚决排除非法证据，以保障定案根据具有证据资格，继而使得法官能够对证据的证明力作出客观、真实的评价。

（二）研究的实践意义

1. 推动庭审实质化改革目标的实现

审判是涉及刑事诉讼法律关系主体最多的阶段，也是作出司法裁判的关键环节。"以审判为中心，庭审实质化"的司法改革目标意味着庭审证据调查程序应向着规范化、科学化的方向作出改革和完善。因此，落实控辩双方的举证责任，确保庭审质证的实质化和保障证据认定结果形成于庭审证据调查程序，是实现庭审实质化的最佳途径。

2. 贯彻严格司法政策，防范冤假错案的发生

严格司法是党中央在全面推进依法治国背景下提出的重要司法政策，[1] 是实现司法公正进而实现社会公平正义的前提和基础，体现了"保证公正司法、提高司法公信力"的核心价值。在司法实践层面，庭审证据调查程序要遵循严格司法的政策要求，确保证据审查核实的结果经得起法律的检验，防范冤假错案的发生。

3. 倒逼侦查机关取证行为规范化

刑事庭审证据调查，是对侦查机关所收集的证据进行司法检验的过程。侦查机关承担着维护社会稳定和保障人民群众安全的重要责任，并且最早接触犯罪证据，这就要求侦查人员对犯罪嫌疑人违法犯罪证据的收集应保持高度的敏锐性、细致性和全面性。严格、规范的庭审证据调查程序可以发挥审查控方证据合法性的作用，从而倒逼侦查机关依法取证，从源头上保障证据的真实性、可靠性。

三、研究思路和方法

（一）基本思路

本书以我国刑事庭审证据调查程序为研究对象，对刑事庭审证据调查的相关概念进行了梳理、辨析。阐述我国刑事庭审证据调查的含义、目的、任务、功能和意义；探究刑事庭审证据调查程序的正当性；考察、比较域外国家及地区刑事庭审证据调查的模式及其相关规定；探究我国当前刑事庭审证据调查程序的改革趋势；论述我国刑事庭审证据调查程序运行的具体内容、存在的问题及其改革建议；论述认罪认罚从宽原则适用下我国简易程序等的刑事庭审证据调查的具体内容以及完善建议。

---

[1] 沈德咏："论严格司法"，载《政法论坛》2016年第4期。

（二）研究方法

1. 文献资料法

收集、查阅域内外与庭审证据调查程序相关的国际公约、法律法规及相关司法解释等，按照历史发展的顺序，梳理我国庭审证据调查程序的具体程序和要求等，为探究我国庭审证据调查程序改革背景提供支撑素材。

2. 问卷和访谈调查法

本书立足于实证研究，通过问卷、访谈调查的方法，对我国北京、浙江、江苏、黑龙江等省市的某些地方法院的刑事庭审证据调查程序中的证人、鉴定人、侦查人员出庭作证情况，被告人翻供情况，非法证据的提出、排除等问题进行了实证调研，深入、切实地了解我国庭审证据调查程序运行中存在的现实问题。

3. 个案分析法

通过剖析典型的冤假错案，充分展现了我国刑事庭审证据调查程序存在的问题：诸如关键证人不出庭、非法证据排除程序启动难、被告人当庭翻供问题、证据调查方法与逻辑顺序不具有科学性，等等。这些都可以作为研究我国刑事庭审证据调查程序的素材。

4. 比较分析法

法治发达国家和地区的刑事庭审证据调查程序有一定的共性，也存在一定的差异，各有特色，有很多值得我国学习和借鉴的地方。比较典型国家在刑事庭审证据调查程序中的异同并分析其优缺点，将其作为完善我国刑事庭审证据调查程序的参考依据。

（三）创新点

1. 选题紧扣司法改革背景

本书紧扣当前"以审判为中心，庭审实质化"司法改革的目标，将刑事庭审证据调查程序作为刑事司法改革的核心问题予以探讨，具有理论价值和现实意义。我国刑事审判制度经过四十余年的发展，已形成具有中国特色的刑事庭审证据调查模式，该模式在全面推进依法治国的背景下如何运行是社会和民众关注的焦点。

2. 对刑事庭审证据调查程序进行整体性研究，更具系统性、新颖性

刑事庭审证据调查程序涉及诉讼法和证据法两大范畴，在刑事审判中处

于核心地位，但现有的研究多以刑事庭审证据调查程序中的某个部分或环节为主要研究对象。本书在提炼出我国刑事庭审证据调查模式为"法官主持，控辩双方参与调查"模式的基础上，将刑事庭审证据调查的主体、顺序、内容、方法和结果相结合，并对庭审证据调查的举证、质证和认证环节进行了整体性研究，由此，突出刑事庭审证据调查程序的研究意义。

3. 对策研究贴近实践、符合司法实务

通过挂职、调研、座谈等方式，笔者对刑事庭审证据调查程序的现实运行情况有了实质性的感触，对当前存在的问题有了更深刻的认识，这使笔者能够提出更加符合实际的司法建议和改革措施，可为实务部门有效解决问题提供参考依据。

第一章
我国刑事庭审证据调查程序概论

刑事案件普通程序是人民法院审判案件的基本程序，也是刑事诉讼最为重要的程序。其中，庭审证据调查环节是最为繁琐、复杂的阶段，且其证据调查的结果亦是定罪量刑最重要的事实根据。因此，本书前七章围绕刑事案件普通程序的庭审证据调查展开详细研究，第八章集中介绍认罪认罚从宽原则适用下我国普通程序简化审、简易程序和速裁程序中刑事庭审证据调查的具体问题。

第一节 我国刑事庭审证据调查程序的概念

一、证据调查的概念

"概念乃是解决法律问题所必需的和必不可少的工具。没有限定严格的专门概念，我们便不能清楚地和理性地思考法律问题。"〔1〕概念的界定，应涵盖研究对象的重要部分、实质部分，这样才能清晰地体现被定义概念的本质特征。

（一）证据调查概念界说

1. 证据调查在诉讼中的界说

刑事庭审证据调查与证据调查是种属关系，因而有必要先梳理一下证据调查的概念。从国内外有关学者对其的定义来看，有关"证据调查"概念界定的学说大致被分为两种。

一是"广义说"。持这种学说观点的学者主张证据调查是一个宽泛的概念，涉及整个诉讼过程。根据各学者研究视角的不同，广义说的界定也有所差异，主要被分为两大类，一类着重突出证据调查主体和空间的广泛性，如

---

〔1〕〔美〕E. 博登海默：《法理学：法律哲学与法律方法》，邓正来译，中国政法大学出版社2004年版，第504页。

何家弘教授认为，"证据调查是与证据的发现、审查和运用有关的各种调查活动的总称，即司法人员、执法人员及其他有关人员，为查明和证明案件事实而进行的调查活动"，[1]持有该观点的还有王均平教授。[2]可以说，实际上上述两位教授对证据调查的界定涵盖了诉讼活动中与证据收集、审查和运用有关的所有调查活动，而且涉及的调查主体非常广泛，包括公、检、法、司等享有证据调查权的人员。另一类着重从证据调查的内容界定证据调查的概念，我国台湾地区学者陈朴生教授主张："证据调查属于程序范畴，把证据调查依其作用分为形式调查和实质调查，前者主要在于证据资料的收集，后者属于判断的范畴，证据调查需要遵循直接和言词审理原则。"[3]

二是"狭义说"。该学说主张证据调查在区分审前调查与庭审调查的基础上，应被限定适用在法庭审理阶段，通常称其为庭审证据调查。日本学者松尾浩也认为"狭义的证据调查是指法院在庭审之日通过证人询问、调查证据文书、证据物，从而对事实形成心证的过程"。[4]我国台湾地区学者柯耀程将证据调查区别于证据取得，界定其为一种"本然意义上"的概念，即"证据取得是指对于尚未出现的证据进行收集、取得，本然意义上的证据调查侧重于确认证据与事实的关联性，即在法庭活动中对已经提出的证据进行判断与评价；证据搜取程序中主要的规则要求在于取证的正当性，而本然意义上的证据调查程序侧重于对证据资格和证明关系进行审查"，"证据调查的概念，必须再严格区分为证据之取得与本然意义的调查，如此方得以使个别程序要求明确定位，而不致产生制度的混乱"，[5]我国沈德咏、陈如超等学者也持类似观点。[6]

〔1〕 何家弘：《证据调查》，中国人民大学出版社 2005 年版，第 2 页。
〔2〕 "证据调查是与证据的收集、审查和运用有关的各种调查活动的总称，是司法人员及其他拥有证据调查权的人员为查明和证明案件事实而依法进行的专门调查活动。"参见王均平：《人证调查原理与应用技术》，武汉大学出版社 2002 年版，第 24 页。
〔3〕 陈朴生：《刑事证据法》，三民书局 1979 年版，第 331~335 页。
〔4〕 [日] 松尾浩也：《日本刑事诉讼法》，丁相顺译，中国人民大学出版社 2005 年版，第 262 页。
〔5〕 柯耀程："证据取得与调查的思维"，载黄东熊等：《刑事证据法则之新发展：黄东熊教授七秩祝寿论文集》，学林文化事业有限公司 2003 年版，第 135 页。
〔6〕 "证据调查是指在庭审阶段有关诉讼主体通过一定的方法对证据进行展示、质证和核实的活动和过程。"参见沈德咏、宋随军主编：《刑事证据制度与理论》，法律出版社 2002 年版，第 1023 页。"证据调查指法院在庭审期间（无论庭审内外），通过传唤证人出庭、询问证人（包含鉴定人、被害人），讯问被告人、积极调查证据文书与证据实物，从而对事实形成确实心证的过程。"参见陈如超：《刑事法官的证据调查权研究》，中国人民公安大学出版社 2011 年版，第 24 页。

从上述学者对证据调查的界定可以看出，"广义说"的界定涉及诉讼的整个过程且内容涉猎较多，"狭义说"界定的证据调查专门针对审判中的证据调查活动，已经不再包括审前证据调查活动。证据调查固然涉及诉讼的整个过程，但是一方面从证据在诉讼中运行的形态及其所体现的作用来看，审前程序中的证据调查属于形式调查，侧重于证据的收集，庭审中的证据调查属于实质调查，侧重于对案件证据的证据资格和证明力的审查、核实与评价；另一方面从司法证明的角度来讲，证据调查应当仅以庭审阶段为着眼点，并不能包括庭前收集证据的活动。因此，笔者认为将证据调查的概念按照"狭义说"界定为法庭审理中的证据调查更为合适，这是科学认识我国司法性质和规律的体现。

2. 证据调查在法庭审理中的界说

将证据调查界定于法庭审理中更符合司法规律，但学者们对证据调查在庭审中所涉及的阶段认识也存在差异。有的学者主张证据调查涉及法庭调查和法庭辩论两个阶段，如陈瑞华教授认为我国的法庭调查和辩论不能被截然分开，证据调查的过程贯穿于这两个阶段，[1]而孙长永教授认为法庭调查就是证据调查。[2]

由于学者们对证据调查涉及的庭审阶段认识不一，从而对证据调查涉及的空间范畴的认识也有所差别。证据调查是否贯穿于法庭调查和法庭辩论两个阶段？笔者认为根据我国《刑事诉讼法》第 198 条第 1 款[3]的规定，立法本意确实体现了证据调查贯穿于法庭调查和法庭辩论全过程，并没有截然分开法庭调查和法庭辩论阶段。然而，我国目前司法解释却已将法庭调查和法庭辩论区别开来，司法实践中法官开庭审理案件也是按照先法庭调查，后法庭辩论的顺序进行，庭审已具有明显的阶段性且司法解释明确规定了各阶段

〔1〕 "法庭审理的整个过程就是一个调查和辩论的过程。在这个阶段，调查和辩论融合交织在一起，对于案件的每一个事实、每一个证据，既需要调查，又需要辩论；辩论的过程就是调查的过程。"参见陈瑞华、蒋炳仁：《庭审方式改革理论与实务》，中国民主法制出版社 1998 年版，第 200 页。

〔2〕 "'法庭调查'又称为证据调查，它是普通审判程序的核心环节，一切准备用来支持控辩双方诉讼主张的证据，都必须经过法庭上的举证、质证和辩论，才能作为法院裁判的根据，控方的侦查和审查起诉工作以及辩方的辩护准备工作，都得接受证据调查程序的检验。"参见孙长永："当事人主义刑事诉讼中的法庭调查程序评析"，载《政治与法律》2003 年第 3 期。

〔3〕 《刑事诉讼法》第 198 条第 1 款规定："法庭审理过程中，对与定罪、量刑有关的事实、证据都应当进行调查、辩论。"

的主要任务，即法庭调查阶段以审查核实案件证据的证明资格和证明力为主，法庭辩论阶段以解决犯罪性质、罪责轻重和法律适用为主。虽然法庭辩论阶段会涉及证据调查的问题，但是法官一旦发现需要继续调查核实的证据，便会返回到法庭调查阶段再次审查核实证据。法庭调查是否就是证据调查？不可否认，法庭调查主要是围绕证据的证据资格和证明力大小展开查证的。然而，从法庭调查的内容来看，其包括公诉人宣读起诉书、附带民事诉讼原告等宣读附带民事起诉状、法官庭外调查，等等。从严格的空间角度进行划分，法庭调查包括庭审证据调查和法官庭外调查两个部分，法官庭外调查并不同于庭审证据调查的范畴，是法庭调查在调查空间上的延伸，是法庭调查的一种特殊情况。虽然法庭调查的范围以证据调查为主，但还包括对案件事实等内容的调查与认定，而庭审证据调查的范围要窄于法庭调查的范围，仅涉及证据的调查。如果仅从对庭审证据予以审查核实的视角看，法庭调查实际上就是证据调查。但严格来说，法庭调查不同于证据调查，笔者认为将证据调查界定于法庭调查阶段更符合我国法律规定和司法实践的要求，即证据调查是在法庭调查阶段，围绕证据的证据资格和证明力，核实、确认证据的一种诉讼活动，下文所提到的证据调查在该界说内将会与其他相关概念予以比较。

（二）证据调查相关概念辨析

1. 证据调查与调查证据

调查证据是大陆法系国家的法官在刑事庭审中依职权进行的核实证据的行为，这与其职权主义诉讼模式相一致。在大陆法系国家"证据调查"和"调查证据"不作区分。据查，"调查证据"一词，最早出现在我国清末民初时期的《大清刑事诉讼律（草案）》中，其第327条规定，"讯问被告人及调查证据，应由审判长行之"，后在我国民国时期一直得以沿用。目前其在我国刑事诉讼中的使用并不广泛。据笔者以"调查证据"为篇名收集的论文可以看出，其常被用在"法官职权调查证据……""法官庭外调查证据……""律师调查证据请求权"等研究内容中。由于我国民国时期的刑事诉讼律法主要借鉴于日本、德国，其"调查证据"一词的提法也就此引入了我国。民国时期庭审调查证据实则具有法官调查核实证据之意。可以说，当时的调查证据更突出调查权行使的主体——"谁"调查证据，符合大陆法系传统职权主义模式的特点。笔者认为"证据调查"与"调查证据"的内涵在庭审证据核实环节中基本一致。但考虑到我国当前刑事审判中当事人主义对抗性因素的增加，法官庭审证据调查功能的中立性日渐突出，因此"证据调查"的提法更符合我国目前的司法现状。

2. 证据调查与证明

证明的根据是证据，其涉及立案、侦查、起诉和审判各个诉讼阶段中相应证据的收集、审查和判断的活动。审判阶段的证明就是证据提供者按照要求提出证据、质疑证据及反驳证据等来说服裁判者的过程，而庭审证据调查实际上是法庭检验核实证据能否作为定案根据的过程。如果从刑事审判运行的过程来看，在一定意义上证据调查的过程与证明的过程是重合的，两者都有通过庭审查证展现案件真相的目的。但证明体现着诉讼的目的性，而证据调查则是实现证明目的的手段或方式，两者是目的和手段的关系。也就是说，证明所依据的证据需通过证据调查程序的检验审核确定，这就意味着该证据要受到法定调查程序的约束，即按照规范的举证、质证等方式对证据进行调查，否则不得将其作为定案根据。

3. 证据调查与证据审查

何为证据审查？有的学者提出证据审查与证据调查同义，即"证据的审查是法院在当事人或其他诉讼参与人的参加下，依照法定程序，对证据进行审核、质证，确定证据是否具有真实性、关联性和合法性以及证明力有无与大小的诉讼活动，又称证据调查"。[1]的确，很多《刑事诉讼法》《证据法》教科书及专著在有关刑事证明过程的阐述中常用"审查判断证据"一词，两者内涵上基本一致，均属于刑事证明的手段范畴，是一个问题的两个方面。正如有的学者评价指出："控辩双方积极对抗过程中的主张、举证、质证、说服和法官在控辩对抗中对证据及案件正义事实的认知、判断并逐步建立确信，构成了法庭调查活动的一体两面。法庭调查程序与法官的审查判断证据活动密不可分。"[2]笔者认为，审查判断偏重于审查主体的主观能动性，是一种刑事证明的思维活动，而证据调查则侧重于调查过程的客观性、规范性，是刑事证明的程序过程。

---

[1] 江伟：《民事诉讼法》，复旦大学出版社 2006 年版，第 306 页。

[2] 李树真：《刑事证据审查判断精细化过程因素与进路》，中国人民公安大学出版社 2012 年版，第 74 页。

二、我国刑事庭审证据调查程序的含义

程序，即指事情进行的先后步骤、顺序。刑事庭审证据调查在证据调查的概念上增加了两个限定词"刑事"与"庭审"，在前述证据调查概念的分析中，按照"狭义说"的界定，证据调查可以被称为庭审证据调查。本书将刑事案件的庭审证据调查作为研究对象，与民事案件和行政案件的庭审证据调查相区别。值得肯定的是，2017年2月最高人民法院颁布的《实施意见》也已经明确提出刑事普通程序中"证据调查程序"的概念。刑事庭审证据调查程序是法庭查明事实根据的关键，合理、科学界定我国刑事庭审证据调查程序之概念，将有利于对该问题从理论基础与实践操作方面进行深入探究。因此，笔者认为应从以下四个维度对本书所研究的刑事庭审证据调查的含义予以解释。

首先，刑事证据调查的空间范围严格限定于"庭审"中。不可否认，法官庭外证据调查也是法官审查核实证据的一项职责，是法庭调查的一种特殊形式。然而，由于人们对审判公开的要求越来越高，法官庭外调查或多或少显现出不透明的一面，因此限制、约束法官庭外调查行为是刑事审判改革的又一重要内容。鉴于此，本书研究内容仅涉及庭审证据调查的相关问题，对法官庭外调查权的问题将不予展开论述，仅在其与庭审证据调查的关系中予以简要阐述。

其次，刑事庭审证据调查环节涉及庭审举证、质证以及法官认证活动，不包括法庭辩论阶段的证据调查。在刑事审判中，控辩双方举证、质证属于证据调查的必经阶段，而法官认证是在举证、质证之后的当然行为，是庭审证据调查结果的体现，为保障刑事庭审证据调查程序研究的完整性，应当对认证问题予以论述。然而，法庭调查和法庭辩论在我国的立法和实践中具有明显的阶段性，且任务不一，就该问题笔者在前文中已经加以阐述，在此不再赘述。

再次，刑事庭审证据调查程序的运行涉及证据调查主体、范围、顺序、方式和结果五个方面的要素。刑事庭审证据调查程序是一个动态的过程，其涉及证据调查主体按照何种顺序和方式对哪些证据予以调查，并对证据调查的结果如何评价的完整性研究。因此，我国刑事庭审证据调查程序的研究当然包括上述内容，其是保障庭审证据调查实质运行的基础。

最后，刑事庭审证据调查程序是对证据的证据资格和证明力进行检验核实并影响法官作出实质性认定的过程。刑事庭审证据调查程序强调在法庭调查的阶段如何对证据进行审查核实，实际上就是指控辩双方围绕证据的证据资格和证明力如何进行举证、质证，以帮助法官审查核实定案根据并作出评价的过程。当然，控辩双方进行举证、质证要严格按照法律规定的程式和要求进行，否则证据调查结果的真实性、可靠性难以得到保障，法官认定的准确性也会大打折扣。

因此，笔者认为，我国刑事庭审证据调查程序是指控辩双方通过举证、质证的方式以帮助法官审查、核实、认定证据的证据资格和证明力的活动。

第二节　我国刑事庭审证据调查程序的地位与功能

证据是确定被告人定罪量刑的根据，庭审证据调查则是查明案件证据关联性、真实性、可靠性的关键环节。因此，我国刑事庭审证据调查程序具有重要的地位和功能。

一、我国刑事庭审证据调查程序的诉讼地位

（一）核心地位

庭审所涉及的诉讼法律关系的主体最多，是控辩审三方等腰三角形结构得到完整体现的阶段，也是诉讼活动的中心和重心。证据能否作为定案的根据，关键在于其是否经过了法定程序的审查核实，而刑事庭审证据调查程序则是对案件证据的证据资格与证明力予以程序性检验的法定过程，因此，刑事庭审证据调查程序是整个审判的核心、关键。

党的十八届四中全会通过的《中共中央关于全面推进依法治国若干重大问题的决定》（以下简称《决定》）在"推进严格司法"[1]部分强调了庭审在刑事诉讼中的决定性作用；最高人民法院院长周强在《推进严格司法》一

---

〔1〕《中共中央关于全面推进依法治国若干重大问题的决定》中"推进严格司法"部分是指："全面贯彻证据裁判规则，严格依法收集、固定、保存、审查、运用证据，完善证人、鉴定人出庭制度，保证庭审在查明事实、认定证据、保护诉权、公正裁判中发挥决定性作用。"

文中，将如何保证庭审的决定性作用具体阐述为"八个在法庭"；[1]2016 年"两高三部"联合印发的《改革意见》的第 11 条[2]、第 12 条[3]规定，进一步表明了法庭调查程序的具体规范及相关制度的重要性；2017 年最高人民法院再次颁布《实施意见》，重申了庭审在刑事诉讼中的重要性，通过规范证据调查程序的相关内容强调了法庭审判的程序公正是实现案件裁判的实体公正的要旨。2017 年最高人民法院颁布的《人民法院办理刑事案件第一审普通程序法庭调查规程（试行）》（以下简称《法庭调查规程》）第 1 条就规定了"法庭调查应当以证据调查为中心"的内容。可见，要将"以审判为中心"的理念落实在刑事诉讼的各个环节，刑事庭审证据调查程序作为实现庭审实质化司法改革目标的路径应首当其冲。因此，刑事庭审证据调查程序是刑事审判的核心、关键，规范该程序的内容和方法有利于发挥其在查明事实和认定证据方面的决定性作用，继而保障定案根据的真实性和可靠性，实现实体公正。

（二）刑事庭审证据调查程序与相关程序的衔接

1. 与庭前证据收集、固定的关系：服务与被服务的关系

庭前证据的收集、固定活动在侦查与起诉阶段均可进行，并以侦查阶段为主。传统的"以侦查为中心"的诉讼理念使得整个刑事庭审证据调查的过程主要围绕着侦查卷宗展开调查核实。庭审中，法官只不过是对控方举证进行简单确认，缺乏质证及非法证据排除等实质性审查，加之法官长期形成庭前全面阅卷的习惯，使得整个庭审过程形同虚设，侦查阶段的错误根本无法

---

〔1〕《推进严格司法》一文中的"八个在法庭"是指："确保案件证据展示、质证、认证在法庭，证人、鉴定人作证在法庭，案件事实调查、认定在法庭，诉辩和代理意见发表、辩论在法庭，直接言词原则体现在法庭，当事人及其辩护、代理律师的诉讼权利行使在法庭，公正裁判决定在法庭，裁判说理讲解在法庭，等等。"

〔2〕《改革意见》第 11 条规定："规范法庭调查程序，确保诉讼证据出示在法庭、案件事实查明在法庭。证明被告人有罪或者无罪、罪轻或者罪重的证据，都应当在法庭上出示，依法保障控辩双方的质证权利。对定罪量刑的证据，控辩双方存在争议的，应当单独质证；对庭前会议中控辩双方没有异议的证据，可以简化举证、质证。"

〔3〕《改革意见》第 12 条规定："完善对证人、鉴定人的法庭质证规则，落实证人、鉴定人、侦查人员出庭作证制度，提高出庭作证率。公诉人、当事人或者辩护人、诉讼代理人对证人证言有异议，人民法院认为该证人证言对案件定罪量刑有重大影响的，证人应当出庭作证。健全证人保护工作机制，对因作证面临人身安全等危险的人员依法采取保护措施。建立证人、鉴定人等作证补助专项经费划拨机制。完善强制证人到庭制度。"

通过庭审得到纠正。因此，"起点错、跟着错、错到底"这种奇特的司法现象也就不难理解了。然而，在全面推进我国法治建设的进程中，刑事审判被赋予了更多的意义，其要求公检法三机关共同参与，实现诉讼理念从"以侦查为中心"向"以审判为中心"转变，明确庭审证据调查是对庭前所取得的证据进行鉴别、确认及排除的实质性证据调查程序，从而达到对侦查、起诉阶段所收集、固定的证据审查、确认及适用的目的。也就是说，侦查、起诉所进行的一切诉讼活动都是为审判做准备的，而庭审证据调查则是对侦查阶段所取得证据的证据资格和证明力进行的终局性核查。

2. 与法官庭外调查证据的关系：补充与被补充的关系

法官庭外调查证据，是指法官在开庭审理后发现案件证据存有疑问，需要在庭外对其进一步调查核实的活动。我国学界对法官庭外调查证据权一直存在争议，主要存在三种观点："一是法官庭外调查权应当保留；二是在保留的基础上予以严格限制；三是取消法官的庭外调查权。"[1]法官庭外证据调查权的有无实际上展现了两大法系审判模式的不同。在"实质真实"的诉讼理念下，法官享有庭内外调查、核实证据的一切权力，是法官依职权审判的基本要义，主要以法国、德国为代表。而控辩双方平等对抗的诉讼理念，使得英美法系国家的刑事法官在诉讼中一直处于消极地位，法官们作为案件的听审者，原则上在庭审内外均不应主动地、积极地调查核实证据，否则将与其职责相违背。

随着我国刑事审判职权主义色彩逐渐弱化，法律明确规定了法官庭外调查案件的范围、收集与审查证据的权力。具体来说，法官庭外调查证据案件的范围只限于"合议庭对证据有疑问"的案件（《刑事诉讼法》第196条第1款）；明确规定了法官调查核实证据的方式（《刑事诉讼法》第196条第2款）；明确了法官庭外调查取得证据的两种审查方式［《最高人民法院关于适用〈中华人民共和国刑事诉讼法〉的解释》（以下简称《刑诉法解释》）第220条第2款[2]］。可以说，由于传统刑事审判中法官依职权查明案件真相的责任感依然存在，导致其在庭审中仍会或多或少地积极主动调查证据，而

---

〔1〕　陈如超：《刑事法官的证据调查权研究》，中国人民公安大学出版社2011年版，第12页。

〔2〕　《刑诉法解释》第220条第2款规定："对公诉人、当事人及其法定代理人、辩护人、诉讼代理人补充的和法官庭外调查核实取得的证据，应当经过当庭质证才能作为定案的依据。但是，经庭外征求意见，控辩双方没有异议的除外。"

这种庭外调查权在当前的庭审中体现为只有法官对某些证据存在疑问且不能判断真伪时，才需法官庭外调取证据。笔者认为，由于法官证明职责的要求，应将目前我国法官庭外调查证据权理解为法官庭审证据调查权的一部分在空间上的延续。实践中，法官庭外调查证据应作为庭审证据调查的补充措施得以适用，将法官庭外调查的证据通过庭审质证、控辩双方同意及告知提取等方式予以核实、确认，可以最大限度地将法官庭外取证的权力予以限制，使程序公正价值得到切实体现。

二、我国刑事庭审证据调查程序的功能

证据调查作为刑事庭审的核心，其功能在于使诉讼证据出示在庭审中，接受控辩双方的质证以帮助法官审查核实证据，让法官认证的结果形成于庭审证据调查的过程。其具体功能主要体现在以下三个方面。

（一）展示证据的功能

展示证据，即通过刑事案件庭审证据调查的举证环节，使法官、控辩双方及其他诉讼参加人、旁听的人员明确需要调查的证据，对案件事实形成基本认识。英国著名法官戴维林指出："英国人认为获得真相的最好方法是让各方寻找能够证实真相的各种事实，然后双方展示他们所获得的所有材料……两个带有偏见的寻找者从田地的两端开始寻找，她们漏掉的东西要比一个公正无私的寻找者从地中间开始寻找所漏掉的东西少得多。"[1]不论是英美法系的对抗式审判，或是大陆法系法官主导的庭审，还是混合法系的审判模式，各法系虽然在刑事庭审证据调查中有关提出证据的主体、方式及顺序各有不同，但刑事庭审证据调查程序确是必不可少的环节。在我国刑事庭审证据调查程序中，控辩双方负有举证责任（法官根据案件情况要求补充提出证据或自行提出证据），只有当庭出示的证据才能进行质证，才可以作为定案的依据。展示证据功能的积极意义体现在以下两个方面：一是全面知悉案件证据。通过举证使本案的基本证据、关键证据、可疑证据、瑕疵证据及有利于被告人的证据等出示在法庭，这是法官及当事人等全面获悉案件证据的重要途径，具有直观性、亲历性；二是有针对性地把握定罪量刑的证据。控方在庭审中

---

〔1〕 英国文化委员会编：《英国法律周专辑——中英法律介绍》，中国·法律/英国·博慧出版社1999年版，第120页。

会根据案件的情况主次分明、详略有别地出示证据，这有利于辩方明确证据调查的重点，有针对性地准备质证的问题及需要着重调查的证据，提高辩护的质量。

（二）证据查验功能

证据必须经过查证属实，才能作为定案的依据。在典型的职权主义刑事审判中，证据调查的查验功能更为明显，但因法官庭前已经进行实质性阅卷，加之法官控制整个证据调查过程，所以庭审证据调查与其说是证据调查，不如说是对证据的检验，用以帮助法官校正已经形成的内心确信。在我国庭审之前的诉讼阶段中，侦查机关和检察机关已经对侦查阶段收集、固定的证据进行过审查，然而由于侦查机关、检察机关在刑事诉讼中具有一定的追诉功能，加之庭前证据审查不具有定案的功能且证据审查非在"控辩审"三方均在场的情况下进行的，故而庭前证据审查的严格性与公开性要远远弱于庭审中的证据调查。庭审中的证据调查是在法官中立主持，控辩双方共同参与下公开进行的，证据调查的结果对事实的认定有着决定性作用，因此，庭审证据调查的证据查验功能非常重要。

（三）释明功能

对抗性因素在庭审中的增强，导致我国刑事庭审模式发生了重大变化，控辩双方均注重庭审举证、质证的实质化，并要求法官对庭审证据调查的结果作出相应的解释。周强在《推进严格司法》一文中就如何保证庭审在刑事诉讼中发挥决定性作用的问题明确提出了"八个在法庭"，其中就包含"案件事实调查、认定在法庭"，而案件事实的查明、认定的结果形成于依法进行的证据调查过程，证据的证据资格及证明力的查实影响着案件事实的判定以及法律的适用，从而需要法官对定案证据的取舍、评价作出明确的法理释明。庭审中公诉人、被告人及其辩护人对被调查证据的证据资格及证明力理解、认识多有不同，实践中法官可以通过当庭认证的方式对证据的证据资格作出解释，也可以通过裁判文书的形式向控辩双方解释证据的证明力大小及全案证据的综合认定情况，不管哪种认证方式在我国当前的刑事审判中都是公开进行的。法官公开的释明不仅有利于贯彻法律面前人人平等的理念，而且有利于法官更清晰地向被告人解释事实与法律的适用，增强裁判的可接受性，彰显司法权威。

我国刑事庭审证据调查阶段集中体现了三种释明方式，[1]其释明功能主要体现在以下三个方面：一是法官对证据的证据资格及证明力问题的解释、说明。庭审证据调查就是要解决证据效力问题，通过控辩双方的举证、质证，法官对证据的三性进行审查，解释、说明哪些证据可以用，哪些证据是非法证据不予适用及证据在案件中的证明力大小，这些内容均涉及事实的判定而须法官作出法理释明。二是法官对庭审证据调查程序的任务、目的及控辩双方的权利予以告知。在开始正式的证据调查之际，法官要首先告知控辩双方在该阶段的任务及权利，明确证据调查的范围及重点，以帮助被告人理解哪些证据对其定罪量刑有着直接的决定性作用，从而提高证据调查的有效性。三是法官通过讯问、询问的方式使控辩双方对证据的证据资格和证明力情况更加清晰、明了。法官在控辩双方举证后可以根据案件情况进行发问，使控辩双方进一步对所举证据作出说明。不同于控辩双方之间的质询，法官的发问使不明了、不清晰的问题逐渐明朗。

第三节　我国刑事庭审证据调查程序的目的和任务

一、我国刑事庭审证据调查程序的目的

刑事庭审证据调查的目的，是指立法者制定法律时，根据国家、社会和公众的需要，预设的庭审证据调查活动要达到的目标和某种预期的结果。刑事审判的目的是查清案件真相，保障被告人的合法权利，而刑事庭审证据调查程序作为刑事审判的关键环节需要体现刑事审判的目的。因此，对刑事庭审证据调查程序的目的可以从两个方面予以理解：第一，保证刑事庭审证据调查结果的真实性与可靠性。通过控辩双方积极、主动举证以及采用辩论、质询等方式进行质证，证据的证据资格和证明力在法庭中得到真实展现，为法官准确认定证据提供程序上的保障。第二，保障被告人在刑事庭审证据调查中的合法权益。在刑事庭审证据调查环节，控辩双方享有举证、质证并就

---

〔1〕 我国立法中出现的释明方式主要有三种：一是说明，二是告知，三是询问。前两者合一为法官以说明、告知的形式"向当事人释明"；后者则是法官通过询问、发问的方式"使当事人等释明"，或曰"使之释明"。参见杨钧、秦嬿："论释明制度"，载《法学》2003 年第 9 期。

案件证据发表意见的权利，该种权利是被告人享有诉讼主体地位的体现。人权保障的理念已经深入我国刑事诉讼的各个环节，由于庭审证据调查的结果对认定案件真相有着决定性的作用，因此，强调被告人在庭审证据调查中的举证、质证权利不仅是程序公正价值的要求，更是保障被告人合法权益的重要途径。

二、我国刑事庭审证据调查程序的任务

刑事诉讼任务，是指刑事诉讼程序所要承担的实际职责以及所要达到的具体要求。我国《刑事诉讼法》第 2 条规定[1]首先明确了我国刑事诉讼的直接任务是准确、及时地查明犯罪事实，而准确查明案件真相的关键是证据，这就意味着在刑事庭审证据调查中要准确、及时审查核实被告人定罪量刑的证据。其具体体现在以下三个方面。

（一）确保定罪量刑的证据举证、质证在法庭

确保定罪量刑的证据均在法庭上得到举证、质证，是我国刑事庭审证据调查的直接任务。我国《刑事诉讼法》第 55 条规定据以定案的证据均经法定程序查证属实，而《刑诉法解释》第 63 条[2]也有类似规定。从上述规定可以看出，定案的证据必须要经过法定程序审查核实，也即将定罪量刑的证据当庭举证、当庭质证，否则，不得将其作为定案的依据。进一步而言，定罪量刑的证据需要展示、质证在法庭，其缘由体现在以下两个方面：一是可以防止法官滥用审判权，对定案证据进行暗箱操作，以达到通过合法的证据调查程序约束法官自由心证的目的；二是保障定案证据的效力。只有当庭公开展示证据并对此进行质证，法庭才能够审查证据，以此来保证证据具有证据资格，继而帮助法官客观评价证据的证明力，使定案证据的心证结果形成于庭审证据调查程序。

---

[1]《刑事诉讼法》第 2 条规定："中华人民共和国刑事诉讼法的任务，是保证准确、及时地查明犯罪事实，正确应用法律，惩罚犯罪分子，保障无罪的人不受刑事追究，教育公民自觉遵守法律，积极同犯罪行为作斗争，维护社会主义法制，尊重和保障人权，保护公民的人身权利、财产权利、民主权利和其他权利，保障社会主义建设事业的顺利进行。"

[2]《刑诉法解释》第 63 条规定："证据未经当庭出示、辨认、质证等法庭调查程序查证属实，不得作为定案的根据，但法律和本解释另有规定的除外。"

（二）审查核实证据的证据资格和证明力

审查核实证据的证据资格和证明力是我国刑事庭审证据调查的重要任务。我国庭审证据调查程序不同于英美法系国家的证据调查程序，英美法系证据调查程序适用大量的证据规则，以证据是否具有可采性作为准入法庭的前提，多以排除性规则体现。也就是说，不具有可采性的证据原则上是不能出现在英美法系国家的法庭上的。我国庭审证据调查是在遵守法定的方式和程序的前提下通过证据"三性"对证据的证据资格和证明力一并审查核实，但是实践中法庭需要首先对证据的证据资格予以确定。传统证据法理论通过证据的"三性"审查证据资格和确定证据证明力的方式，实践中往往不易操作，现代证据法理论更趋向于从证据的证据资格和证明力两个方面考察证据，这样更具层次性、科学性。就证据的证据资格而言，进入我国刑事庭审中的证据并非全部符合"三性"的，有些证据材料是被伪造、仿造的，或是和案件没有关联的，或是非法取得的，法庭可以通过举证、质证对证据是否具有证据资格予以查明，而单个证据是否符合合法性的标准是庭审证据资格调查的重要任务。就证据的证明力而言，由于我国庭审证据调查兼具审查核实证据的证据资格和证明力的功能，法官在审查核实单个证据的证据资格的基础上，依据相应的证据规则以及经验法则、逻辑法则等对证据的证明力作出综合认定。事实上，法官对证据证明力的认定也是建立在庭审严格、规范的证据调查之上的，而举证、质证的虚化则导致了证据调查"走过场"，冤假错案的危险大大提升。证据是司法公正的基石，断案应当依据证据，因此，庭审证据调查的重要任务就是对证据的证据资格和证明力进行审查核实，以作为帮助法官准确认定事实的根据。

（三）帮助法官准确、及时确定定案依据

帮助法官准确、及时确定定案依据是刑事庭审证据调查程序的终极任务。确实、充分的证据是定案的依据，而证据是否确实、充分是要通过庭审严格、合法的证据调查程序审查判断来确定的。我国自1996年刑事审判方式改革以来，一直强调刑事审判中当庭举证、当庭质证和当庭认证的重要性，在"以审判为中心，庭审实质化"新一轮的改革进程中，"三个当庭"依旧是改革的重点，新一轮的改革通过落实直接言词原则以及完善证人、鉴定人出庭制度等措施进一步推进并强化了庭审实质化的落实。通过规范的庭审证据调查程序，法官对单个证据的证据资格可以予以当庭认定，单个证据的证明力评价初步形成在庭审证据调查程序，全案证据的综合认定形成于庭审证据调查程序。因此，严格落实、遵循刑事庭审证据调查程序的具体顺序、方法和规则，在很大程度上能够帮助法官准确、及时确定定案证据的证据资格和证明力，提高当庭认证率，以将案件真相最大限度地呈现在庭审中。

第四节　我国刑事庭审证据调查程序的意义

一、审查核实定案依据的程序性保障

刑事庭审证据调查程序的规范化、合法化是实现判决公正的根本保证。非经法定程序调查的证据不得作为定案的依据已成为各国刑事司法的共识，而我国刑事庭审证据调查程序的价值也体现在保证被告人定罪量刑证据的"质量"，即通过审查核实证据的"三性"来确定证据的证据资格和证明力大小，而审查核实证据需要在规范的、合法的程序中进行。这种程序性保障一方面要求定罪量刑的事实要有证据证明，而证据"属实"意味着需要通过法定的形式展示、固定证据；另一方面据以定案的证据均要经法定的程序查证属实。可以说，庭审证据调查程序是核实证据"三性"的载体，对涉及被告人定罪量刑的证据必须按照法律规定的内容进行审查核实，以保证有效、高效地查明案件真相。

二、保障被告人诉讼权利的关键环节

随着正当程序与人权保障理念的不断深入，被告人获得公正的判决不仅是指判决结果公正，还体现在注重审判程序的公正方面。程序公正的核心是尊重和保障被告人的各项诉讼权利，而审判则是最集中体现尊重和保障被告人权益的环节。刑事庭审证据调查程序涉及控辩双方能否平等参与对抗，法官是否中立、独立听审并评价证据，调查过程是否公开、透明、合法，等等内容。毫不夸张地说，刑事庭审证据调查过程作为认定判案根据的关键，将保障被告人诉讼权利的功能得到最大限度的发挥。因此，正当的刑事庭审证据调查程序是维护被告人诉讼权利的绿色屏障，是程序公正价值的体现。

三、落实"以审判为中心，庭审实质化"的关键阶段

刑事庭审证据调查程序是推进"以审判为中心"改革、庭审实质化的关键所在。我国刑事审判长期存在着"以侦查为中心"的传统运行机制，审判机关形成的判决基本上取决于侦查终结时形成的证据卷宗，起诉和审判只不过是侦查工作的延伸。然而，现今还出现不少的冤假错案，"以侦查为中心"暴露出很多问题，究其原因，主要是由于侦查过程具有单方性、封闭性、职权性特点，证据的收集、固定更偏向于打击犯罪导致的。因此，以审判为中心强调法庭不能简单地接受侦查机关移送的证据材料，[1] 摒弃以笔录中心主义审查核实证据，按照直接言词原则，使与案件有关的所有证据能够真正地展示在法庭，完善证人、鉴定人出庭制度，加强控辩双方质证的实质性，保障法官心证形成于直接、充分的客观认识的基础之上。换句话说，在刑事庭审证据调查程序中，通过"两个当庭"——当庭举证、当庭质证，法官可以准确、及时认定证据，查清案件真相，此做法正是庭审实质化实现的有效路径。

四、树立司法权威的重要途径

司法权威，是指司法机关通过外在的强制力以及自身的除恶扬善的品质使社会公众对其产生敬畏和信赖，以此实现社会公众对司法权的尊重和服从。"刑事庭审，由于它能够反映常态社会条件下最尖锐、最激烈的社会冲突，因此可以说是最鲜明地表达了不同社会现实之间的对抗。同时，通过刑事审判维护法律秩序，也使这种审判成为向法庭外的社会关系强加法律意识形态及其统治权威的最集中、最有效的方式。"[2] 司法对社会的控制总体上是通过确立法律权威来实现的，就刑事庭审证据调查程序而言，司法权威的树立来源于证据调查过程的公正性，证据调查的公正性使人们内心承认并服从证据调查结果。严格、规范的刑事庭审证据调查程序，不仅直接体现了程序公正的价值，而且有助于维护司法权威，这主要是因为：一方面，法官在庭审证据调查中是中立地、被动地听审，而控辩双方的对抗性使其积极地、主动地举

---

〔1〕 张杰："完善我国刑事庭审证据调查程序之理性思考——以严格司法为视角"，载《湖北社会科学》2015 年第 12 期。

〔2〕 龙宗智：《刑事庭审制度研究》，中国政法大学出版社 2001 年版，第 19 页。

证、质证，法官最终根据公开的调查过程作出客观的认证结果，使正义以看得见的方式实现。另一方面，程序公正具有裁判终局性的价值，法庭依照严格、规范的刑事庭审证据调查程序作出的裁判不容易被推翻。也就是说，合法、公开、公正的刑事庭审证据调查程序首先对控辩双方树立了司法权威，使其更容易接受裁判结果，继而使每一位人民群众感受到公平正义，进一步增强了司法的权威性。

第二章

我国刑事庭审证据调查程序的理论基础

第一节 我国刑事庭审证据调查程序的基本理论

一、客观真实理论

真实，简而言之，就是与客观事实相符，是马克思辩证唯物主义认识论的重要内容之一。从认识论的角度讲，真实要求认识的事物与客观实际相一致，那么，真实的首要和基本的含义就是客观真实。而且，辩证唯物主义的认识论认为，"被主观内化的客观实际是主观认识形式和客观物质内容的有机统一"。[1]从诉讼认识论看，诉讼主体是司法人员，其所认识的客体是案件事实，证据则是诉讼主体和客体之间的衔接桥梁。司法人员通过证据最大限度地展现案件真相，以达到与客观事实相一致的程度，就是诉讼中的客观真实。

证据作为反映案件真相的根据，需要通过严格的法定程序加以保障。刑事庭审证据调查程序则是确定证据资格和证明力大小的关键环节，案件真相通过举证、质证和认证的过程得以一一再现。可以说，法官查明案情就是客观真实理念的要求，而刑事庭审证据调查则是查明案件真相的关键性程序保障。因此，坚持客观真实意味着办案法官应当依照证据裁判原则，忠于案件事实真相进行严格的证据调查，通过证据调查使法官对案件的主观认识与客观情况相一致，从而查明案件真相，实现实体公正。

（一）客观真实的历史溯源

客观真实，源于大陆法系国家的实质（实体）真实，苏联证据法在辩证

---

〔1〕 张步文：《司法证明原论》，商务印书馆 2014 年版，第 446 页。

唯物主义认识论的指导下，将大陆法系诉讼认识中的实质真实发展为客观真实。

1. 大陆法系国家实质真实的发展脉络

实质真实是在大陆法系国家反对中世纪末期法定证据制度和形式真实的斗争中形成的，作为客观真实确立发展的根源，有必要对实质真实的历史发展过程进行考察，从而客观、全面了解客观真实理论的发展脉络。

欧洲中世纪早期，由于生产力水平比较低，人们认识到自己在发现、认知真实方面能力有限，所以在刑事纠纷难以裁决之时，法官会借助"宣誓""水审""火审""决斗""棺木法"等方式查明案件事实的真相，从而证据本身被随意确定且与犯罪事实本身没有实质性关系。"它们能够随意地被用于确定任何案件真相，而法官却没有任何空间对案件真相作出实质性评判，当然也就不存在类似于今天对证据的认识活动了。"[1]可以说，当时的证明方式并不能真实地反映过去发生的犯罪事件，而且整个裁判的过程并没有裁决者主观的思考及对案件的认识态度，裁决的权力在于神灵，公正与否都是神的旨意，神明裁判的模式不能发现案件的真相而不可能产生实质真实理论，所以日耳曼时期刑事诉讼并不存在实质真实的理念。

直至中世纪下半叶，德国各城邦的诉讼模式由弹劾式转向纠问式，法官对刑事案件审判的关注点开始转向"过去犯罪事实与现在证据事实的实质关联性"上，法官开始主导整个诉讼过程并努力在证据调查中追求实质真实，该时期被认为是实质真实理念产生的萌芽阶段。但是，恰恰是在"被告人的肉体是属于君主的"统治理念下，法官是君主统治的工具，为了获取和案件有关的真实供述，使被告人成为纠问的客体，刑讯在法官追求案件实质真实下产生并被认为是理所当然的。伴随着纠问式诉讼模式的确立，法定证据制度也随之产生，尽管其设立的初衷是限制法官在追求真实过程中滥用自由裁判权，但因法官为了追求案件的真实必须要适用法定的证据规则，法定证据制度下或多或少有些追求绝对真实的味道。法定证据制度存在与生俱来的苛刻、死板等形式主义特征，这使得法官不去分析证据的质量、可靠性及证明力情况，在获取被告人口供的方式上无任何节制，直接依据法定证据规则认定证据。因此，纠问式诉讼模式的确立促使实质真实的理念在案件事实的认

---

[1] Friderich-Wilhelm Krause, *Zum Urkundenbeweis im Strafprozeβ*; Hamburg 1966; S. 7.

定方面由非理性的神灵旨意向理性的法官裁判的转变过程中萌发，应该说，只有在纠问式诉讼盛行之时，法定证据制度才有生存的空间，但法律预先规定诉讼证据效力的形式主义却成为实质真实发展的绊脚石。

启蒙运动时期，人权保障意识悄然兴起，众多资产阶级学者在"主权在民""天赋人权"等口号下开始对欧洲封建时期法定证据制度提出批评——"在资产阶级的司法和证据法理论里，形式主义原则的支配地位是表现在只求把全部审判工作归结为一种形式，法院判决就能达到完备和没有错误了"。[1]1790年法国资产阶级革命家、法学家杜波尔针对法定证据制度向法国宪法会议提交草案（1790年12月26日），主张在实质真实的目的层面上应用自由心证制度代替法定证据制度——法官对案件事实的确定不能依靠预先设置的各种证据的证明力，若强迫法官根据这些证据认知案件事实，这对被告人和社会来说非常危险，法院所认定的真实也只是形式上的真实，自由心证主张展现法官面前用来认识案件真相的所有证据都应当被全面、细致地收集，判断证据是一项产生怀疑或确信的理智活动，让法官根据理性和良知进行内心判断才能查明案件真相。杜波尔提出的草案于1791年1月18日通过。1808年，法国将自由心证写入《拿破仑刑事诉讼法典》第342条，将其作为法官审判活动的唯一基础。德意志国家（巴伐利亚、普鲁士、伍登堡、巴登公国等）因受法国大革命及《拿破仑刑事诉讼法典》的影响，其国内呼吁改革法定证据制度的声音高涨，在1846年7月17日通过普鲁士立法正式确立了自由心证，自由心证在实践中的应用与修正，使得实质真实的内容得到进一步充实。

"自由心证在19世纪下半叶作为德国所有邦国内刑事诉讼法的根基以及贯穿实质真实原则的一项必不可少的设置"，[2]法律赋予法官查明案件实质真实的权力，本意是要弱化法定证据制度在法官查明案件事实方面所具有的形式主义弊端，而法官在进行纯粹的自由心证的过程中难免会投入更多的主观因素而出现非理性的裁判或错误判决，那么就需要法官在机械的法定证据制度与纯粹的内心确信之间寻求一种更理性的查明案件事实的路径。围绕实质真实理念，法官的自由心证可以说覆盖了对判决结果有影响的各项事实、证据，但是法官在依职权进行证据调查的同时，必定要受到与庭审有关的公开

---

〔1〕 ［苏］安·扬·维辛斯基：《苏维埃法律上的诉讼证据理论》，法律出版社1957年版，第261页。

〔2〕 Gotthold Bohne, *Zur Psychologie der richterlichen überzeugungsbildung*；Köln 1948；S. 7 f.

原则、直接原则、言词原则等原则的约束，防止自由心证的滥用、异化。同时，职权分离的原则使检察官享有提起公诉的权力并且可以通过参加庭审来监督法官；理性与人权保障意识的高涨，使得被告人的诉讼地位也从诉讼客体上升为诉讼主体，案件事实的查明也需要被告人的协助，以帮助法官发现案件真相；物证技术水平的不断提高及证据调查的重心由被告人的口供逐渐转向实物证据等变化，大大推动了实质真实诉讼理念的重大演变，而实质真实目的的实现依赖于"主观认识与客观现实相统一"的认知路径以最大化地发现真实。

第二次世界大战以后，德国、法国本土发展起来的人权保障思想与机制被彻底摧毁，在借鉴英美法系国家权力制约及人权保障的相关制度中，正当程序理念随着美国正当程序革命强有力的传播被带入到大陆法系国家的法律体系中。应该说，大陆法系实质真实在这一时期的发展是在正当程序的光环下进行的，沉默权、辩护权内容的进一步扩充，审前羁押司法审查制度的建立等都为被告人诉讼主体地位的提升增加了实质性内容。正如有的学者这样描述："正当程序理念在任何时候都没有否定刑事诉讼程序对真实价值的追求，正当程序也好、人权保障也罢，都不是实质真实的根本对立物。从二者在价值体系中所处的位置来看，正当程序与人权保障是宪法层面所规定的价值，而真实则是刑事诉讼法层面规定的价值，可见，双方不具备根本对立的平台。"[1] 可以说，在正当程序理念的渗入下，实质真实是在维护正当程序的基础上所进行的发现事实真相的最大化的真实。

可见，从欧洲中世纪下半叶开始，大陆法系在查明案件事实的诉讼过程中始终围绕着发现实质真实这一目的进行，而追求实质真实实现的方式也经历了两次质的飞跃：第一次是由非理性的神明裁判到理性的法官裁判；第二次是由法定证据制度到自由心证制度的转变。在不同的时代背景下，因权力制约、人权保障、正当程序等理念的融入，实质真实理论的内容也随之不断丰富，其不再以直接、单纯的形式表现于诉讼过程中，但最大限度地实现案件的实质真实的目的始终未变。

2. 客观真实的提出及发展

客观真实的概念最早是苏联证据学家基于辩证唯物主义认识论在诉讼认

---

〔1〕　王天民：《实质真实论》，法律出版社 2013 年版，第 45 页。

知中的运用提出的，其与大陆法系实质真实的内涵非常接近，与大陆法系的实质真实一脉相承。十月革命后，苏联学者在大陆法系内心确信的基础上将"实质真实"发展为"客观真实"，并将客观真实作为诉讼中的一项重要原则予以适用。克列曼教授指出："客观真实原则就是要求法院采取它所能做到的一切办法来确定在客观现实上曾经发生过的案件实际情况，要求法院的判决确定是以从案件真实情况中查明的当事人间真正的相互关系为基础的。"[1]可以说，苏维埃的证据法学领域，将"实质真实"发展为"客观真实"是在辩证唯物主义认识论的指导下进行的。而事实上，苏联证据法中存在实质真实和客观真实并存的局面，如维辛斯基采用"实质真实"，[2]切里佐夫教授的教科书采用"客观真实"。[3]

（二）客观真实在中国的产生与发展

1. 客观真实理论在中国的演变

应该说，中国古代刑事司法始终重视对案件事实真相的追求，[4]强调案件事实真相的查明，坚持客观真实的理念。早在西周时期司寇就通过"三刺"的方式来决定案件的最终结果，其"实"和"真"则是对案件事实认定所要达到的要求，如《周礼》所记载的"得真"，[5]秦代的《治狱》篇中的"情为上"，[6]汉简《奏谳书》中也记载了春秋至西汉初年的22个案例，从中都能看到"审""皆审"的表述，"总之'审'反映出审判者对于案件真实情况的重视，这与西周以三刺之法求真实、秦代治狱求真实所体现的理念是一脉相承的"。[7]唐代以前审判官对案件事实的查明就已经体现出案件结果需要达到真实的程度，但从史料记载来看，唐代以前对案件真实的规定仍比较粗简、

---

〔1〕 ［苏］克列曼：《苏维埃民事诉讼》，法律出版社1957年版，第89页。

〔2〕 ［苏］安·扬·维辛斯基：《苏维埃法律上的诉讼证据理论》，法律出版社1957年版，第170~171页。

〔3〕 ［苏］切里佐夫：《苏维埃刑事诉讼》，中国人民大学刑法学教研室译，法律出版社1956年版，第118~119页。

〔4〕 有的学者指出，西周晚期为实质真实的产生时期，中国式实质真实的出现远早于大陆法系国家。参见王天民：《实质真实论》，法律出版社2013年版，第182页。

〔5〕 "治狱，能以书从迹其言，毋治（笞）谅（掠）而得人请（情）为上。"参见《治狱》。

〔6〕 "云'赞司寇听狱讼者'，专欲以成，恐不获实，众人共证，乃可得真，故谓赞之也。"参见《周礼·秋官·司刺》。

〔7〕 陈光中、朱卿："中国古代诉讼证明问题探讨"，载《现代法学》2016年第5期。

模糊。

　　唐代以后审判官案件查明所要达到的标准更为明确、具体。唐宋时期"赃状露验，理不可疑"，反映了当时审判官若查明案件真相需要通过内心的感受来判断案件所客观表现的情况，这体现了审判官用一种主客观相结合的方式来探究案件真相的状况。明清时期的律、例规定了"证佐明白""明白、无疑"内容，这可被视为审判官查明案件真相所要达到的程度的法定表述，与我国今天"事实清楚，证据确实、充分"的表述比较接近。因此，中国古代审判官对案件证明标准的不断明确、具体的表达，再一次体现了我国古代审判官对案件真相的追求，而这一追求也代表了中国客观真实观的萌芽。可以说，中国古代的客观真实不强调主体对客体进行客观中立的探查认知，而强调一种间接性的主客观认识，即法官通过观测与案件事实有关联的人的"善"来发现客观之"真"，其更注重法官自身在认识过程中所形成的主观情感和价值判断来查明案情，该种客观真实观严格地说是不可能真正达到真实的。

　　清末民初近代转型时期，内忧外患的动荡时局迫使沈家本等进步人士选择了"承继固有，继受外来"的法律变革之路，学习大陆法系国家的律法规定。沈家本主持修律，其在奏进《刑事诉讼律》草案时，将"摘发真实"[1]作为修律宗旨之一向皇帝汇报，其中就把自由心证、直接审理和言词辩论三项主义作为发现真实之精髓。该时期，中国客观真实观受到大陆法系国家实质真实理论的影响，强调法官应本着内心确信的标准以及直接、言词的审判方式来发现事实真相。

　　新中国成立以后，随着我国职权或超职权主义审判方式的确立，我国刑事审判查明案件真相的客观真实观得到进一步发展，凸显出法官在查明案件真相力求达到绝对真实的色彩，形成了传统的客观真实理论。由于1957年6月拟定的《中华人民共和国刑事诉讼法（草稿）》和1963年《中华人民共和国刑事诉讼法草案（初稿）》因一系列政治运动一直被搁置，直至1979年第一部《刑事诉讼法》才得以颁布，当时的超职权主义诉讼模式强化了法官依职权调查案件真相的责任意识。"重实体、轻程序"的传统，无形中加重了

---

　　[1]　摘发真实：证据而以法律预定，则事实皆凭推测，真实反被所弊，宜悉凭审判官自由取舍。参见《修订法律大臣沈家本等奏〈刑事诉讼法草案〉告成装册呈览折》。

办案法官在查证过程中力求达到绝对真实的主观意识，客观上力求与案件真相完全相符。这种传统的客观真实观受到的质疑颇多，具体体现在三个方面。

第一，不符合辩证唯物主义认识论。根据唯物主义认识论的可知性，法官认知能力是有限的，若要求法官对涉案的事实、证据的查明全部达到与客观真相完全一致，在司法实践中是很难做到的；而且对于案件的次要事实、证据，也没有必要做到真实。

第二，不符合证明标准层次性的要求。传统的客观真实观在法律适用中显得过于机械，尤其是在证明标准方面，"完全符合"的客观真实观意味着在所有案件的事实和情节上不存在证明的差异性、层次性，这很不现实。

第三，夸大了法官查明案件真相的能动性。传统的客观真实诉讼观念，过多地关注案件的实体公正，而忽略了程序公正、诉讼效率的要求，认为法官只要充分发挥其主观能动性，便可以查明案件的客观真相。然而，案件真相具有过去性的特征，法官通过证据对案件事实的认知受到侦查人员收集证据的手段、方式等多方面因素的影响，对案件全部事实情况的认知达到客观真实是不可能的。因此，传统的客观真实理论在职权或超职权主义诉讼模式下，显得过于机械、绝对，在刑事审判中查明案件真相的过程凸显出其不切实际的一面。

2. 我国客观真实与法律真实之间的博弈

法律真实，也称为"形式真实"，欧洲中世纪的法定证据制度就是法律真实观的早期体现，后在英美法系当事人主义的诉讼模式下通过正当程序认定的事实被视为真实，法律真实理论从此得以确立与发展。目前，法律真实理论是英美法系证据法理论中的通说，强调认定案件事实的规则和程序，但并不否认刑事审判程序对案件客观真实的追求。

我国法律真实是相对于客观真实提出的。自20世纪90年代，随着我国审判方式的逐步改革和诉讼价值多元化的兴起，传统的客观真实理论显得过于机械和绝对，即司法人员需将案件所有的事实和情节全部查清以达到客观真实的目的在实践中难以做到，也没有必要。鉴于控辩双方主导庭审的举证、质证和查明案件真相并非诉讼的唯一目的，有的学者提出"以法律真实代替客观真实"的观点。21世纪初期，我国法学家们就案件事实证明到何种程度，即追求客观真实还是法律真实，展开了激烈的交锋。法律真实观学者主张应当从法律的角度来查明案件的真相，如樊崇义教授主张"法律真实说"。[1]笔者认为"法律真实说"的观点是片面的，其在一定程度上夸大了程序公正的价值和作用，而否认了诉讼认识中的一般规律，但完全否认法律真实也是不现实的。而陈光中教授主张在查明案件真相方面，应做到"客观真实与法律真实相结合"。笔者赞成陈光中教授的观点，在诉讼价值多元化的今天，追求客观真相已经不是诉讼的唯一目的，在诉讼中只讲客观真实，不承认法律真实，有时候是行不通的，但客观真相必须要坚持。坚持客观真实与法律真实相结合的观念，既有利于强调程序公正的价值，通过严格、正当的程序确保法庭认定的事实与客观真相一致；又有利于发挥对抗性庭审发现案件真相的功能，保证实体公正与程序公正的统一。

2012年《刑事诉讼法》修改，被告人人权保障以及程序公正的理念在刑事审判方式改革中进一步得到深入，坚持客观真实观的办案理念在党中央的文件中予以体现，党的十八届四中全会《决定》规定再次强调了案件事实的认定符合客观真相的要求。[2]因此，刑事案件事实的认定应当符合客观真实，而当前所主张的"客观真实"或"客观真相"，实际上是绝对真实与相对真实的辩证统一，而法律真实理论本质上也是一种相对真实。陈光中教授指出："坚持客观真实理论，并非意味着在一切案件，以及案件的所有事实上都坚持实现客观真实，而是在关键事实和情节上力争做到客观真实。"[3]也就是说，我国当前客观真实理论至少包含三个方面的含义：一是客观真实在一定条件下是可以达到的，法律真实是简单化的真实，其很接近客观真实，但没有达到客观真实的程度。二是在关键事实的认定方面要达到的真实，就是肯定、一定之意。也就是说，"在刑事诉讼中，对于发生了'犯罪行为'以及'谁是犯罪行为人'这些关键事实的认定上必须达到确定性和唯一性"[4]，若只是接近客观真实，很容易造成冤假错案的发生。三是只讲法律真实对案件真

---

[1]　法律真实说："所谓法律真实是指公、检、法机关在刑事诉讼证明的过程中，运用证据对案件事实的认定应当符合刑事实体法和程序法的规定，应当达到从法律的角度认为是真实的程度。"参见樊崇义："客观真实管见——兼论刑事诉讼证明标准"，载《中国法学》2000年第1期。

[2]　"坚持以事实为根据、以法律为准绳，健全事实认定符合客观真相、办案结果符合实体公正、办案过程符合程序公正的法律制度"，笔者认为客观真实与客观真相内涵一致，本书仍采用传统的客观真实法律术语。

[3]　陈光中、李玉华、陈学权："诉讼真实与证明标准改革"，载《政法论坛》2009年第2期。

[4]　陈光中：《证据法学》，法律出版社2019年版，第90页。

相的查明是具有危险性的，但在某些案件的事实认定中可以使用推定，如贪污受贿案件中"巨额财产来源不明"的事实推定，毒品案件中有关"明知是毒品"的主观认定，等等。

（三）客观真实对我国刑事庭审证据调查程序的要求

从古至今我国刑事审判对案件真相追求的过程一直秉承客观真实的理念，而且客观真实在一定条件下是可以达到的。为保障当前案件客观真相的实现，一方面，刑事审判程序与制度规定变得更为规范、严格，通过正当程序来实现客观真相是当前我国客观真实理论的应有体现；另一方面，司法人员应始终坚持诉讼过程对案件真相的最大化实现，对刑事案件中的关键事实和证据的认定应当达到确定性和唯一性，这是客观真实理论的基本要求，能有效防止冤假错案的发生。

我国刑事庭审证据调查实际上是证明案件真相的相关证据在法庭上予以展现的重要程序保障。在刑事庭审证据调查阶段，法官通过举证、质证和认证等法律规程审查核实证据并形成内心确信，以达到对案件事实的认定符合客观真实的目的。客观真实作为一种理论，必须在法律规定中得以体现，而刑事庭审证据调查程序有关规定的合理运用和其自身价值的实现过程，着实体现了对客观真实目标的终极追求。具体表现在以下三个方面。

1. 庭审法官负有查明案件事实真相的义务

我国素有职权主义审判的传统，法官负有查明案件事实真相的义务。虽然庭审模式已由法官主导调查转向法官主持调查，但"主持"的角色要求法官有全面把握和有效驾驭庭审的能力，客观上需要办案法官在法庭中对所有证据进行亲自审查，既要审查控方所举证据，也要审查辩方所举证据；既要审查不利于被告人的证据，也要审查有利于被告人的证据；既要遵循法律规定的调查方法和顺序进行审查核实，又要对诉讼证据的证据资格和证明力作出清晰、确定的评判。庭审法官要严格按照证据裁判原则，对确定案件关键事实证据之认识要达到绝对真实的程度，若法官只求最大限度地接近客观真实，容易存在实体不公的危险。因此，法庭作为查明案件真相的最后一道司法防线，法官内心确信必须在客观真实理念的主导下形成。

2. 刑事庭审证据调查应当严格、规范进行

刑事庭审证据调查程序具有保障证据调查结果客观真实的作用。最高人

民法院院长周强在《推进严格司法》一文中将"事实认定符合客观真相"解读为"用严格的程序和制度确保司法机关查明、认定的事实符合案件发生时的客观真相"。在具体的证据调查中，整个调查过程不仅应在法庭上公开进行，而且证据的提出与控辩双方对证据的质证等均要通过法律规定的程序进行；在对抗性司法因素不断强化的法庭上，法官还应当保证控辩双方平等抗衡的权利。也许，即便程序极尽所有也未必能确保证据客观真实地反映案件真相，但是不严格、粗简的程序在保证证据客观真实方面存在一定危险，许多冤假错案产生的原因无不与证据调查走过场、敷衍证据调查有关。因此，严格的证据调查过程是确保证据真实性、可靠性的程序保障，只有真实、可靠的证据才有助于法官形成内心确信，查明案件的客观真相。

3. 刑事庭审证据调查结果的认证标准具有层次性

笔者认为，刑事庭审证据调查要坚持客观真实与法律真实的辩证统一，客观上要符合事实真相。在刑事庭审证据调查程序中，对主要事实、关键事实进行证据调查的结果要达到结论唯一性、确定性，客观上要符合案件真相。坚持客观真实，并非意味着所有被调查的证据都要与客观真实相吻合，这是不可能的，也是没有必要的。而与案件主要事实、关键事实相关的证据调查只要求达到法律真实的程度，也是不可取的，会产生错误定案的危险。对于次要事实、情节的证据调查，如犯罪的主观方面、被告人的心理动机、犯罪工具的准备过程等不需要达到绝对真实的程度。法律规定在某些特定案件中运用"推定"对案件事实予以认证，实际上就是法律真实的体现，如对于毒品犯罪中"明知是毒品"[1]的推定，如果被告人不能作出合理解释，法庭可以直接作出被告人"明知是毒品"的主观方面的认定。

---

[1]　2007年最高人民法院、最高人民检察院、公安部印发的《办理毒品犯罪案件适用法律若干问题的意见》第2条规定："走私、贩卖、运输、非法持有毒品主观故意中的'明知'，是指行为人知道或者应当知道所实施的行为是走私、贩卖、运输、非法持有毒品行为。具有下列情形之一，并且犯罪嫌疑人、被告人不能作出合理解释的，可以认定其'应当知道'，但有证据证明确属被蒙骗的除外：（一）执法人员在口岸、机场、车站、港口和其他检查站检查时，要求行为人申报为他人携带的物品和其他疑似毒品物，并告知其法律责任，而行为人未如实申报，在其所携带的物品内查获毒品的；（二）以伪报、藏匿、伪装等蒙蔽手段逃避海关、边防等检查，在其携带、运输、邮寄的物品中查获毒品的；（三）执法人员检查时，有逃跑、丢弃携带物品或逃避、抗拒检查等行为，在其携带或丢弃的物品中查获毒品的……"

二、程序公正理论

公正，"公之为言，公正无私"，西方称之为"justice"，兼有公平、正义的含义，通说将"公正"视为"正义"，不加以区分。虽然有的学者将公正和正义视为一体两面，认为正义是公正所要达到的目标，公正是正义实现的手段，但笔者在本文中按照通说对"公正""正义"予以论述，也即，正义，即是公正。审判程序是司法程序最重要的内容之一，是国家审判机关作出裁判所必经的步骤、顺序和手段的总和。程序公正，也可以被称为程序正义，是指在法律的具体运作过程中，要确保受裁判结果直接影响的人受到应得的诉讼方面的待遇。"正义要求所有的法律努力都应当指向一个目标，即实现在当时当地的条件所可能实现的有关社会生活的最完美的和谐"，[1]通过正当的法律程序努力使人民群众在每个案件中感受到公平正义，司法权威才能为社会公众所接受，并实现社会生活的完美和谐，这是程序公正的精神所在。

（一）程序公正理论的形成和发展

1. 程序公正的起源与演变

根据有关历史事件和文献资料的记载，早在古希腊和古罗马时期，人们对正义理论便有所探究，不过当时正义理论的研究基本上是围绕实体公正展开的，程序公正只是作为一种自然理性的观念予以例行。古希腊时期的苏格拉底审判展现出对一个人的裁判需要根据严格的程序规则作出的理念，可以认为此时程序公正观念已初现萌芽。随后，古希腊时期的柏拉图将正义的内涵界定为秩序性，亚里士多德反对自己审判自己的案件，而法官则是解决纠纷的公正人物，斯多葛学派提倡人人平等的观念。古罗马时期的自然法思想家马库斯·西塞罗在斯多葛学派自然法思想的基础上提出了有关诉讼程序的原则，如未经审判被告人不能被定罪、追究被告人罪责的程序应当合法、公开，等等，这些自然法思想都成了程序公正理论的源头。理论对实践产生了巨大助推力，"自然正义"的两个基本原则在古罗马后期得到确立。

在日耳曼人征服古罗马以后，古罗马法文献中所蕴含的程序正当的理念作为法律文化为日耳曼民族所用；公元 5 世纪，日耳曼部落的盎格鲁——撒

---

〔1〕 ［美］E. 博登海默：《法理学：法律哲学与法律方法》，邓正来译，中国政法大学出版社 1999 年版，第 173 页。

克逊人入侵大不列颠，罗马法借教会之载体，对英格兰的法律产生重大影响。公元 11 世纪，罗马法成为英国法官大学的必修课程之一。1215 年英国王权与贵族权力之间的矛盾引发了暴力冲突，冲突以约翰王国被迫签署《自由大宪章》而暂时终结。其中，1215 年《英国自由大宪章》第 39 条[1]的规定被认为是关于程序公正理念最早、最规范的表述。1354 年爱德华三世颁布的《伦敦威斯敏斯特自由法》第 28 条[2]的内容对程序公正的内涵进行了扩大，且首次提出了"正当法律程序"的概念。1689 年《英国权利法案》第 10 条和第 12 条[3]规定将程序公正的内容进一步予以丰富。经历了 400 多年的发展，程序公正理念在英国国会与人民限制王权的坚决要求下得以扎根、发展，内容也逐渐丰富、具体。

17 世纪初期，英国在北美建立殖民地时，将其程序公正的理念传入了北美，程序公正理念在美国得以枝繁叶茂，而"正当法律程序"则是程序公正在美国的表述。1791 年《美国权利法案》中有四条规定[4]与程序公正密切相关，这四条宪法层上的修正案涉及被告人所享有的程序性权利，也为正当程序在美国的发展奠定了基础。但因为《美国权利法案》属于联邦宪法的修正案，有关正当程序的规定只适用于联邦范围，直至 1868 年《美国联邦宪法》第十四条修正案[5]的颁布，正当程序才得以适用于美国联邦和各州。虽然，就正当法律程序的规定与其他四条修正案有关被追诉人权利保障范围的问题，联邦最高法院内部展开了激烈的争讨，但正当法律程序适用于各州的

---

〔1〕 1215 年《英国自由大宪章》第 39 条规定："任何自由民，如果未经其具有同等身份的人依法裁判或者根据王国的法律，皆不得被逮捕、监禁、没收其财产，剥夺其自由权或者自由习俗。"参见陈光中：《中国司法制度的基础理论问题研究》，经济科学出版社 2010 年版，第 395 页。

〔2〕 1354 年《伦敦威斯敏斯特自由法》第 28 条内容是："任何人，无论其身份和地位如何，未经正当法律程序之审判，皆不得剥夺土地、房产，不得被逮捕、监禁，或者取消继承权，或被剥夺声明。"参见陈光中：《中国司法制度的基础理论问题研究》，经济科学出版社 2010 年版，第 395 页。

〔3〕 1689 年《英国权利法案》第 10 条规定："不应要求过多的保释金，亦不应强课过分之罚款，更不应滥施残酷非常之刑罚。"第 12 条规定："定罪前，特定人犯的一切让与，及对罚金与没收财产所作的一切承诺，皆属非法而无效。"参见樊崇义、夏红主编：《正当程序文献资料选编》，中国人民公安大学出版社 2004 年版，第 451~452 页。

〔4〕《美国权利法案》第 4 条、第 5 条、第 6 条和第 8 条修正案涉及的正当程序权利仅适用于联邦范围内。

〔5〕《美国联邦宪法》第十四条修正案规定："任何一州，都不得限制或实施限制合众国公民的特权或豁免权的任何法律；未经正当法律程序，不得剥夺任何人的生命、自由或者财产；在州管辖范围内，也不得拒绝给予任何人以平等法律保护。"

积极意义是毋庸置疑的。直至 20 世纪 60 年代美国联邦最高法院沃伦大法官领导的正当程序革命，真正实现了与正当程序相关的宪法原则在联邦与州统一适用的局面，将程序公正理念推向了顶峰，法律格言——"正义要以人们看得见的方式实现"——也随之传播到世界各地。《布莱克法律辞典》对"正当法律程序"[1]和"程序性正当程序"[2]均作了详细解释。需要说明的是，笔者认为程序公正与正当程序并无实质性区别，如果一定要加以区分的话，程序公正属于英国式表述，而正当程序则属于美国式表述。再进而言之，笔者认为，正当程序包括实质性正当程序和程序性正当程序两个方面的内容，实质性正当程序是一种宪法上的权利保障机制，要求对公民的财产、人身权利的限制或剥夺必须经过法定的程序才能实施；而程序性正当程序注重程序本身，赋予当事人参与最终裁决作出的过程的权利，要求刑事诉讼程序本身应当是公正的、合理的。

第二次世界大战后，人权保障理念在世界范围内高涨，程序公正作为保障被告人权益的有效方式也得以迅速传播，不仅越来越多的国家在本国宪法或宪法性文件中就有关程序公正的内容予以规定，而且《世界人权公约》《公民权利和政治权利国际公约》等也对程序公正的内容予以规定。程序公正理念绝非生长在英美法系土壤中的花朵，大陆法系国家的刑事诉讼法经过几次修改，也逐渐增加了程序公正的内容，如德国程序法学家克劳思·罗科信将刑事诉讼的目的归纳为三个方面：第一是为实体事实的正确；第二是为刑事诉讼程序的合法性；第三是为维护和平而对被告人作出有罪判决。程序公正成为德国刑事诉讼保护被告人尊严的措施，并在追求实体真实的过程中得以体现。再如《法国刑事诉讼法》将程序公正作为一项指导性原则规定在正文之前的序言条款中。这些都体现了程序公正对大陆法系国家程序理论的重大影响。但是，面对犯罪率的提高和维护社会稳定的压力，英国、美国等颁布

---

〔1〕《布莱克法律词典》中"正当法律程序"的定义是："通过法庭审判的正规执法过程。在每个特定案件中，正当法律程序都意味着按照法律允许或者要求的既定箴言并按照这些箴言为特定案件规定的个人权利的保障来行使政府权力……除此之外，'正当程序'还意味着基本公正。"See Black's Law Dictionary, Bryan A. Garner, 8th Ed, West Group, 2004, p. 1242.

〔2〕《布莱克法律词典》将"程序性正当程序"解释为："任何权益受判决结果影响的当事人有权获得法庭审判的机会，并且应被告知控诉的性质和理由……合理的告知、获得法庭审判的机会以及提出主张和辩护等都体现在'程序性正当程序'之中。"See Black's Law Dictionary, Bryan A. Garner, 8th Ed, West Group, 2004, p. 1242.

相关法律对程序公正的内容予以了限制，如 1994 年英国通过《英国刑事司法和公共程序法》对沉默权予以限制，2003 年通过《英国刑事司法法》对禁止双重危险规则予以限制、对放宽传闻证据规则予以限制，等等。特别是在美国"9·11"事件后，美国通过《美国爱国者法案》扩大了警察搜查、监听等权力。

2. 程序公正价值之争鸣

价值，是客体的属性或功能对主体需要的满足，在司法审判中，公正则是人们所追求的首要价值目标。程序公正是人类对诉讼过程的认识走向理性、成熟的标志，由于程序本身的内在品质所体现的价值逐渐为人们所重视，人们认识到公正的程序比不公正的程序更能保证判决结果的公正，并发现通过法定的顺序、方法和规则来查明案件真相能进一步防止冤假错案的发生。

外国学者对程序价值的理论问题研究较早，19 世纪早期英国功利主义学家边沁对程序法与实体法的区分打开了学者对程序价值的探讨，而程序公正价值的探讨从闪烁其中走向自成体系。概括起来，关于程序价值的认识主要存在两种典型的理论：第一，程序工具主义理论。该理论以边沁的功利主义法哲学为基础，主张程序本身不具有自主和独立的性质，而是一种实现某种外在目的的工具或手段。该理论又被分为三种模式：一是绝对工具主义程序理论，如边沁主张程序仅仅是为了实现实体法之目的；二是相对工具主义程序理论，如美国学者庞德秉持程序是社会控制的价值观；三是经济价值主义程序理论，如美国学者科恩、波斯纳将程序价值定位于实现经济效益。上述三种有关程序工具价值的模式，并没有对程序公正的价值予以独立研究，而是将程序"正当""合理"与否的标准作为实现实体法目的的一种工具或手段予以规定。第二，程序本位主义理论。该理论源于意大利学者贝卡里亚强调刑事程序的人道化思想，其主张应当重视程序的内在品质。美国哲学家约翰·罗尔斯将程序正义区分为三种情形——纯粹的程序正义、完善的程序正义和不完善的程序正义——正式开启了有关程序公正独立价值的探讨，罗尔斯提出的"纯粹的程序正义"更将程序本位理论推向高峰。罗尔斯认为在没有外在独立的判断标准时，只要遵守公正的程序，结果就是公正的。此外，美国学者马肖提出了程序的尊严价值理论，主张维护法律程序的公正性或人道性，由此使受到裁判结果影响的人得到尊重；英国学者达夫丰富了程序本位主义理论的内容，其将案件结果的正当与否完全依赖于程序的正当与否，有"程序真实"的唯心主义倾向。随着英美法学家对程序价值研究如火如荼地展开，程序价值的争论也从一元价值论走向了多元价值论，形成了综合的价值理论，如美国学者罗伯特·萨默斯在理论上厘清了程序工具主义的价值观和程序本位主义的价值观，但其重点仍放在程序本位主义的价值观方面，提出法律程序的"过程价值"，指出程序价值依附于结果价值而独立存在，而程序公正是一项不可忽视的过程价值。又如美国学者贝勒斯在前人研究的成果上，提出了较为系统的、综合性的程序价值理论，其对程序公正的内涵、标准和适用范围方面的探讨相当全面、细致，丰富了程序公正价值理论的内容，可谓程序公正价值理论发展史中又一新的标杆。

3. 程序公正的标准

标准，是衡量一事物的尺度或准则。程序公正的标准源于自然正义原则的两项基本要求，20 世纪 70 年代以后，学者们对程序公正价值的探讨逐渐深入，推动了程序公正标准研究的不断发展，程序公正标准研究成为程序公正理论的又一重要内容。如美国学者贝勒斯在程序综合价值理论的基础上也提出了程序公正的四个方面的标准；[1]又如美国学者戈尔丁提出了程序公正三个方面的九项标准，[2]主张这些标准不是孤立的，而是相互关联、促进的，是衡量纠纷解决程序是否公平合理的重要尺度；再如日本学者谷口安平也提出了程序公正的"最重要标准"，[3]等等。此外，《公民权利和政治权利国际公约》第 14 条规定了有关司法独立、审判公开、获得律师帮助的权利、受到及时审判的权利、受指控人与证人对质的权利等程序性权利；《欧洲人权公

---

〔1〕 四项标准：无偏私、得到听审的机会、裁判说理和形式正义。参见陈瑞华：《程序正义理论》，中国法制出版社 2010 年版，第 288~292 页。

〔2〕 三个方面九项标准：第一，中立。（1）任何人不能作为自己案件的法官；（2）冲突的解决结果中不含有解决者个人的利益；（3）冲突的解决者不应有对当事人一方的好恶偏见。第二，劝导冲突。（1）平等地告知每一方当事人有关程序的事项；（2）冲突的解决者应听取双方的辩论和证据；（3）冲突的解决者只应在另一方当事人在场的情况下听取对方意见；（4）每一当事人都应有公平的机会回答另一方提出的辩论和对其证据进行质证。第三，裁判。（1）解决诸项内容应以理性推演为依据；（2）分析推理应建立在当事人作出的辩论和提出的证据之上。参见 ［美］马丁·P. 戈尔丁：《法律哲学》，齐海滨译，三联书店 1987 年版，第 240~241 页。

〔3〕 最重要标准：与程序的结果有利害关系或者可能因该结果而蒙受不利影响的人，都有权参加该程序并得到提出有利于己的主张和证据以及反驳对方提出之主张和证据的机会。参见 ［日］谷口安平：《程序的正义与诉讼》（增补本），王亚新、刘荣军译，中国政法大学出版社 2002 年版，第 11 页。

约》规定的获得公正审判的权利、享有最低限度的程序性权利等在国际公约、区域性公约中也有所体现。

从程序公正理论的发展来看，程序工具价值论的提出到程序本位价值论的探究，再到综合价值论对程序公正标准的界定，程序公正理论的形成是一个渐进发展的过程，其内容不断丰富化、具体化。

（二）程序公正在中国的发展

1. 程序公正在我国的形成与发展

对于具有反个人主义、反法治主义倾向，重实体、轻程序，崇和谐、厌诉讼[1]等古代法律文化特点的中国而言，程序公正实属西方舶来品。可以说，在中国古代司法实体与程序不分之时，与程序相关的法律规定数量非常有限，且审判过程由法官决定，被告人缺乏主动参与程序的积极性，加之老百姓更看重裁判结果的公正与否，其间程序公正的理念并未在中国的土壤中自发生长。然而，在沈家本主持修律期间，其对德国、日本刑事诉讼程序考察学习、制定刑事诉讼法律时，就已提出"刑法为体，诉讼为用"[2]的主张。可见，沈家本在清末时期对刑法与刑事诉讼法的关系做了清晰的阐述，表明了刑事诉讼法为刑法服务和刑法、刑事诉讼法并重的观念，由此程序为用的价值理念已在中华大地上萌芽。正如有的学者对该时期的"体用之别"作出了如下评价："自此，诸法合体、实体与程序不分的法典编纂观念第一次被打破，程序法走出实体法的笼罩而单独成典的立法思想一直指导着以后历次刑诉法的修订。"[3]

令人欣慰的是，中国古代时期的某些法律文化特点在我国近现代社会时期得到了改造，近现代法律文化呈现出与古代法律文化不一样的特点。就刑事诉讼程序而言，"重实体、轻程序"的改革目标，公检法三机关分工负责、相互配合和崇尚和谐的文化传统等，在某种程度上为中国刑事程序的正当化环境提供了先决条件。随着改革开放后我国社会主义市场经济的大力发展，

---

〔1〕魏晓娜：《刑事正当程序原理》，中国人民公安大学出版社2006年版，第336~347页。

〔2〕"窃维法律一道、因时制宜，大致以刑法为体，以诉讼为用；体不全无以标立法之宗旨，用不备无以收刑法之实功，二者相因，不容偏废。"参见《修订法律大臣沈家本等奏进呈诉讼法拟请先行试办折》，《大清法规大全·法律部》卷11。

〔3〕李春雷：《中国近代刑事诉讼制度变革研究（1895－1928）》，北京大学出版社2004年版，第49页。

人权保障和正当程序理念在诉讼中不断被强化。我国审判改革的法治化目标也逐渐明确、清晰，在刑事诉讼法领域表现得尤为突出。实体与程序具有同样的重要性，程序公正的含义、内容以及其本身的独立价值被我国学者普遍接受，刑事诉讼程序与法院的最终裁判被视为同等重要。在近二十年的刑事司法改革中，程序公正的理论几乎被置于与人权保障理论同等的地位，且研究更为深入、丰富；刑事立法中有关程序正当性的具体问题，如审判独立、审判公开、诉讼双方平等、审理者中立等，都是在程序公正理念的主导下得到完善的。可以说，我国刑事审判改革的每一具体制度无不与程序公正有关，均是在程序公正理念的指引下进行的改革。

2. 我国学者对程序公正价值的认识

随着人们对司法程序的要求不断提高，自 20 世纪 90 年代以来，应刑事审判方式改革和司法实践的需要，我国学者对程序价值的探讨可谓百花争鸣。通说主张程序公正价值的"并重说"，其是指程序公正与实体公正动态并重，即程序公正和实体公正是统一的，不能有先后轻重之分，但也不能机械地运用"并重说"，应当从案件实际情况出发对两者之一有所偏重。程序公正的价值应当是多元的，正如陈光中教授提出程序公正应当至少具有五个方面的价值[1]。

笔者认为，可将程序公正的价值分为内在价值、外在价值和独立价值。就刑事审判程序而言，程序公正的内在价值主要体现为程序公正的目的性价值，包括确保程序参与者的主体性、确保程序参与者的平等性和确保程序参与者的参与性等内容，使法庭审判中的被告人拥有独立的诉讼主体地位并使其权利得到尊重和保障。外在价值是程序公正的工具性价值，公正的程序对公正的结果有着促进和保障作用，可以说如果没有健全的程序保障，实体权利就无法实现，实体公正就犹如"镜中之花，水中之月"，正如美国联邦法院大法官杰克逊认为："程序的公正、合理是自由的内在本质，如果有可能的话，人们宁愿选择通过公正的程序实施一项暴戾的实体法，也不愿意选择通

---

[1] 五个方面价值：第一，程序公正是实现实体公正的重要保障；第二，程序公正本身体现出了民主、法治和文明的精神；第三，程序公正有助于维护司法权威；第四，程序公正有助于消除不满，增强裁判结果的可接受性；第五，程序公正有助于加深民众对法律制度的内在支持，促进公民守法。参见陈光中：《中国司法制度的基础理论问题》，经济科学出版社 2010 年版，第 399～404 页。

过不公正的程序实施一项较为宽容的实体法"。[1]程序公正的独立价值，则指其不依赖于其他任何条件而独立体现民主、法治和文明的精神。

3. 我国学者对程序公正标准的探讨

程序公正的标准是程序公正理论的重要内容，我国学者对此仁者见仁、智者见智。关于程序公正标准，我国学者近年来也提出了一些学说，主要有三种学说，即"两方面"说[2]、"五标准"说[3]及"七标准"说[4]。从以上学说分类可以看出，我国程序公正的标准具有以下三个特点：一是程序公正的标准不是单一的。程序公正的标准由多个方面组成，并非单一标准，这体现了学者们对程序公正价值多元化的肯定。二是程序公正的标准是发展的。随着学者对程序公正内容认识的逐渐深入和实践要求的不断提高，我国学者对程序公正的标准的界定是不断发展、变化的。三是程序公正标准的内容逐渐丰富。从 1996 年的"五标准"说，到 2000 年的"七标准"说，再到 2010年的"两方面"说——实际上涉及八个方面，我国学者对程序公正标准内容的界定逐渐具体、丰富，符合人们对程序寄予越来越多"公正"要求的期望。

(三) 程序公正与我国刑事庭审证据调查程序

1. 我国刑事庭审证据调查程序的价值体现

刑事庭审证据调查程序作为审判程序的重要组成部分，基于上文有关程序公正的价值探究，笔者认为我国庭审证据调查程序的价值体现在以下三个方面。

第一，外在价值。程序公正的外在价值主要体现为工具性价值，公正的

---

〔1〕　Christopher Osakwe, *The Bill of Rights for the Criminal Defendant in American Law*, in Human Rights in Criminal Procedure, Martinus Nijhoff publishiers, 1982, p. 260.

〔2〕　陈光中教授认为程序公正包括形式和实质两个方面的标准，形式方面又包括程序法定和严格遵守法定程序；实质方面包括司法独立、裁判者中立、诉讼双方平等、程序公开、当事人程序权利的有效保障和程序终局六个方面。参见陈光中：《中国司法制度的基础理论问题》，经济科学出版社2010 年版，第 406~412 页。

〔3〕　陈桂明教授提出程序公正包括程序规则的科学性、法官的中立性、当事人双方的平等性、诉讼程序的透明性、制约与监督性等内容。参见陈桂明：《诉讼公正与程序保障——民事诉讼程序之优化》，中国法制出版社 1996 年版，第 12 页。

〔4〕　王利明教授提出程序公正包括裁判者的独立和中立、程序的合理性、程序的公开性、程序的平等性、程序的民主性、程序的便利性和程序的及时性等内容。参见王利明：《司法改革研究》，法律出版社 2000 年版，第 50~53 页。

刑事庭审证据调查程序的外在价值包括两个方面：一是结果公正的工具价值。不同于神明证据裁判时期，各种神明裁判的方法是发现案件事实真相的途径；也不同于口供裁判时期，获得口供是发现案件真相的唯一手段；在证据裁判时期，案件事实的认定需要大量客观、主观证据的支持，而刑事庭审证据调查程序则是证据检验的载体，也是查明案件真相的有效途径。证据调查的过程是审查核实定罪量刑证据的过程，公正的证据调查程序对证据调查结果有着保障作用。若庭审证据调查程序不公正，如控辩双方举证、质证形式化，应当出庭的证人、鉴定人不出庭，非法证据排除"滞空"，等等，那么证据调查的结果或多或少会受到"是否公正"的质疑。因此，刑事庭审证据调查程序的正当性为获得实体公正奠定了基础，使正义以"看得见的方式实现"。二是结果公正的经济价值。随着经济分析法学的兴起与发展，司法成本成为追求"公正"过程中不得不考虑的因素之一。审判程序的正常运行涉及公、检、法、司等各个方面的人力、物力、财力支持，国家在设计证据调查程序时不得不将司法成本考虑在内。证据调查的目的是查明案件真相，在刑事案件普通程序中，若使用不严格的调查程序导致了错误的判决，那么国家纠正错误判决的代价要远远高于严格、细致的证据调查所付出的成本。因此，规范庭审证据调查过程，通过严格依法进行的举证、质证环节让法官审查核实证据，会使心证的形成有程序正当性的保障，从而会降低冤假错案的发生，能够最大限度地降低诉讼总成本。

第二，内在价值。刑事庭审证据调查程序的目的性价值是其内在价值的体现。在刑事庭审中，令人最为担心的是被告人的举证、质权等相关诉讼权利被忽略、剥夺，或是对被告人的刑罚适用不当，或是对无罪的人判处有罪等情形的发生。这些情形的发生，完全可能是由一个草率的证据调查程序所导致的。任何人都更愿意通过严格的庭审过程感受公平、正义，感受刑罚威慑作用并强化自身的自律意识。因此，公正的证据调查程序所具有的内在价值表现在控辩双方平等接受调查、被告人享有辩护权、证据调查过程透明和证据调查结果的可接受性四个方面。正当的刑事庭审证据调查程序能够使被指控人和普通民众都可以通过该程序感受到公平正义，这体现出程序公正的内在价值。

第三，独立价值。庭审证据调查的独立价值所追求的民主、法治和文明精神体现为社会公众对刑事庭审证据调查程序的敬畏和尊重。一是民主。与司法专制相对应，我国当前刑事庭审证据调查程序体现了司法民主的精神，即证据调查过程公开、控辩双方平等参与证据调查，而这种证据调查的民主性，正是程序公正本身所蕴含的对公权力进行制约的外在体现，也是司法民主精神在证据调查过程中的彰显。正如魏晓娜教授所言："由于社会公正对判决实体正当与否的评价存在着现实障碍，正当程序充当了判决正当性的稳定的、可靠的、看得见的保障。"[1]因此，这种"看得见的正义"是庭审证据调查程序的独立价值对司法民主最客观、最真实的表述。二是法治。法治是相对于人治而言的，法治的本质就是对公权力进行限制和制约从而为被告人人权和自由提供保障。我国刑事庭审证据调查必须严格按照法律规定进行，这意味着公权力会受到程序方面的制约，由此可以防范司法人员滥用程序，进而防止司法人员侵犯被告人合法诉讼权利现象的出现。因此，刑事庭审证据调查程序的严格性、规范性、合法性，使得法官调查核实证据的公权力需要在法律规定的范围和条件内行使，这是法治精神的体现。三是文明。文明，是与野蛮刑讯相对的，它要求被告人主动、自愿供述自己的罪行，而不能采取刑讯逼供的方式获取被告人的有罪供述。在刑事庭审证据调查程序中，虽然不存在实际意义上的刑讯逼供，但是庭审证据调查是核实庭前被告人是否受到刑讯逼供的最后一道司法防线。因此，刑事庭审证据调查程序本身体现着一种"检验"诉讼文明的功能，是程序公正要求诉讼文明呈现于法庭上的重要程序环节。

2. 程序公正标准对我国刑事庭审证据调查程序的具体要求

第一，控辩双方平等参与。美国学者富勒提出："审判的实质在于——受判决直接影响的人能够参加判决的制作过程。"[2]庭审证据调查环节是判决形成的关键，公诉人与被告人及辩护人若能积极地、平等地参与到证据调查的过程中，将有助于裁判结果为控辩双方所接受。控辩双方平等参与，一方面是指控辩双方在庭审证据调查阶段享有平等的诉讼地位，享有平等的举证、质证的权利。2012 年《刑事诉讼法》对抗式庭审方式的改革中允许辩方提出被告人无罪、罪轻的证据，允许证人、鉴定人及侦查人员出庭接受询问，辩

---

〔1〕　魏晓娜：《刑事正当程序原理》，中国人民公安大学出版社 2006 年版，第 327 页。

〔2〕　Lon L. Fuller，"*The Forms and Limits of Adjudication*，*in American Court System*"，H. Freman & Company，1978.

护律师出庭率的提高（包括法律援助案件范围的扩大）、辩方在庭审中可以行使的权利的范围不断扩大。另一方面是指控辩双方平等参与也体现在控辩双方积极参与证据调查。公诉一方不再唱独角戏，控辩双方均有提出证据的权利，有权对对方提供的证据从证据的客观性、关联性和合法性等方面进行质证，对存在疑问的证据进行重点质证；有权对非法证据提出异议；有权申请证人、鉴定人出庭和调取新证据。

第二，法官中立、独立调查。程序公正的标准之一是要求法官中立、独立地调查核实证据，任何一个站在法庭上的被告人都愿意接受一个公正无私、不偏不倚的法官对其进行审判。中立要求法官在庭审中不能有任何偏袒或不公审查核实证据的情况，需要认真听取控辩双方的陈述，法官的言行影响着控辩双方对庭审证据调查程序是否公正的认知，否则即使证据调查的过程再严格、再规范，如果法官不中立、不独立的话，判决结果也不会让被告人欣然接受。正如学者泰勒所说："当不清楚什么是正确结果时，人们关注程序公正。同样，当不清楚什么是恰当的结果时，人们重视中立。"独立要求法官应不受任何法庭内外的干扰，直接接触证据，裁决的作出是根据是其亲自审查证据而形成的心证。法官中立、独立地调查，彰显着程序公正的魅力。

第三，严格依照法律规定调查证据。刑事庭审证据调查的过程涉及刑事裁判决定作出的根据，刑罚权的实现更意味着对被告人财产、自由乃至生命的剥夺。根据程序法定原则，一方面要求法官在证据调查之前应告知控辩双方其权利和义务，明晰证据调查的目的与范围；另一方面，庭审法官按照法律规定主导证据调查的顺序、举证的方式和质证的规则，对控辩双方平等适用证据调查程序。严格按照法律规定进行证据的核实、审查，不仅有助于庭审证据调查的有序性和公正性，而且有助于查明证据真伪。此外，任何违反程序法定的行为都应予以程序性制裁。我国刑事庭审证据调查相关的法律规定已明确规定不符合法定程序的某些证据不予采纳，如庭审中查明非法取得的证据，应坚决予以排除；鉴定人应当出庭而不出庭对鉴定意见接受质询的，法庭对该鉴定意见不予采纳，等等。

第二节　我国刑事庭审证据调查程序的基本原则

一、直接言词原则

（一）直接言词原则概述

直接言词原则（直接审理原则和言词审理原则的组合）是大陆法系国家刑事审判所遵循的一项基本原则，其强调法官亲自调查证据及采用言词审理的方式，这正是"实体真实"理念在刑事审判立法中的具体表达。据考察，古罗马时期的刑事审判就已实行言词审理的原则。1808 年《法国重罪审理法典》第 317 条明确规定了"审判必须口头进行"原则，被认为是直接言词原则的发端。然而，审判法官根据侦查阶段的调查官员所记录的关于被告人、证人的笔录书面地、间接地审理案件，其弊端在德国学界受到了激烈的声讨，认为法国的口头审理原则不符合直接言词原则审理的本意——法官直接调查案件证据而非调查官员的派生证据，庭审应是"鲜活的语言"而非"死板的书面记录"，也就是说审讯作为判决的唯一基础，必须是公开的、口头的和直接的。1848 年德国第一届国民大会关于国民基本权利的议案中就有关于"审判必须以公开、言词的方式进行"的建议，[1] 而在 19 世纪德国刑事立法改革中，直接言词原则被写入了 1877 年《德国刑事诉讼法典》第 226 条、第 250 条——被认为是直接言词原则最早的立法表述，后传入日本和我国台湾地区。

直接言词原则，一方面要求法官应当亲历法庭，亲自从事法庭调查与听取控辩双方的辩论，亲身感受、记录各个环节的庭审活动，也要求公诉人、当事人及其他诉讼参与人也应当在庭审现场；另一方面要求法官应当根据直接接触和审查的证据形成内心确信，作为定案的依据。其中，言词审理原则，是指整个庭审过程应以言词的形式进行，原则上代替证人证言、被害人陈述、鉴定人意见的书面材料不得作为法官裁判的依据，有学者将言词审理称为"鲜活的言语交锋"的审理模式。

---

[1] Shigemitsu Dandu, *Japanese Criminal procedure*, Fred B. &Co. South Hachensack, N. j, 1965, p. 14.

（二） 直接言词原则对我国刑事庭审言词证据调查的要求

人的认识会经历从感性到理性的过程，证据是办案人员认识案件客观事实的唯一纽带，准确地感知证据，是对案件事实形成理性认识的必要条件，法官若要在庭审中亲身感受诉讼证据，那么必须遵守直接言词原则。我国古代刑事诉讼中的"五听"制度已将直接言词原则的精神实质运用于审判之中。虽然至今直接言词原则仍未被写入我国刑事诉讼法，但是直接言词原则在我国刑事审判的证据调查阶段得到了贯彻。尤其是 2012 年《刑事诉讼法》中有关庭审方式改革之证人、鉴定人、侦查人员出庭作证的规定，将该原则的精神用更具体的方式予以落实。直接言词原则本质上"要求法官必须与证据保持直接接触，并且只有在各方当事人在场的情况下，才能进行调查证据"，[1]因此，该原则对我国刑事庭审证据调查程序提出了具体的要求：一是定罪量刑的证据均要在法庭上展示。刑事庭审证据调查的证据均需要当庭提出，尽管法官已在庭前进行全面阅卷，对案件的相关证据已经有了事先的认识，但是为了增加法官对案件证据的现场感、实质感及防止调查流于形式，仍需要将所有证据一一出示在法庭。二是质证过程以言词方式为主。法官、控辩双方以言词的方式对被告人及就双方所举证据进行发问，使问题可以得到及时有效的回答，使法官对案件证据的认识更加全面、准确。特别是对证人证言、鉴定意见及侦查阶段的各种笔录，须按照庭审实质化改革的要求及法律规定进行举证、质证，原则上要以证人、鉴定人、侦查人员出庭作证的方式进行审查，逐渐减少"哑巴证据"在庭审中的使用，使证据调查的过程真正以"一种生动鲜活的语言交锋"形式进行。三是坚持"查判同一"。一份真实、公正的判决，是以法官亲自审理案件，亲自主持调查，亲自听取法庭辩论为前提保障的。直接接触、调查和审核案件证据是法官形成内心确信的坚强堡垒。因此，只有亲自参与庭审证据调查的法官才有权作出裁判，坚决杜绝"查者不判，判者不查"现象的发生。

---

〔1〕 陈卫东：《反思与构建：刑事证据的中国问题研究》，中国人民大学出版社 2015 年版，第 143 页。

二、审判公开原则

(一) 审判公开原则概述

审判公开是指人民法院审理案件和宣告判决应当公开进行，除法律规定的特殊案件外，庭审现场应允许公民旁听及记者采访报道。早在1789年，贝卡里亚在《论犯罪与刑罚》中就已指出："审判应当公开，犯罪的证据应当公开，以便使或许是社会唯一制约手段的舆论能够约束强力和欲望……"[1]审判公开原则产生于资产阶级革命时期，在民主、人权的大力倡导下，理论界、实务界对彻底摈弃封建社会秘密审判的呼声高涨，审判公开已成为世界各国公认的一项审判标准。《世界人权宣言》第10条、《公民权利和政治权利公约》第14条第1款及各国宪法、刑事诉讼法均体现了审判公开原则。那么，审判公开原则为何会被各国立法确立、接受呢？其确立的根基在哪呢？诉讼民主的本质是司法权属于人民，诉讼程序民主是诉讼民主的基本内容之一，而程序本身的民主则需要通过具体的诉讼程序才能体现，其中程序公开就是民众参与诉讼及监督诉讼的基本路径。因此，审判公开的根基在于现代民主政治一方面要求审判的公正性，而公开审判是获得程序公正与实体公正的保障，使民众的知情权、当事人的合法权益可以得到切实维护，即没有公开则无所谓正义；另一方面要求民众对审判的监督，"阳光是最好的防腐剂"，将审理过程公开，将其置于当事人、其他诉讼参与人及社会的监督之下，可以有效遏制司法腐败、专横的发生。

(二) 审判公开原则对我国刑事庭审证据调查程序的要求

刑事庭审证据调查作为审判的核心环节，其公开性直接影响司法裁判的公信力及被告人对裁判的接受性。不论是公开审理的案件还是法律规定不开审理的案件，刑事案件普通第一审程序均是以开庭的方式进行的，证据调查程序也是在法庭上公开进行的。周强在《推进严格司法》一文中提出的"八个在法庭"的要求，对于开庭审理的刑事案件，证据调查阶段要公开的内容，包括以下几个方面：一是举证、质证公开进行。法庭调查开始后，控辩双方应当庭出示证据，并对当庭出示的证据进行质证，举证与质证过程公开、

透明，即使是法官庭前掌握的证据也不例外，早在 1999 年《最高人民法院关于严格执行公开审判制度的若干规定》第 1 条[1]就明确规定了该项内容。二是认证过程原则上应当公开。一般来说，法官在举证、质证完毕后对证据是否具有证据资格多采用当庭认证的方式，而对于某些证据是否具有证据资格的认定不能当庭及时作出的，通常需要合议庭合议后再向法庭告知认定结果。对于单个证据的证明力和全案证据的综合认定多采用裁判认定的方式。其认定的根据形成于公开的证据调查过程，体现了审判公开的要求。三是对未经公开举证、质证的证据，不能进行认证。我国法律对公开审理的内容作了明确规定，对于不符合法律规定的不公开的证据调查应给予严厉的程序性制裁。也就是说，法庭采纳的证据应当经过公开、公示，并为控辩双方所质证，未经当庭举证、质证的证据坚决不能作为被认证的证据，更不能作为定案的依据。

三、证据裁判原则

证据裁判原则是现代法治国家在刑事审判中遵循的一项基本原则，其不仅可解读为法官依靠证据作出裁判，也蕴含着司法公正对证据的证据资格和证明力方面的规制。基于此原则，对刑事庭审证据调查程序应当有严格的规定。

（一）证据裁判原则与自由心证的关系

证据裁判原则，是指对于案件事实的认定必须依据证据。证据，作为联系案件客观事实与法官内心确信的唯一纽带，要求审判者裁决的形成必须有证据且达到一定要求，否则不得将其作为认定案件事实的根据。由此可见，证据裁判原则决定着案件事实的认定，素有证据规定的"帝王条款"之称。

世界范围内的诉讼证明方式是经历了神明裁判和口供裁判两个阶段才发展到证据裁判阶段的。可以说，证据裁判原则是理性认识的产物，是伴随着自由心证制度的确立逐渐发展起来的。自由心证，由 18 世纪末法国议员杜波尔在制宪会议上首次提出，其针对法定证据的机械性、荒唐性提出法官应当根据自己的内心确信来评价、判断证据。一般来说，自由心证包括两个方面的内容，即"自由判断"——法官享有运用何种证据的自由和法官享有自主

---

[1] 1999 年《最高人民法院关于严格执行公开审判制度的若干规定》第 1 条规定："人民法院进行审判活动，必须坚持依法公开审判制度，做到公开开庭，公开举证、质证，公开宣判。"

评价证据的证明力的自由以及"内心确信"——法官通过对证据的判断达到内心确信的程度。自由心证原则实际上是法官评价证据的证明力和案件事实认定的一种规制,它在与其他证据原则、规则或制度相结合的情况下,可以最大限度地发挥法官主观能动性,从而对证据的证明力和案件事实的认定作出准确的评价。然而,法官的自由心证并非无所限制,"你们已经形成内心确信否?"表明法官要根据法庭中有利于被告和不利于被告的所有证据进行裁判,法官心证包含着证据裁判原则的内涵。随着程序公正在查明案件真相中的价值表现得越发重要,法官更依赖于通过正当的调查程序获得具有证据资格的证据。因此,证据裁判原则作为约束法官自由心证的一项证据法则,其本身的内涵得以丰富,更直接体现为具有证据资格的证据和法定的证据调查程序两个方面的内容。

(二) 证据裁判原则在我国刑事庭审证据调查中的解读

审判是法官依据证据作出案件裁判结果的必经阶段,现代任何一个法治国家的刑事司法审判都不能脱离证据裁判原则而独立运行,否则诉讼活动犹如无源之水、无本之木。从认识角度来讲,理性是"思想的确定方式,是智力学科,是经验与认知的特殊范畴特有的精神技术。推断、阐发、驳斥的不同形式,调查种种事实并提出一种或多种论据的特殊方式,不同种类的经验证实"。[1]而我国刑事审判的证明方式也是一个理性认识的过程,从口供裁判到证据裁判精神体现,再到证据裁判原则的确立,刑事证明方式经历了漫长的发展过程。有关证据裁判原则内涵的探讨我国学者对其认识不一,如陈光中教授提出了有关证据裁判原则的"三内容说"、[2]郑未媚教授从严格证明的视角界定了证据裁判原则的内涵、[3]李静学者在对证据裁判原则的界定中强调了庭

---

〔1〕 〔法〕让-皮埃尔·韦尔南:《神话与政治之间》,余中先译,三联书店2005年版,第216页。

〔2〕 陈光中教授将证据裁判原则界定为三个方面的内容:"首先,裁判的形成必须以证据为依据;其次,裁判所依据的证据是具有证据能力(可采性)的证据;最后,据以作出裁判的证据必须达到法律规定的相应要求。"参见陈光中:《中华人民共和国刑事证据法专家拟制稿(条文、释义与论证)》,中国政法大学出版社2004年版,第127页。

〔3〕 郑未媚教授界定了证据裁判三个方面的内容:"第一,据以作出裁判的证据的资格;第二,证据所要证明的事实的范围;第三,证明的形式一般是严格证明。"参见郑未媚:《自由心证原则研究——以刑事诉讼为视角》,中国人民公安大学出版社2008年版,第74页。

审证据调查的规范性、[1]李明学者将证据裁判原则的内涵界定得更为丰富，概括为五个方面内容。[2]

从上述各学者对证据裁判原则的界定可以看出，证据裁判原则的内涵具有开放性且比较丰富，但是不管从几个方面进行界定，证据裁判原则的内容在逻辑上呈现出一种递进关系。就刑事庭审证据调查程序而言，笔者认为证据裁判原则的含义包括三个方面的内容：第一，定罪量刑必须依据证据；第二，法官必须依据具有证据资格的证据作出裁判；第三，必须经过法定的程序对该证据进行举证、质证和认证。

（三）证据裁判原则在我国刑事庭审证据调查中的立法体现及具体要求

证据裁判原则应当贯穿于整个诉讼中，而处于庭审核心的证据调查程序的相关规定及制度则集中体现了证据裁判原则的精髓。刑事庭审证据调查阶段恰恰为确定证据资格以达到法律要求而进行的程序性检验，以确保定罪量刑的证据符合法律的要求。一是定罪量刑必须依据证据。从《刑事诉讼法》第50条明确规定的法定的八种证据种类和第55条第2款第1项规定的"定罪量刑的事实都有证据证明"可知，刑事庭审证据调查中所提供的与证明案件事实有关的证据材料只限于法律规定的证据种类。也就是说，控辩双方提供的其他任何材料都不得作为证据在法庭上得以使用，否则违反了证据裁判原则最基本的要求。二是对证据的证据资格的法律规定。《刑事诉讼法》第56条规定了有关非法证据排除的相关内容，第192条规定鉴定人应当出庭而拒绝出庭的，鉴定意见不得作为定案依据，由此可见，我国以"否定式表达"的方式规定证据资格问题，对于上述两种情况我国法律明文规定了其不具有证据资格。三是经过法定的查证程序。程序法定原则是现代法治原则在刑事诉讼活动中的体现，刑事庭审证据的审查、认定对被告人的人身自由和生命

---

[1] 李静学者也将证据裁判原则界定为三个方面内容："第一，认定案件事实必须依据证据；第二，裁判必须根据具有证据能力的证据作出；第三，证据必须在中立的法庭上出示，并经合法的质证、认证程序后方可作为裁判的依据。"参见李静：《证据裁判原则初论——以刑事诉讼为视角》，中国人民公安大学出版社2008年版，第26页。

[2] 李明学者将证据裁判原则界定为五个方面内容："第一，必须提供证据来证实或认定案件事实；第二，证据必须具有可采性；第三，经过严格的证据调查程序；第四，法官应当在证据裁判原则的基础上进行证据认定；第五，证据证明力达到法定的'分量'。"参见李明：《证据证明力研究》，中国人民公安大学出版社2013年版，第305~306页。

的限制与剥夺有着直接的决定性作用，我国立法机关已通过法律的形式对庭审证据调查环节加以规定。因此，按照法律规定严格调查也是"以权力制约权力"的体现，从而可以更好地维护被告人的合法权益。

第三章

域外国家及地区刑事庭审证据调查程序考察

  大多数法治国家及地区的刑事审判程序都将证据调查作为审判的核心环节来查明证据真伪与探求案件事实，这也是自古以来人类司法的艰难任务。不管是神明裁判时期的各种愚昧和千奇百怪的证伪方法，或是口供裁判时期残酷的刑讯逼供，还是证据裁判时期理性的证据调查制度与程序，其最终目的都是查明案件真相。当代西方国家在坚持程序正当的前提下，其刑事庭审证据调查程序因法系的差异及融合各具特色，本章将对典型国家及地区法系刑事庭审证据调查模式与立法现有规定进行比较。

  《说文解字》对"模式"二字作出了如下解释，"模，法也。从木莫声，读若嫫母之嫫。莫胡切"，"式，法也。从工弋声。赏职切"。在法制发展的历史长河中，依据不同的法律传统和发现真实的途径与方式，刑事审判中的证据调查模式也随之各有不同。整体来说，从控辩审三方在刑事审判中的地位、作用及其相互关系来看，当前域外国家及地区的刑事审判模式主要体现为三种模式，即"对抗式""审问式""混合式"，但该模式的形成并非一蹴而成的，而是在政治体制、文化传统、外来理念的转变与移植中逐步确立的。刑事庭审证据调查模式的搭建将为证据调查样态、发展趋势提供一个框架性的认识，而该模式受到刑事审判模式的制约。笔者以英美法系、大陆法系和混合法系为横向坐标，以同一法系不同时期的诉讼模式为纵向坐标，对域外国家及地区刑事庭审证据调查模式的形成、发展以及演变进行了阐述，有利于更好地认识、理解其刑事庭审证据调查模式下的具体制度和内容。

第一节　英美法系刑事庭审证据调查程序模式与内容

一、英美法系刑事庭审证据调查程序模式的历史演变

（一）盎格鲁-撒克逊时期刑事庭审证据调查程序的模式

大约在公元 5 世纪，随着古日耳曼部落的盎格鲁-撒克逊人入侵英国，其民族的习惯、法律也同时被植入英国，"所以，盎格鲁-撒克逊时期对犯罪行为的认识以及相关的诉讼制度，与欧洲大陆同时期的诉讼制度极为相似"。[1] 该时期的刑事诉讼与民事诉讼不分，诉讼程序大致被分为原告起诉、被告应诉、验证和宣判四个环节，根据"诉诸法院必须得到当事人的同意规则"，法官必须在原告起诉、被告同意出庭应诉的前提下才能审理案件，而且在审理过程中，法官始终保持消极、中立的态度，因此，盎格鲁-撒克逊时期的诉讼模式应属于弹劾式。

在弹劾式诉讼模式下，尽管整个庭审过程比较原始、粗简，没有明确、可信的有关证据调查程式、要求的资料记载，但根据零星的描述，仍能够勾勒出该时期庭审证据调查的特点，笔者将该时期的证据调查模式界定为"当事人控诉式"，即原告、被告将各方掌握的证据呈现到法官面前，借助神明裁判等调查方式判断证据真伪的过程。具体来说，该证据调查模式包含以下内容：第一，证据调查始于原告到庭宣誓，终于验证。纠纷发生后，原告在到庭前陈述自己的诉请或控告之前，要首先进行宣誓，这便是证据调查的开始。在原告、被告陈述完毕后，法官根据案件的具体情况决定适用何种验证方式予以查证后，证据调查结束。第二，原告、被告双方均要出庭提出证据，且需要发誓。在庭审中，仅有原告出庭，被告不出庭，法院一般无权审理案件。此外，原告、被告双方在陈述时要先向神发誓，表明自己如果陈述不实，则愿意接受处罚，宣誓之后再提出证据。第三，法官根据庭审情况，决定适用何种证据、由何方举证。应该说，法官在证据调查过程中充当着主持庭审的角色，并不主动调查各种证据。第四，证据调查以宣誓和神明裁判的方式进

---

[1]　汪海燕：《我国刑事诉讼模式的选择》，北京大学出版社 2008 年版，第 69 页。

行。据资料分析，这些证据调查方式的使用是有一定区分的。其一，对于原告、被告的陈述，证人证言的调查方法主要是宣誓。在盎格鲁-撒克逊王国，证人作证需要出庭，且必须发誓："他们将绝不因金钱、爱情或威胁而否认自己是证人，他们将只对自己亲眼所看和亲耳所闻的事实提供证据。"[1]其二，对于奴隶、经常犯罪者等没有发誓资格和找不到足够辅助誓言的人一般用神明裁判的方式验证其证言，如热水审、冷水审、热铁审和食审，但不包括决斗。[2]

（二）都铎王朝以前（1066～1485年）的刑事庭审证据调查程序的模式

在1066年诺曼底征服大不列颠以后，为了加强王权，"国王安宁"的观念日渐深入人心，刑事案件的管辖范围也不断扩大，一度形成司法权集中于王权的局面。虽然威廉·塞西尔曾承诺不改变爱德华国王时期的法律制度，依旧保持盎格鲁-撒克逊时期的弹劾式诉讼模式，但是由于双方当事人有意通过决斗方式解决争端，加之确立了由被告人熟悉的普通公民听审的制度，可认为这个时期已经出现对抗式审判的雏形。到了13世纪，英格兰职业律师的出现增强了诉讼中控辩对抗的意识，但由于种种原因，该时期不允许律师介入刑事审判。不得不说，由于英国皇室中央集权的不断强化，英国在这段时期的司法制度也曾试图将刑事诉讼模式朝纠问式方向发展，又因"贤人会议"传统和"国王低于法律"的法律观念一直对王权予以限制，王权的扩张严重侵犯了封建贵族的利益，贵族们更愿意利用民主与自由的观念一次次与王权作斗争，诉讼上通过私诉和陪审团等方式与王权抗衡并最终将胜利的成果固定了下来，与国王达成了一致意见，签署了1215年的《英国自由大宪章》，纠问式审判制度并没有在英格兰这片土壤中生根发芽。英格兰国家在王权强有力的支撑下，建立了适用于全国的普通法[3]。普通法中的刑事庭审证据调查模式基本上遵循了盎格鲁-撒克逊时期双方当事人控诉模式，由双方当事人

---

〔1〕 李秀清：《日耳曼法研究》，商务印刷书馆2005年版，第417页。

〔2〕 决斗：盎格鲁-撒克逊王国时期的立法没有采用决斗作为诉讼证据方式，那是诺曼人征服大不列颠后将它引入大不列颠的。参见李秀清：《日耳曼法研究》，商务印刷书馆2005年版，第432页。

〔3〕 普通法：由教会法学家从古罗马文本中借鉴而来，原本是指相对于各省教会的制定法、特别习惯法以及特权，整个教会共有的法律。在诺曼人征服大不列颠以后，司法权逐渐掌握在王室手中，普通法在英国被赋予特定的含义，即用来描述为国王法院所适用的、效力高于地方习惯的英格兰的常规法律。

共同提出证据、决定证据调查的范围，但不同之处在于查明案件真相方面，从"上帝能帮助诚实的人取得决斗的胜利"转向"公正无私的听审能确保真相"的理念，决斗的证据调查方式也转变为通过 12 名证人（被告人熟悉的）提供证言、听取陈述和评判案件事实。

（三）都铎王朝（1485~1603 年）时期刑事庭审证据调查程序的模式

都铎王朝时期是英国从封建主义向资本主义过渡的时期，也是英国君主专制的黄金时期，在此阶段王权自带的职权色彩潜移默化地渗入刑事诉讼中。为打击封建势力、促进国家统一，都铎王朝时期的星座法院[1]存在过典型的纠问式程序。但是，由于英国贵族自由与民主理念的根深蒂固，"同侪审判"规则与陪审团的形成在一定程度上限制了纠问式诉讼的发展，而都铎王朝的纠问式程序也仅在星座法院出现过，时间比较短暂，如昙花一现。正如汪海燕教授评价到："在刑事诉讼领域表现为，体现民主与自由的诉讼制度始终没有被王权所摒弃，对抗式从整体上占据主导地位，而纠问式也只是在都铎王朝时期存续较短的时间即寿终正寝。"[2]

（四）都铎王朝以后的刑事庭审证据调查程序的模式

从律师职业的产生到律师能够出现在刑事审判中，从陪审团审判制度的确立到完善，控诉陪审团与审判陪审团的分离，经过数个世纪的演变，为对抗式审判模式的确立奠定了坚实的基础。

1. 争吵式审判模式时期（16 世纪晚期至 17 世纪）

《论英格兰国家》一书将该时期的刑事审判描述为：控辩双方的普通平民在没有律师的情况下相互争辩，非常形象地将其称为"争吵式审判"。由于该时期法庭审理始终贯彻"禁止辩护律师"的规则，该规则主张，"律师作为法律专家，无助于法庭发现事实"，[3]认为既然法庭审判是要解决事实问题，而案件事实只有被告人最了解、最清楚，那么辩护应当自力而为，所以"被告人开口"成为该时期证据调查的模式。由于没有律师的辩护，整个庭审证据调查紧紧围绕着通过各种方式使被告人对指控和证据展开陈述进行，其内容

---

〔1〕　星座法院：系英国国王掌握的专门审理政治案件的刑事专门法庭及受理刑事诉讼的衡平法法院，是英国法制史中以暴虐专横著称的法院，因法院建筑物上画有星状标志而得此名。

〔2〕　汪海燕：《我国刑事诉讼模式的选择》，北京大学出版社 2008 年版，第 78 页。

〔3〕　［美］兰博约：《对抗式刑事审判的起源》，王志强译，复旦大学出版社 2010 年版，第 19 页。

主要有以下两个方面：其一，被告人往往不能"沉默"。由于该时期不允许律师为被告人辩护，被告人为了否认或反驳控方的证据通常会陈述自己的理由。为了查明真相，法官并不禁止被告人的这种陈述。其二，证据的提出、交叉询问由主审法官主导。由于没有律师来安排证据的提出，询问的顺序等与证据调查相关的内容由庭审法官安排。

2. 对抗式审判模式时期（18世纪至今）

1696年《叛逆罪审判法》规定叛逆罪的被告在审判前后有权获得律师帮助，"这项法令是保护刑事诉讼被告的纲领性文件，因此也是英美刑事程序制度史上的一个转折点。对抗式刑事诉讼就起源于1696年的这项法令"。[1]

对抗式审判，美国达马斯卡教授曾对其作出如下界定："理论上处于平等地位的对立双方在有权决定争端裁决结果的法庭面前所进行的争斗。"[2]对抗式审判实质上是给辩护律师提供查明指控的机会，刑事庭审证据调查模式呈现"双方性"特点，形成了"当事人双方共同推进证据调查"或"双轨制证据调查"的模式。由于深受自由、民主、权利等观念的影响，对抗式诉讼的理念正好满足了这一要求，加之美国对"正当程序"的情有独钟，整个诉讼过程都彰显着控辩双方平等对抗、审判中立和公开及被告人有权获得律师辩护的程序公正之精神。在具体庭审证据调查程序中，法官并不主动进行法庭证据调查，只是依据证据规则对控辩双方提出的证据进行"可采性"认定，控辩双方主导调查，即控辩双方主动提供各方证据、决定证据调查的范围、安排证据调查的顺序，并通过询问出庭证人等方式核查证据，最终达到排除合理怀疑的程度，将案件真相逐步呈现在法官与陪审团面前。有的学者曾这样评价英美法系证据调查的过程："法官犹如体育竞赛中的裁判，其职责主要是保证竞赛按规则公正进行，至于'谁胜谁负'，则取决于控辩双方对抗的结果。"[3]因此，英美法系刑事庭审证据调查过程实际上是控辩双方对案件事实、证据博弈的过程，该过程更加注重程序的正当性与规范性。

二、当代英美法系国家刑事庭审证据调查程序的基本内容

当代英美法系刑事庭审证据调查是一种"当事人双方共同推进调查"的

---

〔1〕 ［美〕兰博约：《对抗式刑事审判的起源》，王志强译，复旦大学出版社2010年版，第68页。

〔2〕 Jenny Mcewan, *Evidence and the Adbersarial Pross*, Blackwell Publishers, 1992, p. 4.

〔3〕 何家弘："刑事诉讼中证据调查的实证研究"，载《中外法学》2012年第1期。

模式，法官中立、消极，控辩双方积极、主动参与调查。

（一）证据调查范围：控辩双方协商确定

在英美法系庭审证据调查中，控辩双方根据指控方的起诉书、证据展示的情况以归纳出争议点来确定庭审证据调查的范围。由于英美法系法庭在传讯时需要被告人首先对起诉书或大陪审团的公诉书作出答辩，那么，根据被告人的有罪或无罪答辩[1]可将刑事案件大致分为两大类，一类是通过辩诉交易方式解决的刑事案件，被告人在放弃了强迫自证其罪及一系列涉及审判的宪法性权利而作出有罪答辩的案件直接进入量刑程序；另一类刑事案件由于被告人坚持做无罪答辩，按照普通审判程序进行。庭审中的证据调查范围主要是根据庭前证据开示环节中控辩双方未达成一致意见且存在争议的事实、证据问题进行调查，主要涉及证据可采性和证明力大小问题，但若控辩双方对证据的可采性问题有异议，也可以在庭审中予以确定。但是，控辩双方协商确定证据调查的范围并非毫无限制，英美法系国家设置的严格、完备的证据规则，在一定程度上限制了控辩双方举证的范围，实际上也赋予了法官确定哪些证据可以进入庭审的权力。此外，法官根据案件的需要或维护司法公正的形象等因素，可以不根据控辩双方确定的证据调查范围而主动进行一些必要的证据调查。

（二）证据调查主体：控辩双方各自提出证据

当事人推进证据调查的模式决定了控辩双方提出各自证据、相互冲突的事实版本的举证方式，各方对自己所应承担的举证责任"买单"，其中，证明被告人有罪的举证责任在控方。既然控辩双方在庭审中均可以举证，那么举证有何具体要求呢？主要体现在以下三个方面。

一是举证多以证人出庭方式呈现。在英美法系国家的刑事庭审中，控辩双方展示的证据主要是物证、书证及传唤证人作证。除法律规定的极少数情况，证人证言可以通过庭前书面证言、审前听证或其他案件中制作的证言笔录等形式提出，严格来说，在英美法系的司法体制下的证人应当出庭作证。

---

〔1〕 被告人根据起诉书或大陪审团公诉书的答辩有有罪答辩、无罪答辩、一事不再理答辩、特赦（异议、管辖权）答辩、保持沉默及无能力答辩六种，由于后四种答辩出现情况比较少，有罪答辩和无罪答辩是刑事案件审判程序是否启动的主要标准。

此外，英美法系有关物证、书证等实物证据的呈现方式也别具一格，因受传闻证据规则根深蒂固的影响，实物证据常常也通过相关证人在法庭上进行宣读、陈述、辨认、鉴别等方式予以呈现。可以说，英美法系的举证过程就是凭借一名或多名证人展现证据的过程。

二是举证要求各方集中进行。英美法系刑事庭审证据调查过程明确区分了控方举证和辩方举证两个环节，顺序上一般先控方举证再辩方举证，控方将本方证据全部提出，调查完毕后再进行辩方的举证过程。孙长永教授指出："在英美法系，事实并非一种版本，就对抗的双方而言，各自的陈述形成了不同的案件事实，在相关性的判断上，也都是以各自版本的案件事实为蓝本，本方提出的证据也是为了证明各自版本的案件事实，与集中式的程序相适应，举证的程序采用的也是集中式，即由一方单独、连续地进行，每一方一般都只有一次集中举证的机会。"[1]

三是讯问被告人不作为举证的开始。在英美法系国家诉讼程序中，被告人不负有指控自己的义务，被告人自愿陈述只能在辩方举证阶段进行，其缘由在于美国联邦宪法第五修正案规定了不得强迫自证其罪的特权。但是如果被告人放弃沉默权，他可以作为辩方证人，法庭可通过交叉询问的方式对其进行询问。也就是说，若首先讯问被告人，不仅涉及被告人沉默权的问题，而且还会牵扯到控方举证责任问题，即控方在出示其他证据之前，静静等待或发现能否从讯问被告人过程中寻求对控方有利、对被告人不利的证据，或是从被告人陈述中找到与其他证据相矛盾的地方，以求反驳、质疑被告人的陈述，倘若如此，则违背了反对自我归罪特权的旨意。"反观在当事人进行主义的审判制度，被告人并不是审判中第一个被讯问的对象，反而常是最后一个被讯问的对象，甚至从来未接受讯问或诘问"，[2]因此，在英美法系刑事庭审证据调查举证阶段中，检察官为在法官和陪审团面前形成被告人有罪的印象，一般先传唤控方证人或出示控方证据，但不得对被告人进行讯问。

（三）证据调查方法：宽泛的交叉询问

交叉询问是英美法系诉讼中的一项重要规则，美国联邦宪法第六修正案

---

〔1〕 孙长永："当事人主义刑事诉讼中的法庭调查程序评析"，载《政治与法律》2003 年第 3 期。

〔2〕 王兆鹏：《美国刑事诉讼法》，北京大学出版社 2005 年版，第 509 页。

中有关被告人享有与不利于自己的证人对质权利的规定，实际上是交叉询问规则的法律渊源。就适用交叉询问本身而言，其宽泛性体现在以下两个方面。

一方面，对于证据本身而言，以人证方式进行的调查一律要采用交叉询问。由于英美法系的举证主要是以证人出庭的方式进行的，其中对于物证、书证等实物证据也常常由相关证人出庭予以宣读、陈述、辨认、鉴别。就这种以人证调查为主的调查方式而言，交叉询问是进行质证、审查核实证据必不可少且有效的方式，与当事人证据调查模式相得益彰。在刑事庭审证据调查过程中，先控方举证，再辩方举证，控辩双方在传唤己方证人出庭接受询问时，一般按照主询问、反询问、再主询问的调查顺序进行反复询问，直至没有问题或没有必要再询问为止，可谓"用尽其数"地询问。交叉询问的目的是控辩双方通过反复询问来鉴别证据的真伪，逐步排除证据之间的矛盾、争议，将案件事实展现在法官或陪审团面前。美国诉讼理论对交叉询问给予了高度评价，正如美国著名的证据法学家约翰·H. 威格摩尔所说："交叉询问是发现事实真相的最有效的方法。"[1]

另一方面，对于询问的覆盖面而言，除与案件无关联的事实外均可被询问。英美法系当事人推进证据调查的模式使得控辩双方在交叉询问证据范围上享有较大的主动性，而且交叉询问的范围除相关性外几乎没有任何限制。但是，超出直接询问范围的交叉询问往往造成询问内容的混乱，影响庭审效率和效果。因此，将交叉询问的范围限于直接询问所涉及的事项范围是目前比较普遍的做法，如《美国联邦证据规则》第611条第2款[2]对此予以了明确规定。值得一提的是，法官在控辩双方交叉询问的顺序、方式方面等常常用证据相关性的问题介入询问。

（四）证据调查的规则：大量、完备的证据规则

在英美法系国家刑事审判中，陪审团负责案件事实的认定，陪审团是非专业的法官，刑事审判要求进入庭审的证据是具有可采性的，因此英美法系国家涉及证据可采性方面的规则非常完备，如非法证据排除规则、传闻证据规则、

---

〔1〕 Wigmore. *Evidence. At* 1367. *Quote from Prince，Richardson on Evidence*. 10th edition，1973，p. 488.

〔2〕《美国联邦证据规则》第611条第2款："交叉询问不应当超越直接询问的主题及影响证人可信性之事项。"参见王进喜：《美国〈联邦证据规则〉（2011年重塑版）条解》，中国法制出版社2012年版，第184页。

证人作证资格规则、意见证据规则，等等。可以说，英美法系庭审证据调查实施严格的排除规则，控辩双方根据证据排除规则抓住对方证据的疑点进行交叉询问，以达到削弱对方证据证明力的目的，使得陪审团不采用该证据。

第二节　大陆法系刑事庭审证据调查程序的模式与内容

一、大陆法系刑事庭审证据调查程序模式的历史演变

（一）罗马、日耳曼时期刑事庭审证据调查程序的模式

大陆法系刑事审判的探讨，离不开古罗马、古日耳曼诉讼制度的相关规定。"在罗马共和时期（包括王政时期）三种诉讼类型，包括'私犯之诉''公犯之诉''刑事法庭'审判程序，从诉讼模式的角度分析，它们都属于弹劾式诉讼。"[1]在弹劾式审判模式下，根据《十二铜表法》相关规定的记载，刑事案件证据调查程序是一种"当事人控诉调查"的模式，该模式的主要内容分别体现在以下四个方面：其一，根据《十二铜表法》第一表第1条[2]规定，双方当事人均需到庭参与调查；其二，根据《十二铜表法》第二表第3条[3]规定，双方当事人提出证据以支持各方诉求，且证人必须出庭作证；其三，根据《十二铜表法》第一表第8条[4]规定，法官不主动收集证据和传唤证人，但有权决定各方要求；其四，就具体的证据调查方式而言，多采用"水审""火审"和"决斗"等方式，其带有明显的神明裁判色彩。在古日耳曼时期，刑事诉讼仍实行弹劾式审判，证据调查程序同古罗马一样。

（二）法兰克时期刑事庭审证据调查程序的模式

"在任何一个国家，刑事诉讼的历史总是与政治状况的演变以及人们关于刑罚观念的发展密切相关的……那些以满足受害方的要求为标志的刑罚越多，

---

[1]　汪海燕：《我国刑事诉讼模式的选择》，北京大学出版社2008年版，第25页。

[2]　《十二铜表法》第一表第1条："若【有人】被传讯出庭受审，【则被传讯人】必须到庭。"

[3]　《十二铜表法》第二表第3条："若【原被告之一方】证据不足，则它应到【未出庭审讯之证人】住宅的大门，在3天之内，大声【向之】呼请。"

[4]　《十二铜表法》第一表第8条："到了午后，【长官】则对【出庭受讯时】出席一方的要求予以批准。"

控告式程序即有可能占据主导地位。然而，刑罚作为一种执行法律的方式对于公共利益是必要的，这一观念的日渐盛行，使得纠问式的方法随即逐渐增多。此番评述的真实性在罗马刑事诉讼中表现得非常明显。"[1]因此，随着人们对神明裁判的看法逐渐理性化、教会势力的增强、国家直接追究犯罪行为等因素的影响，君主们逐渐意识到犯罪行为是对国家统治、秩序的侵犯，而司法领域内的弹劾式诉讼因受到个人意志自治、平民参与裁判的限制已经不能满足现有王权集中统治下司法裁判的需求。大约从 12 世纪末开始，教会法庭开始尝试一些区别"告发""恶名昭著无需告发者"的起诉方式，教皇英诺森三世授权主教——审理教士违法结婚和神职买卖的案件是教会法院纠问式审判创立的标志，并将该制度在 1215 年修改的教会法中予以确立。纠问式审判的庭审证据调查中最显著的特点是，法官集控告、起诉、审判为一身，法官掌控整个证据调查过程，依职权询问双方当事人和证人，从而形成内心确信。可以说，教会法为纠问式审判奠定了基础，讯问式的证据调查模式与其相得益彰。

而到 13 世纪，欧陆世俗法院才开始出现国家对犯罪的追究，由法官决定证据调查的相关内容，刑事审判程序也被有意导向纠问式诉讼。14 世纪，检察院的出现，纠问式审判的基础随着王权的强化进一步夯实，秘密预审形成的书面记录——证人证言、被告人供述，成为庭审证据调查的主要内容，出于镇压犯罪的需要，法官不得不千方百计获得被告人的口供，刑讯也应运而生。但弹劾式审判并没有退出历史舞台，刑事审判中不乏双方当事人提出各方证人的权利。

直至 1539 年法国刑事诉讼敕令的颁布标志着欧陆世俗法院纠问式审判的完全确立，在此之后的法国刑事庭审证据调查程序已经具备纠问式审判的典型特征，即法官主导证据调查且调查程序秘密进行。首先，法官对被告人进行讯问，被告人不能提出有利于自己的证据，而且被告人没有获得律师帮助的权利。其次，法官核查各项事实与书证。证据调查中充斥着大量的书面材料，证人不负有传唤作证的义务，仅需要提交各种书面证言且通过法官予以宣读。最后，法官根据各项证据，确定诉讼程序所提出的控告，并评判证据的价值。

---

〔1〕　A. Esmein, *A History of Continental Criminal Procedure*, translated by John Simpson, Little Brown and Company, 1913, p. 13.

总体说来，集权、专制的政治体制，使得纠问式审判的证据调查过程基本上不存在被告人与控方证人对质的权利，实际上完全是由法官掌控讯问被告人、证人的过程且法官决定着证据调查的范围、顺序等方方面面的内容。

（三）启蒙运动以后的刑事庭审证据调查程序的模式

18世纪资本主义生产力的发展为启蒙思想运动——反对专制，倡导自由、平等与博爱——奠定了基础，纠问式诉讼模式因与"理性和人性"声音格格不入而逐渐退出历史舞台。职权式审判模式开始出现，其最早出现在法国1808年刑事诉讼法典中，而这种职权式审判的刑事庭审证据调查模式建立在"实体真实原则"与"职权调查原则"的基础之上，形成了"法官主导调查"或"单轨制证据调查"的模式，在大陆法系国家（如德国和法国）得到固定、传承。

二、当代大陆法系国家刑事庭审证据调查程序的基本内容

（一）证据调查范围：法官依职权确定

由于大陆法系国家严格遵循"实体真实"的理念，其刑事庭审证据调查范围是由法官确定的但不限于双方有争议的事实和证据，而且法官基于查明案件事实的目的有权将证据调查的范围扩大或缩小。《德国刑事诉讼法典》第244条第2款[1]的规定表明法官可以对一切证据材料予以调查，第245条第1款的规定表明证据调查的范围应是由法官传唤并到场的证人、鉴定人及根据第214条第4款由法院或检察院调取的其他证据材料，[2]但如果检察院、辩护人和被告人同意，可以免于收集个别证据。《法国刑事诉讼法典》也有类似规定，如第310条[3]规定审判长有权确定一切需要查明的证据，第331条第

---

[1]《德国刑事诉讼法典》第244条第2款规定："为查明真相，法院依职权应当将证据调查涵盖到所有对裁判具有意义的事实和证据材料。"参见《德国刑事诉讼法典》，宗玉琨译，知识产权出版社2013年版，第193~194页。

[2]《德国刑事诉讼法典》第245条第1款规定："除非证据的收集不被准许，证据调查应当涵盖所有由法院传唤并到场的证人和鉴定人，以及依照第214条第4款由法院或检察院调取的其他证据材料。"参见《德国刑事诉讼法典》，宗玉琨译，知识产权出版社2013年版，第197页。

[3]《法国刑事诉讼法典》第310条规定："庭长享有自由决定的权力，他可以凭自己的荣誉和良心，采取自己认为有助于查明真相的一切措施……在审理过程中，庭长可以传讯任何人，必要时用拘票拘传到案，或者根据庭讯情况使人提交自己认为有利于查明事实真相的一切新证据。"参见《法国刑事诉讼法典》，方蔼如译，法律出版社1987年版，第100页。

5 款[1]规定了传闻证据适用的情况，等等。笔者对大陆法系法官依职权确定证据调查的范围需要说明以下两点：其一，为了遵循发现案件事实真相的宗旨和保障被告人的诉讼权益，法律也赋予当事人申请具体的证据调查的请求权，但法官对符合法定理由的，可以拒绝其查证申请，此项内容在《德国刑事诉讼法典》第 244 条第 3 款[2]规定中予以体现。其二，既然大陆法系法官的职责是发现案件真相，那么，法官对证据资格的关注就会略弱于英美法系，原因在于法官担心那些能够帮助法官认定案件真相的证据被依法排除，从而妨碍法官发现案件事实真相。因此，法官在依职权调查证据资格问题时，其国的法律条文中并没有英美法系国家那样完备的证据规则予以约束。

（二）证据调查主体：法官依职权提出、调查、核实证据

实质真实的诉讼价值取向与职权主义的办案原则，使得大陆法系国家法官在庭审中享有提出、调查和核实各项证据的权力。一般来说，法官在庭前已经审阅了检察官的案卷材料，初步形成了庭审中需要调查哪些证据的计划，不仅各项物证和书证由法官主动出示，而且对于控辩双方没有提出需要调查的证据，法官有权自行提出和调查。简而言之，大陆法系的法官在决定提出、调查、审查证据方面，不受控辩双方的限制，其法律条文的规定体现在《德国刑事诉讼法典》第 221 条[3]，《法国刑事诉讼法典》第 463 条[4]。

（三）证据调查顺序：优先讯问被告人，举证的顺序由法官决定

在大陆法系国家的刑事庭审证据调查程序中，法官根据庭前阅卷情况确

---

[1]　《法国刑事诉讼法典》第 331 条第 5 款规定："证人不仅可以对被指控的事实作证，也可以就受审人的品格和品德作证。在不影响直接言词原则的前提下，传闻证据也是可采的。"参见《法国刑事诉讼法典》，方蔼如译，法律出版社 1987 年版，第 105 页。

[2]　《德国刑事诉讼法典》第 244 条第 3 款规定："如果证据的收集不被准许，应当拒绝查证申请。除此之外，仅当因众所周知无收集证据必要；或待证事实对裁判无意义或已证明；或该证据材料毫不合适或无法取得；或为拖延诉讼而提出申请时；或对于有利被告人的应当加以证明的重大主张，仅当主张的事实可以作为真实事实处理时，才能拒绝查证申请。"参见《德国刑事诉讼法典》，宗玉琨译，知识产权出版社 2013 年版，第 194~196 页。

[3]　《德国刑事诉讼法典》第 221 条规定："法庭审判长亦可依职权，命令调取其他作为证据材料的标的。"参见《德国刑事诉讼法典》，宗玉琨译，知识产权出版社 2013 年版，第 182 页。

[4]　《法国刑事诉讼法典》第 463 条规定："如有必要进行一系列的复杂的行动（可能包括在必要的时候进行搜查，或者到本法院辖区之外进行验证、查证，等等），审判庭将决定进行补充侦查。"参见［法］卡斯东·斯特法尼等：《法国刑事诉讼法精义》（下），罗结珍译，中国政法大学出版社 1999 年版，第 754 页。

定调查的顺序，一般来说应首先讯问被告人，如《德国刑事诉讼法典》第244条第1款[1]规定，庭审证据调查开始之前，应首先讯问被告人；其次出示物证，宣读书证，询问证人、鉴定人，检察官、辩护人、民事当事人需向审判长申请方可向被告人、证人、鉴定人等提问。庭审法官可以根据案件的具体情况，客观事实的发展进程或证据之间的逻辑关系决定证据出示的顺序。然而，大陆法系国家先行讯问被告人的程序受到质疑的声音很多，普遍认为其违反了无罪推定原则、不得强迫自证其罪原则，等等，但为何大陆法系国家仍将讯问被告人作为证据调查程序的开端呢？德国学者认为"这样一种安排，按照大陆法系的理论宣传具有两种功效：一种就是为了给被告人提供反驳公诉人的指控的途径，从而获得公正审判；另一个就是为了发现事实真相"。[2]

（四）证据调查的方式：法官审问与轮替询问

"审问"作为大陆法系国家传统的证据调查的方式，是法官查明案件事实、揭露案件真相的唯一途径，也是职权主义原则在证据调查方式中的体现。然而，第二次世界大战后德国、法国吸收了对抗式审判中交叉询问的合理因素，对人证形成了"轮替诘问"的调查方式。一般来说，由法官主导证据调查的询问，控辩双方的"轮替诘问"需要提出申请且经法官批准才可以进行，如《德国刑事诉讼法典》第239条[3]对此予以规定。就"轮替诘问"的顺序而言，基本上同英美法系的做法一样，先由控方进行主询问，次由辩方进行交叉询问，再由辩方进行主询问，控方进行交叉询问；但不同之处在于，出于对被告人质证权的保障，大陆法系国家的法官可以在控辩双方询问完后，再对相关人证予以询问。由于"轮替询问"与法官享有查明案件事实真相义务下"决定证据调查的一切"的精神不一，从而司法实践中运用得不多。

（五）证据调查的原则：直接言词原则与证据裁判原则

大陆法系国家遵循"实质真实"的审判理念，整个证据调查完全是在法

---

[1]《德国刑事诉讼法典》第244条第1款规定："询问被告人后，进行证据调查。"参见《德国刑事诉讼法典》，宗玉琨译，知识产权出版社2013年版，第193页。

[2]［德］克劳思·罗科信：《德国刑事诉讼法》，吴丽琪译，三民书局1998年版，第261页。

[3]《德国刑事诉讼法典》第239条规定："询问由检察院和被告人提名的证人与鉴定人展开，应当依检察院和辩护人的一致申请，经审判长同意，由检察院和辩护人进行。对由检察院提名的证人与鉴定人，检察院有权首先询问，对由被告人提名的证人与鉴定人，辩护人有权首先询问。"参见《德国刑事诉讼法典》，宗玉琨译，知识产权出版社2013年版，第191页。

官主持、主导下进行的，但也应遵循直接言词和证据裁判两项原则。直接言词原则体现在法官庭前全面阅卷的基础上，应以直接的、言词的方式将各种证据展现在法官面前，以帮助法官对证据的当庭核验，继而形成内心确信。证据裁判原则要求各种证据的调查方式的采纳应围绕客观事实的查明，法官严格依照法定程序审查全案证据并反复验证，至此才能对被告人有罪的事实形成确信无疑的印象。

第三节　其他国家及地区刑事庭审证据调查程序的模式与内容

第二次世界大战后，由于人权保障、程序公正理念的影响，日本、意大利和我国台湾地区不断汲取对抗式审判的合理因素，逐步改革传统的职权式审判模式，呈现出控辩审三方共同参与庭审的"混合式"审判模式，在刑事庭审证据调查环节与具体制度上表现得尤为突出。笔者将日本、意大利的刑事庭审证据调查模式概括为"当事人控辩为主调查"的模式，将我国台湾地区的庭审证据调查概括为"法官主导调查为主"的模式。由于意大利庭审证据调查的具体内容与日本的做法基本相似，在本章中不再单独论述意大利庭审证据调查的具体内容，在阐明日本刑事庭审证据调查内容时仅就意大利的特殊之处予以指出。

一、日本刑事庭审证据调查程序的基本内容

（一）证据调查顺序：控方开头陈述，控辩双方依次举证，质问被告人后置

在日本刑事诉讼程序中，广义的证据调查包括检察官、辩方的开头陈述环节。检察官的开头陈述事实义务，并非简单的宣读起诉书，而是需要检察官在证据调查一开始就明确根据其所掌握的证据要证明什么样的犯罪事实，将指控书中的犯罪事实用证据条目的形式予以具体化，表明犯罪动机、经过和犯罪后的情况。如《日本刑事诉讼法》第296条[1]的规定说明了在任何情

---

〔1〕《日本刑事诉讼法》第296条规定："在开始调查证据时，检察官应当说明根据证据能够证明的事实。但不得根据不能作为证据的材料或者无意作为证据请求调查的材料，陈述有可能使法院对案件产生偏见或者预断的事项。"参见《日本刑事诉讼法》，宋英辉译，中国政法大学出版社2000年版，第67页。

况下，禁止检察官将没有证据材料依据的事实或无意作为证据请求调查的材料陈述于法庭，影响法官的客观认知、评判。辩方也可以对根据证据所能证明的事实进行陈述，但是作为一项不作为义务，实践中辩方开头陈述用之甚少。

《日本刑事诉讼法》对证据调查的顺序没有作出明确规定，但其第199条第1款和第2款的规定〔1〕表明原则上法官根据申请，采用先控方再辩方的顺序调查证据，特别需要说明的是，法官即使在庭审证据调查完毕后，仍享有重新调查证据的决定权，但以必要性为限。因此，从上述规定可以看出，日本刑事庭审证据调查的顺序体现了原则性与灵活性相结合的精神。

虽然质问被告人〔2〕的法律规定在《日本刑事诉讼法》与《日本刑事诉讼规则》的证据调查的部分并未被列明，但是实践中，法庭在证据调查后可以质问被告人。从广义上讲，质问被告人是证据调查的另一具体环节。质问被告人的具体内容体现在两个方面：一是被告人在整个庭审过程中可以始终保持沉默，有权拒绝对每一项讯问或询问作出供述；二是被告人若自愿作出供述，审判长、陪席法官、控辩双方均可以要求被告人作出供述，但限于必要的事项。

（二）证据调查的范围：以当事人请求确定为原则，法官依职权确定为例外

第二次世界大战后的日本刑事诉讼模式由传统的职权主义转向了当事人主义，但在刑事庭审证据调查程序中仍旧保留了一些职权主义的因素。由于转型后的日本刑事诉讼实行"起诉状一本主义"，庭审法官审判前对卷宗的事实、证据不知情，庭审中证据调查的范围需要依靠控辩双方申请确定，如《日本刑事诉讼法》第298条〔3〕的规定。控辩双方享有申请调查证据的权利，在一定程度上决定了刑事庭审证据调查的范围，具体范围包括人证（证人、鉴定人、口译人及笔译人）、书证和物证三个方面。但是该范围应当受到"有

---

〔1〕《日本刑事诉讼法》第199条第1款规定："调查证据，应当首先请求调查检察官认为对审判案件有必要的一切证据，然后调查被告人或者辩护人认为对审判案件有必要而请求调查的证据。但认为适当时，可以随时调查认为有必要的证据。"第2款规定："即使在前款的证据调查完毕后，认为必要时，也可以重新调查证据。"参见《日本刑事诉讼法》，宋英辉译，中国政法大学出版社2000年版，第179页。

〔2〕质问被告人，不同于讯问被告人。第二次世界大战以前的《日本刑事诉讼法》延续了大陆法系的立法传统，明确规定讯问被告人，即先从被告人一方听取案件事实，将被告人作为讯问的对象，第二次世界大战以后，日本新刑事诉讼法规定了"质问被告人"，二者有本质的不同。

〔3〕《日本刑事诉讼法》第298条规定："检察官、被告人或者辩护人，可以请求调查证据。"参见《日本刑事诉讼法》，宋英辉译，中国政法大学出版社2000年版，第68页。

必要”条件的限制——控辩双方提出调查的证据要表明调查证据与待证事实之间的关系，而且该证据有助于揭露案件事实。

然而，改革后的日本刑事诉讼程序因保留着职权主义的情愫，证据调查程序中法官的职权性体现在以下三个方面：一是对控辩双方申请证据调查的批准决定权，体现在《日本刑事诉讼法》第 297 条第 1 款[1]的规定中。二是对特殊情况有权督促控辩双方提供证据。对被告人有利的证据在日本“当事人抗辩为主调查”中得以体现，法官职责要求使其不能完全放任检察官仅选择被告人有罪证据进行控诉，法官对通过证据开示获知的有利于被告人的证据，交由被告方考虑是否请求调查。“法院发现存在有利于被告人的证据，如果对此证据加以调查，可以增大无罪的可能性时，基于保障无罪的人不受刑事处罚的需要，应当敦促辩护人或被告人举证，必要时应当依职权调查该证据。”[2]三是法官认为有必要时，可以依职权决定证据调查的范围，体现在《日本刑事诉讼法》第 298 条第 2 款[3]的规定中。

（三）证据调查的方式：当事人之间交叉询问与法官依职权询问相结合

日本的证据调查方式因人证、书证和物证的差异而有所不同，但对各类证据的调查均体现着交叉询问和依职权询问的特色。就人证调查而言，其调查方式实现从“职权为主，申请为辅”向“职权为主，申请为辅，交叉询问介入”的转变。由于新刑事诉讼法的制定者对交叉询问方式的犹豫不决，其在立法中仍规定了依职权询问为主，控辩双方申请询问为辅的询问方式，如《日本刑事诉讼法》第 304 条[4]的规定。但是，从证据调查程序应体现当事

---

[1]《日本刑事诉讼法》第 297 条第 1 款规定：“法院可以在听取检察官、被告人和辩护人的意见之后，决定调查证据的范围、顺序和方法。”参见《日本刑事诉讼法》，宋英辉译，中国政法大学出版社 2000 年版，第 67 页。

[2]［日］石井一正：《刑事实务证据法》，判例时报社 1996 年，第 236~237 页。转引自孙长永：“日本和意大利刑事庭审中的证据调查程序评析”，载《现代法学》2002 年第 5 期。

[3]《日本刑事诉讼法》第 298 条第 2 款规定：“法院认为必要时，可以依职权调查证据。”参见《日本刑事诉讼法》，宋英辉译，中国政法大学出版社 2000 年版，第 68 页。

[4]《日本刑事诉讼法》第 304 条规定：“审判长或者陪席法官，应当首先询问证人、鉴定人、口译人或者笔译人。检察官、被告人或者辩护人，在前款的询问完毕后，经告知审判长，可以询问该证人、鉴定人、口译人或者笔译人。在此场合，如果对该证人、鉴定人、口译人或者笔译人的调查，是依据检察官、被告人或者辩护人的请求而进行时，由提出请求的人首先询问。”参见《日本刑事诉讼法》，宋英辉译，中国政法大学出版社 2000 年版，第 69 页。

人主义的有效元素的改革初衷来看，"起诉状一本主义"的立法规定，使得交叉询问制度亟需被确定，因此，《日本刑事诉讼规则》第 199 条之二到之七款的规定，确定了询问证人的方式——交叉询问，询问顺序为请求人主询问，相对人反询问，再主询问和再反询问，询问方法采取一问一答的方式。

从上述规定可以看出，日本询问证人的方式等同于美国的做法，然而意大利庭审证据调查中询问证人的方式恰恰类似于英国。主要是因为意大利所规定的对人证的交叉询问没有再反询问的程序，而且对于特殊案件原则上不允许控辩双方直接进行询问，如被告人是未成年人的。

证据文书的调查原则上以申请调查者宣读的方式进行，如《日本刑事诉讼法》第 305 条[1]的规定。法官在以下两种情况下宣读文书：一是法官自愿宣读文书；二是法院依职权调查证据文书时。此外，书证的调查方式还有两种特殊情形：第一，"以告知概要代替宣读"。由于实务中书证的数量日益增多，为提高诉讼效率，法官可以告知概要的方式予以简化朗读书证内容，如《日本刑事诉讼规则》第 203 条第 2 款[2]的规定。第二，"展示书证"。日本学者指出："当法官和对方当事人认为证据调查有必要时，可以要求除了宣读以外还要进一步'展示'。"[3]

物证的调查原则上以申请人"展示"物证的方式进行，必要的时候可以允许触摸或者闻气味。另外，根据物证的种类及证明内容的不同可以采取不同的方式展示。对于以文书记载为内容的物品，可以以宣读的方式展示；对于录音录像制品，以播放、放映的方式展示；对于易燃物等特殊物证，以勘验的方式展示。《日本刑事诉讼法》第 306 条、第 307 条，《日本刑事诉讼规则》第 44 条第 1 款第 25 项、第 129 条对此作了明确规定。

---

[1]《日本刑事诉讼法》第 305 条规定："依据检察官、被告人或者辩护人的请求而调查证据文书时，审判长应当使请求调查的人朗读该项文书。"参见《日本刑事诉讼法》，宋英辉译，中国政法大学出版社 2000 年版，第 70 页。

[2]《日本刑事诉讼规则》第 203 条第 2 款规定："审判长在听取诉讼关系人的意见后，认为适当时，可以使请求调查的人、陪席法官或法院书记官告知证据文书的要旨，或者亲自告知其要旨，以代替依据请求调查证据时对证据文书或者以物证的书面意义作为证据的材料的朗读。"参见《日本刑事诉讼法》，宋英辉译，中国政法大学出版社 2000 年版，第 183 页。

[3][日]松尾浩也：《日本刑事诉讼法》，丁相顺译，中国人民大学出版社 2005 年版，第 277 页。

二、我国台湾地区刑事庭审证据调查程序的基本内容

1935 年中华民国刑事诉讼法带有浓厚的职权主义及行政权独大的色彩。1967 年，我国台湾地区对"刑事诉讼法"进行全面修改并更名，在审判过程中增加了控辩双方对抗的因素，如检察官"形式举证"、律师的"意见陈述权"，但在此时的证据调查过程中，法官依然扮演着控诉者的角色，以法官主导式为主、为重。基于以当事人之间互为攻击、防御之型为基本原则，法院退居于补充、辅助之性质而不立于绝对主导之地位的修改理由，2002 年我国台湾地区对"刑事诉讼法"再次修正。大规模的对抗式审判，将当事人的权利予以优先考虑，并且在证据调查[1]环节的相关规定中着重体现当事人的权利，具体表现为四个方面。

一是证据调查范围依当事人申请确定。我国台湾地区"刑事诉讼法"在证据调查范围上按照英美法系证据调查范围的规定进行了大刀阔斧的改革，规定当事人依申请提出调查哪些证据的意见，如无特别情况，法院应予以批准，该内容规定在"刑事诉讼法"第 161 条第 2 款[2]，其目的在于给予当事人证据调查中更多的权利和保障，切实体现当事人诉讼模式的精神。二是证据调查的主体依当事人依申请为主，法院依职权为辅确定。我国台湾地区修改后的"刑事诉讼法"在证据调查范围上赋予、明确了当事人双方申请的权利，如第 163 条第 1 款[3]的规定。也就是说，法官认为当事人申请调查的证据是与案件相关的且有必要调查的，法官不得驳回调查申请。但是，对于"公平正义维护"或"有利于被告"的事项，并不意味着法官完全失去了依职权调查证据的权利，对于法官认为应查明真相所需进行的调查，法官仍应

---

[1]　我国台湾地区的证据调查，按照大陆法系职权主义传统将其称为"调查证据"，与"证据调查"含义一致。在此，笔者为保持前后文一致，统一将其称为证据调查。

[2]　我国台湾地区"刑事诉讼法"第 161 条第 2 款规定："当事人、代理人、辩护人或辅佐人应就调查证据之范围、次序及方法提出意见。法院应依前项所提意见而为裁定；必要时，得因当事人、代理人、辩护人或辅佐人之声请变更之。"参见林荣耀、蔡佩芬：《刑事诉讼法逐条释论（一、二合辑）》，神州图书出版有限公司 2004 年版，第 406 页。

[3]　我国台湾地区"刑事诉讼法"第 163 条第 1 款规定："当事人、代理人、辩护人或辅佐人得声请调查证据，并得于调查证据时，询问证人、鉴定人或被告。审判长认为有不当者外，不得禁止之。"参见林荣耀、蔡佩芬：《刑事诉讼法逐条释论（一、二合辑）》，神州图书出版有限公司 2004 年版，第 409 页。

依职权调查之，如第 163 条第 2 款[1]的规定，这也是规范改良式当事人主义诉讼模式的最佳依据。而且，我国台湾地区于 2012 年对法官依职权调查的权力再次进行限缩——"公平正义之维护"依目的性解释方法，以"利益被告之事项"为限。[2]需要指出的是，在庭审中，听取当事人、代理人、辩护人或辅佐人的意见是法官依职权调查证据的先决条件。三是证据调查的顺序将讯问被告人单独置后。不同于典型大陆法系国家的刑事庭审证据调查程序首先讯问被告人的做法，我国台湾地区"刑事诉讼法"第 288 条第 3 款[3]明确规定了讯问被告人应当在证据调查结束后进行（简易程序除外），虽然该种方式仍带有浓厚的职权主义色彩，但其目的是让当事人双方先行进行证据调查方面的攻击，防止法官过早讯问被告人而使法官产生不利于被告人的心证。通过当事人双方举证、质证的证据调查、检验程序，让法官对被告人再进行讯问有利于法官客观认识被告人的供述。而法官在证据调查之后讯问被告人的方式，也是法官确认证据调查程序中相关证据是否真实的表现，以便于心证形成。四是证据调查方法采用"区别"交叉询问的方式。尽管我国台湾地区诉讼模式借鉴了英美法系交叉询问规则，但因受我国台湾地区职权式审判因素的影响，其交叉询问是有别于英美法系规定的。询问的顺序虽同英美法系国家一致，依照"传者先问"——谁申请的谁先来询问的顺序进行，包括主询问、反询问、再主询问和再反询问四个环节。然而，我国台湾地区并没有施行真正的对抗式审判，其法官不受控辩双方申请调查范围的约束，其仍可以依职权传唤证人或鉴定人作证，对其讯问后，控辩双方可以再进行询问，控辩双方询问的顺序、方式由审判长决定，而英美法系国家的法官只是补充询问的角色。

[1] 我国台湾地区"刑事诉讼法"第 163 条第 2 款规定："法院为发现真实，得依职权调查证据，但于公平正义之维护或对被告之利益有重大关系事项，法院应依职权调查之。"参见林荣耀、蔡佩芬：《刑事诉讼法逐条释论（一、二合辑）》，神州图书出版有限公司 2004 年版，第 409 页。

[2] 王上仁："台湾地区刑事诉讼体制与法院职权调查证据之变迁——兼论对我国大陆之借鉴意义"，载《西部法学评论》2015 年第 3 期。

[3] 我国台湾地区"刑事诉讼法"第 288 条第 3 款规定："除简易审判程序案件外，审判长就被告被讯为讯问者，应于调查证据程序之最后行之。"参见林国贤、李春福：《刑事诉讼法论》（下册），三民书局 2006 年版，第 356 页。

第四章
中国刑事庭审证据调查程序的历史演变及发展趋势

"知古所以鉴今",整体上说,中国古代没有专门的刑事审判法典,清代以前的中国古代传统法制是中华民族独自创制、发展的一套法律制度,并没有受到欧陆法制的影响,也与其截然不同。

第一节　中国古代刑事庭审证据调查程序的历史考察

从严格意义上讲,中国古代法典实体与程序不分,民事诉讼与刑事诉讼不分,案件的受理、侦查、审讯到宣判,全部由各级判官职掌,可以说,古代判官的断狱职能非常宽泛。夏殷时期实行神明裁判,没有程式性的审判程序,《周礼》开始有了关于审判制度的记载。虽然古代司法没有明确划分庭审各阶段的任务,且"证据调查"一词也未在相关记载中出现,但是证据的调查、核实和认定的内容已有所体现,且随着历朝历代的发展逐渐翔实、具体。需要指出的是,笔者因本书写作的需要,在对中国古代、近代证据调查程序进行相关研究时仍借鉴当今证据调查的概念,梳理、归纳庭审有关证据审查核实的规定。因此,鉴于中国古代刑事庭审证据调查的特殊性,本章通过梳理历代法典、判例等古代文献中的记载,详细阐述古代判官刑事庭审调查遵循的程式、要求及原则,归纳证据调查中有关证据运用的规则,概括阐述证据调查所应达到的标准,勾勒出中国古代刑事庭审证据调查的基本样态。

一、中国古代刑事庭审证据调查程序的内容

中国古代庭审证据调查主要通过审讯和讯问的方式进行,将整个刑事庭审称为"审讯",即"审讯"和"讯问"的简称。而审讯和讯问在证据的取得、审查与核实,在查明案件事实方面起着决定性的作用。在此,笔者将分别阐述古代审讯和讯问程序方面的相关内容。

（一）审讯

审讯是判官查明案件事实真相的关键环节。提到审讯，首先呈现在脑海中的场景是：官老爷坐在公堂之上，旁边有书吏作审讯记录，两边皂隶手持讯杖站立，随时准备按老爷的吩咐拷讯人犯。但这已是比较晚期的场景了，早期的庭审并不如此。古代对审讯的称呼规定不一，如周代称作"讯"[1]、秦代称作"讯狱"[2]、汉代称作"鞫"或"讯鞫"[3]、宋代称作"鞫讯"[4]。那么，公堂与审讯有何关系呢？大概是因为审讯需要在公堂上且判官通过坐堂的方式审查案件，故在晋代称之为"讯堂"[5]、唐代还有过"过案"[6]的叫法，而在清代以后则将这种当堂点名听审称为"过堂"。现在所提的过堂或坐堂，实际上就是审讯的意思。古代审讯的对象，不同于我们现在刑事庭审中单指讯问被告人，当时的讯问对象包括原告、被告、证人及其他与案件有关的人，但以讯问被告人为主，可以说古代审讯包含现代刑事庭审讯问被告人和询问证人、鉴定人及其他诉讼参与人之意。由于古代庭审制度的特殊性，以下详述有关审讯的具体内容。

1. 古代刑事庭审的要素与样态

"两造"是古代审判程序的结构要素，如《尚书·吕刑》记载了"两造具备"[7]、"听狱之两辞"[8]、"察辞于差"[9]等内容，表明只有原被告均出现在公堂之上进行对质，审判才能进行。另据《周礼·秋官·小司寇》贾公彦疏曰："古者取囚要辞，皆对坐"，即"席地而坐"是当事人受审时的情形。但据后来的史料记载，受讯人是跪着受审的，即后世所谓的"狱讼不席"[10]。如《汉书·赵广志传》载："广汉知事迫切，遂自将吏卒突入丞相府，召其夫

---

[1] 《周礼·秋官·小司寇》。
[2] 《封诊式》。
[3] 《后汉书·邓骘传》。
[4] 《宋书·谢庄传》。
[5] 《晋书·五行志》。
[6] 《敦煌变文集·燕子赋》。
[7] 《尚书·吕刑》。
[8] 《尚书·吕刑》。
[9] 《尚书·吕刑》。
[10] 张纯一："晏子春秋校注·内篇谏下"，载《诸子集成》，上海书店出版社 1986 年影印版。

人跪庭下受辞，收奴婢十余人去，责以杀婢事。"[1]跪着受审究竟始于何时，有待考证，但直至清末变法方才被取消。清末的《大清刑事民事诉讼法（草案）》第15条规定了庭审中当事人不得跪供的内容。

2. 审讯的程式

西周时期，"以五刑听万民之狱讼，附于刑，用情讯之，至于旬乃弊之，读书则用法"。[2]秦朝以后，各代对审讯程式有了较为一致的做法。据秦简《封诊式》的记载，秦代审讯大致规定如下：首先，对审讯进行整体定位，即用情取辞，不进行拷打是最佳的审讯方式，而拷打则为下策，见"治狱，能以书从迹其言，毋笞掠而得人情为上；笞掠为下；有恐为败"[3]的记载。其次，对审讯的顺序及讯问的要求做了规定，即公堂上应当先讯问被告人，并且将被告人的供述记载下来，然后再由审判官予以讯问，审判官讯问没有次数的限制，直至将所有问题查清。但如果罪犯改变供述且不能自圆其说或故意欺骗的，审判官应当对其严刑拷打。《封诊式》中有详细记载，见"凡讯狱，必先尽听其言而书之，各展其辞，虽知其詑，勿庸辄诘。其辞已尽书而无解，乃以诘者诘之。诘之又尽听书其解辞，乃以诘者诘之。诘之有解者以复诘之。诘之极而数詑，更言不服，其律当笞掠者，乃笞掠。笞掠之必书曰：爰书：以某数更言，无解辞，笞讯某"。[4]

唐代律文规定，"诸应讯囚者，必先以情，审察辞理，反复参验"，[5]而且规定凡是了解案件真相的人，有应予作证的义务，若拒不作证则要受到刑讯，除具有特殊作证义务的人除外。《大明令》载："凡鞫问罪囚，必须依法详情推理，毋得非法苦楚，锻炼成狱。"[6]《大清律例》载："凡狱囚，鞫问明白，追勘完备……"[7]

---

〔1〕《汉书·赵广志传》。

〔2〕《周礼·秋官·小司寇》。

〔3〕《睡虎地秦墓竹简》整理小组：《睡虎地秦墓竹简·封诊式》，文物出版社1977年版，第245~246页。

〔4〕《睡虎地秦墓竹简》整理小组：《睡虎地秦墓竹简·封诊式》，文物出版社1977年版，第246~247页。

〔5〕《唐律疏议·断狱》。宋刑统同于唐律。

〔6〕《大明令·刑令》"狱具"条。

〔7〕《大清律例·刑律·断狱》"有司决囚等第"条。

3. 审讯的范围

古代审讯需要按照"状告"的范围进行，一般不得于"状外求情"。"依告状鞫狱"，便是审讯的范围要求。据汉代史料记载，"鞫：平智（知）种无名数，舍匿之，审"，[1]说明鞫狱一般要审查包括案件的事由、犯罪事实等内容，判官要在"告劾"的范围内"治狱"，即"治狱者，各以其告劾治之"。[2]唐律规定："诸鞫狱者，皆须依所告状鞫之。若于本状之外，别求他罪者，以故入人罪论。"[3]明朝也有类似规定。

4. 审讯的方法

据《周礼·秋官·司盟》记载："有狱讼者，则使之盟诅。"[4]即宣誓，便是最早的带有神明裁判色彩的审讯方法，而且"可以说，从案件的审理前直到案件的判决、结案，盟誓贯彻于审判工作的全过程，而且是各个审判阶段的重要证据"。[5]可见，宣誓是中国古代早期刑事庭审中取得证据的重要方式，也是古代审讯案件查明事实真相的一种方法，并以此来确保证据的真实性。西周时期的"五听"[6]制度一直延续到唐、宋各代，《唐律疏议》《宋刑统》对此均有记载："依狱官令，察狱之官，先备五听，又验诸证信……"[7]"五听"的方法基本上适用于中国古代的各个时期，其综合运用了心理学、生理学等知识审理案件，以求得案件真相，辨明言词真伪。

（二）讯问

在古代审讯中，定案必须要有口供，若无被告人的口供，判官一般是不能定罪结案的。而且，就被告人的供辞而言，其自身的证明力要远远高于其他物证、书证和证人证言。由于我国古代的刑事庭审杂糅着证据取得的过程，且允许依法对被告人进行讯问，并可以依据供辞定罪。因此，获得"供辞"

---

〔1〕 江陵张家山汉简整理小组："江陵张家山汉简《奏谳书》释文（一）"，载《文物》1993年第 8 期。

〔2〕 彭浩、陈伟、工藤元男主编：《二年律令与奏谳书——张家山二四七号汉墓出土法律文献释读》，上海世纪出版股份有限公司、上海古籍出版社 2007 年版，第 138 页。

〔3〕 《唐律疏议·断狱》。宋刑统同于唐律。

〔4〕 《周礼·秋官·司盟》。

〔5〕 李文玲：《中国古代刑事诉讼法史》，法律出版社 2011 年版，第 20~21 页。

〔6〕 "五听"："以五声听狱讼，求民情：一曰辞听，二曰色听，三曰气听，四曰耳听，五曰目听。"参见《周礼·秋官·小司寇》。

〔7〕 《宋刑统》。

才是庭审证据调查的主要目的。而"供辞"中，最有证明力的证据便是被告人供述自己罪行的"供辞"，也就是让被告人"辞服"。

在中国古代，刑讯是刑事庭审获得口供的有效途径，也是审讯不能获得口供时的补充措施，是公堂之上的独立环节，且在古代的律文中，刑讯是有法律依据的。我国古代刑讯始于何时，已不可考。西周时期，就已有记载，如《周礼》中记载了"仲春三月……毋肆掠，止狱讼"，[1]虽是规定农忙时节禁止刑讯的内容，但可推知周代案件审理中是允许刑讯的。随后，秦汉律文及唐、宋、元、明、清的律文都将刑讯规定为一种合法的审讯手段，并随着刑讯手段的大量运用，中国古代逐渐形成了完备的刑讯制度。对于刑讯的对象、工具、如何实施刑讯各朝代规定不一，刑讯的对象在唐朝规定得最为详细，明清时期对其进行完善；关于刑讯的工具历朝历代法律都有规定，如"箠（笞）""杖""棍棒""夹棍"等，而且不乏大量的法外刑讯工具；如何施行刑讯，在秦汉时期并没有明确规定，而到南北朝和隋朝时期，才形成一定的制度。由于现代司法已将讯问措施纳入侦查环节作为取证的方式，且严格禁止刑讯逼供，因此，笔者在本章中不再对古代刑讯的内容予以介绍。

二、中国古代刑事庭审证据调查程序的原则

中国古代刑事庭审证据调查原则，主要是指贯穿于庭审过程中，具有指导意义的行为准则。由于各朝代生产力水平、文化背景、司法环境等的不同，证据调查的相关原则也有所差异，具有代表性的两个原则是据口供裁判原则和判官亲自审案原则。

（一）据口供裁判原则

据口供裁判原则体现了两个方面的含义：一是庭审过程要切实获得可供查明案情的言词证据，言词证据以被告人供述为主；二是证据调查过程中所查明的口供可以直接作为定案的依据。该原则实际上主要是对口供证据调查结果的适用准则。

---

[1]《礼记·月令》。

"辞"，〔1〕在《奏谳书》中的注释为："犯罪嫌疑人的口供"，〔2〕中国古代刑事案件的审讯基本上采取"无供不定案"的原则，"供辞"是结案的重要依据。尽管中国古代时期的庭审也采用证人证言、物证等证据，但对口供极为重视，查明案件事实基本上通过合法刑讯获取口供的方式来指导证据调查程序。如有的学者曾指出："供辞证据是轴心，其他证据的采用是用来验证供辞的真伪。"〔3〕具体而言，口供的获取与检验遵循一定的程序。首先，"治狱，能以书从迹其言，毋笞掠而得人情为上"，〔4〕"必先以情，审察辞理"，〔5〕判官获得供辞的方式首先应是动之"以情"；其次，要"反复参验"，反复诘问或以其他佐证核查供辞的真伪，防止冤案发生；最后，若供辞仍真伪不明，则可以使用公堂上刑讯的方式，如"诘之极而数訑，更言不服，其律当笞掠者，乃笞掠"，直至被讯问者"毋解"或"辞服"。一般说来，判官应先获取原告的陈述，再诘问被告，获得被告的供辞，若针对被告的供辞有矛盾的地方，再进行诘问，或通过调查取得的其他证据，予以佐证供辞；若被告仍不交代或供辞有疑问，则可使用拷打的方式，获取真实的口供，即"断罪必须输服供词"。〔6〕

商周时期的审判就已经呈现出据口供裁判的雏形，在秦汉时期予以确立，唐宋以后发展成熟、完备。早在西周时期，《尚书·周书·吕刑》记载："两造具备，师听五辞。五辞简孚，正于五刑。"〔7〕秦代《告子》爰书中父亲对儿子的控告："甲亲子同里士伍丙不孝，谒杀，敢告。"儿子的供述："甲亲子，诚不孝甲所，无它坐罪。"由此可知，秦代通过双方的言辞证据，来查明案件事实，以便科刑。唐代刑事案件必须"鞫实"后才能予以裁判，"武三思构五王，而侍御史郑愔请诛之，（大理丞李朝隐）独以'不经鞫实，不宜轻用

〔1〕 辞与词在言语这个意义上是同义的，较早时期一般只说"辞"，不说"词"，汉代以后逐渐以"词"代"辞"。将"供"与"辞"连用，"证"与"词"连用。参见祖伟：《中国古代证据制度及其据研究》，法律出版社 2013 年版，第 7 页。

〔2〕 杨一凡、徐立志主编，俞鹿年等整理："张家山汉简载奏谳书"，载《历代判例判牍》（第一册），中国社会科学出版社 2005 年版，第 15 页。

〔3〕 祖伟：《中国古代证据制度及其理据研究》，法律出版社 2013 年版，第 97 页。

〔4〕 《睡虎地秦墓竹简》整理小组：《睡虎地秦墓竹简·封诊式》，文物出版社 1977 年版，第 245～246 页。

〔5〕 《唐律疏议·断狱》。

〔6〕 《清史稿·刑法志》。

〔7〕 《尚书·周书·吕刑》。

法'忤旨"。[1]宋代的据口供裁判比较有特色，判官需要将庭审中被告人的口供整理、具结成书状，由被告人确认画押，最终作为裁判的根据。"辞已穷尽，即官典同以辞状合成款。唯具要切事情，不得漫录出语。仍示囚，祥认书字，能书者，亲书结款。"[2]明清时期的法律更加明确地规定了据口供裁判的原则，如明律规定，"吏典代写招草"条王肯堂笺释说："鞫问刑名等项，必据犯人之招草，以定其情。"[3]清律同条夹注也指出："必据犯者招草以定其罪。"

（二）判官亲自审案原则

从西周时期"五听"制度确立起，判官就已经开始亲自审案。唐代法律不仅明文规定了审讯需要判官亲自审理，而且对不亲自审理的县官要予以惩罚。如唐代开元二十五年（公元737年），《狱官令》规定："诸问囚，皆判官亲问，辞定令自书款，若不解书，主典依口写讫，对判官读示。"[4]宋代在其律文中准用了唐代的规定，且徽宗宜和二年（公元1120年）进一步规定："县不亲听囚而使吏鞫审者，徒二年。"[5]《元典章·台纲》规定："京府州县凡遇鞫勘罪囚，须管公座圆问，并不得委公吏人等推勘。据捕盗人员如是获贼，依理亲问得实，即便碟发本县一同审问。"[6]

三、中国古代刑事庭审证据调查程序的证据规则

证据规则，是指"在诉讼中收集、审查、判断证据应当遵循的规则"，[7]中国古代法律并没有明确规定何为证据规则，也没有"证据规则"的叫法。但从唐律开始，明确规定了"据众证定罪"与"据状断之"的内容，规范了刑事案件证据调查中有关证人证言及物证适用的规则。可以说，该两项规则是据口供裁判原则外有关证据的特殊运用规则，是证据调查之证据（尤指证

---

〔1〕《新唐书》列传第五十四《李朝隐传》。

〔2〕《宋会要辑稿》职官5之59。

〔3〕《唐明律合编》（五），第699页。

〔4〕《狱官令》"问囚皆判官亲问"条。

〔5〕马端临：《文献通考》，中华书局1986年版，卷169。

〔6〕《元典章》，陈高华、张帆、刘晓、党实海点校，中华书局、天津古籍出版社2011年版，第156页。

〔7〕陈光中：《证据法学》，法律出版社2011年版，第226页。

人证言及物证）的确认与评判，其在弱化被告人口供和案件真相的发现方面起着积极的作用。

（一）"据众证定罪"规则

古代审讯的过程基本上是沿着讯问（询问）——审查——疑难求助——拷讯的途径进行的。然而，唐代儒家礼教精神深入贯彻于律文中，"据众证定罪"在断狱的相关规定中便是极好的体现，如《唐律疏议·断狱》规定，"诸应议、请、减，若年七十以上，十五以下及废疾者，并不合拷讯，皆据众证定罪，违者以故失论。若证不足，告者不反坐"，[1]以后各朝代皆有类似记载。所谓"据众证定罪"是指一定范围的案件，由于涉案当事人身份的特殊性，不适合拷讯，依靠证人证言且必须是三人以上明证其实的证据适用规则。[2]与其说"据众证定罪"是一种证据适用规则，笔者更倾向于认为其所指向的是特殊审讯规则。"据众证定罪"的适用对象为具有特殊身份的人，即属于应议、请、减、老、小、疾六类人员。"据众证定罪"，实则是对不能施行拷打的讯问对象的一种定罪证据取得方式。在刑讯已是古代审讯过程中合法取得供辞的方式的前提下，若无拷打，对于"理不可疑"的案件，判官无法获得真实供辞，便无法结案。而对该六类人的审讯，在无法取得证词又不能进行刑讯的情况下，"据众证定罪"就是最后断案的依据，而并非"据供辞定罪"的例外。同时也可以看出，在有此六类人成为审讯对象时，"据众证定罪"规则是特权、恤刑原则在司法裁判中的具体体现。

（二）"据状断之"规则

状、赃，在古代审判中均属于物的证据。其中，状证是"指加害人所使用的作案工具、被害人伤或死的形状，一般以由专门的死伤鉴定人员的现场勘验笔录的形式呈现，所谓的'杀人见伤'等"。[3]赃证，在古代刑律中常指盗窃所获得的财物，也可以是贪污、受贿案件中的赃款赃物。《法经》中将盗、贼列为首篇，其认定罪行必须要有赃、状等证据。唐代以前没有关于"据状断之"的记载，仅将获得的状证、赃证作为鉴别供辞真伪的证据而已。

---

〔1〕《唐律疏议·断狱》。

〔2〕 祖伟：《中国古代证据制度及其理据研究》，法律出版社 2013 年版，第 112~113 页。

〔3〕 祖伟：《中国古代证据制度及其理据研究》，法律出版社 2013 年版，第 63~64 页。

唐律规定："若赃状露验，理不可疑，虽不承引，即据状断之。"宋代沿袭唐代，也有类似规定。可知，唐宋对"据状断之"已作为证据规则予以适用，但前提条件有三：一是要获得真正的赃证、状证；二是要达到"理不可疑"的证明程度；三是要被告人不承认（用情或刑讯）犯罪或共同犯罪中没有抓获其余被告人且已抓获的被告人也不承认犯罪。清代提倡慎刑恤狱，反对刑讯逼供，重"赃、状"，虽然没有明文规定"据状断之"，但其精神已在审讯中有所体现。

第二节　中国近代刑事庭审证据调查程序的历史考察

鸦片战争以后，西方的诉讼程序因"领事裁判""会审公廨"制度而被强行植入我国诉讼审判制度，难以接受的"治外法权"让沈家本、伍廷芳等意识到"修订法律，本以收回领事裁判权为宗旨"，[1]以挽救政治危机的任务迫在眉睫。故而，一批开明人士与先进分子开始批判旧律、仿效西方修律，"各国政体，以德意志、日本为近似吾国"，[2]特别是程序法的修订受到了高度重视，至此，也拉开了中国古代传统刑事审判制度向中国近代刑事审判制度变革的序幕。可以说具有现代意义的刑事审判程序规范几乎全效仿了日本法律制度，但由于受当时特定历史环境之急迫性的影响，刑事司法的改革并未结合中国的实际情况。1906年《刑事民事诉讼法（草案）》、1910年《民事刑事诉讼暂行章程（草案）》和1911年《刑事诉讼律（草案）》因种种原因被搁置，没有得到颁布。然而，清末的刑事诉讼相关法律为民国时期刑事法律的构建提供了基本框架，在历经南京临时政府、北洋政府、南京国民政府时期的发展后，刑事诉讼法律制度变得较为完备，庭审证据调查环节的内容也更加清晰、规范。

一、清末时期刑事庭审证据调查程序之法律规定及评析

"刑法为体，诉讼为用"，中国诸法合体的局面已与当时海禁开放的现状

---

〔1〕　刘锦藻编撰：《清朝续文献通考·刑考》卷244，台北新兴书局1959年影印本，第9883页。

〔2〕　李春雷：《中国近代刑事诉讼制度变革研究（1895—1928）》，北京大学出版社2004年版，第31页。

不一致，加之刑讯作为古代审判中的常用手段，因其野蛮性极容易造成屈打成招而备受指责。故而，清末光绪三十二年（公元 1906 年）沈家本、伍廷芳在其奏折《进呈诉讼律拟请先行试办折》中建议诸法分开且民事、刑事诉讼分开，这些在《大清刑事民事诉讼法（草案）》中已有体现。该草案共有五章 260 条，刑事规则一章有 11 条涉及证据调查的相关内容。然而修订刑事诉讼法的脚步并未停息；宣统二年十二月二十四日（公元 1911 年），沈家本和俞廉三将《大清刑事诉讼律（草案）》奏呈朝廷，该草案共有六编 515 条，笔者将针对这两部草案中涉及的关于庭审证据调查的内容分别予以介绍、评价。

（一）《大清刑事民事诉讼法（草案）》（以下简称《草案》）证据调查程序的规定及评析

1. 具体内容

（1）证据调查的顺序。一是讯问原告在先。根据《草案》第 52 条〔1〕的规定，在庭审中，法官应当亲自讯问原告，原告陈述完毕后便可以离开。此外，《草案》也规定了原告的供词、被告的申辩需在公堂上予以记录，由原告、被告审查无误后，签字画押。二是根据《草案》第 56 条、第 57 条〔2〕规定，庭审证据调查的顺序是先人证后物证，证人是否作证，依据被告是否认罪而确定。

（2）证据调查的方式。一是原告、被告当庭对质。根据《草案》第 54 条规定，法官应当允许原告、被告在庭审中对质。二是法官依据案情依次向原告、被告发问。法官根据原告的陈述情况，针对原告所控情节讯问被告人，该规定在《草案》第 52 条、第 55 条〔3〕的规定中予以体现。三是原告、被告的证人接受当庭对质、复对质。庭审中，原告、被告有权对对方所提出的证人进行询问、对质，也可以针对对方向本方证人询问的情况再进行询问，该

---

〔1〕《草案》第 52 条规定："凡审讯必先讯问原告，令其将所控之事，并确知确见之实情详细供述，讯毕听其任便归家。"

〔2〕《草案》第 56 条规定："如被告承认被控之罪，承审官无须讯取他人供词，即照犯罪情节，依律定拟。"第 57 条规定："如被告坚不承认被控之罪，承审官即分别令原告各证人供证实情。"

〔3〕《草案》第 55 条规定："原告供述后，承审官应据所控情节向被告诘问。"

规定在《草案》第 58 条、第 59 和第 64 条〔1〕中予以体现。四是特定的物证需当庭进行检验。《草案》第 65 条规定了需要当庭核实的物证，但限于三种情形。〔2〕五是原告和各方证人需宣誓供证。《草案》第 51 条〔3〕规定原告及原被告方的证人出庭作证时需要首先进行宣誓，然后才可以作证，被告人不需要宣誓。六是讯问证人需分别进行。《草案》第 50 条第 3 项规定了讯问原被告方的证人需要分别进行，不能同时询问。七是证据调查的过程公开进行。《草案》第 13 条〔4〕规定了庭审过程应当公开的原则，除特殊案件外，所有开庭审理的案件都是允许旁听的。

（3）证据调查的标准。一是法官认证的要求。根据《草案》第 70 条〔5〕的规定，承审官需对当庭记录的原告、被告及各方证人证词认真研究，不可偏私。二是法官认证的标准。承审官应根据第 73 条的规定核查被告人定罪之证控是否足以证明被告人有罪，若被告不认罪，其他证据达到"明白、确凿无疑"的程度，也可以对其定罪。

2. 评析

《草案》是清末变法首创的第一部新法，也是中国历史上近代化的第一部专业性诉讼法典草案，昭示着中国几千年诸法合体的结束，开创了中国近代化刑事诉讼法的新时代。从 1906 年的《草案》可以看出，该时期已经形成两造具备的诉讼格局，法官中立的庭审格局，且其证据调查模式体现出以下三方面的特点。一是被告人认罪态度决定证据调查的内容。依据《草案》的规定，若被告人针对原告的控告直接认罪伏法的，承审官则不再调查相关的人证、物证，整个证据调查因被告的认罪而终结。这种法庭调查程序，特别是被告一承认犯罪，便不再进行调查证据，立即依法判刑的规定，效仿的是英

---

〔1〕《草案》第 58 条规定："被告或所延律师，均准向原告各证人对诘。"第 59 条规定："被告或所延律师对诘原告各证人后，原告或所延律师亦可复问原告各证人。"第 64 条规定："原告或所延律师亦准向被告各证人对诘，对诘之后被告或所延律师亦可复问被告各证人。"

〔2〕《草案》第 65 条规定："凡失而复得之物，或相争之物，或可为原告或被告作据之物，均须当堂核验。"

〔3〕《草案》第 51 条规定："无论刑事、民事案件，原告及两造证人须矢誓后方可供证。"

〔4〕《草案》第 13 条规定："凡开堂审讯，应准案外之人观审，不得秘密举行。但有关风化及有特例者，不在此限。"

〔5〕《草案》第 70 条规定："原告被告及两造律师对承审官申论后，承审官即将两造证据供词细心研究，秉公判断。"

国的做法。[1]二是交叉询问的对质方式已初现，在证据调查中得到运用。原告、被告之间的相互对诘，原告、被告均可以对各方证人进行对诘，这种原告、被告及各方证人之间直接在公堂之上进行当面对质的方式，确有直接言词原则的意味，有利于承审法官直接接触各方证词，感受各方在庭审中的言谈举止。三是法官在整个证据调查中比较消极。清末时期的承审官在审判中主要进行"听审"，听取原告、被告双方各执一词，相互诘问；人证、物证由原告、被告各方提出，接受各方诘问；若因证据未齐要求再收集相关证据的，也要根据原告或被告的意愿进行收集，承审官不在庭外进行收集。

（二）《刑事诉讼律（草案）》（以下简称《律草案》）证据调查程序的规定及评析

在阐述《律草案》之前，有必要将沈家本等在修订该草案的意旨中所提到的刑事庭审证据调查的指导性解释先行呈现。第一，明确刑事审判的模式为告劾式，检察官享有对犯罪提起公诉的权力，法院遵循不告不理原则审查案件，法官在证据调查中处于超然的地位，听取检察官和被告人各方提出的证据所做的陈述、论证及辩解，权衡双方的说辞，作出最合情合理的裁决。第二，确定查明案件事实所依据的三大原则，即自由心证、直接审理和言词辩论。法官应直接讯问、调查相关的人证与物证，且允许各方以言词的方式进行质询、辩论，审查核实证据为真后，法官根据内心确信予以揭发案件实情。第三，明确审判公开的原则。公开审理的案件允许案外人旁听，整个庭审过程被置于公开、透明的程序之中，有助于防止法官徇私舞弊。可见，沈家本等的关于已完成的《律草案》欲奏请皇帝审阅的说明，表明了创设刑事诉讼律的缘由、基本思路和构架。因受本书主题所限，仅就《律草案》中涉及的证据调查方面的规定阐明如下。

1. 具体内容

（1）证据调查的主体。根据《律草案》第327条[2]的规定，原则上讯问被告人和行使调查证据的权力归属于审判长，且仅为审判长，除法律规定

---

[1] 叶青：《诉讼证据法学》，北京大学出版社2013年版，第30页。

[2] 《律草案》第327条规定："讯问被告人及调查证据，应由审判长行之。陪席推事及检察官得告于审判长亲自讯问被告人或证人。被告人得就必要事宜请求审判长讯问证人、鉴定人或共同被告人。"

的例外情况外，其他推事和人员并无权力讯问被告人、调查证据，在一定程度上防止因职责不明确造成的混乱。具体来说，审判长在证据调查中的"决定性"权力体现为三个方面：一是告知决定权。若庭审中的陪席推事和检察官讯问被告人或证人，必先告知审判长才可亲自为之。二是申请决定权。若被告人对案件必要事项需讯问证人、鉴定人或同案被告人的，必先请求审判长。三是"证据决定"决定权。若检察官、被告人、辩护人及辅佐人请求涉及检验、鉴定、证人等人员帮助调查证据物者，必先申请审判长作出决定，审判长根据请求而未作出决定的，视为违法审判。

（2）证据调查的顺序。一是证据调查始于审判长讯问被告人之后。在检察官陈述完案件要旨之后，审判长便就案件情况对被告人进行讯问，证据调查开始。二是展示证据物为先。在证据调查开始后，审判长先出示与案件有关的证据物，陪审推事、检察官和被告人围绕证据物的有无及性质请求证人、实施检验人、鉴定人或其他有关人员对该证据物作出陈述。

（3）证据调查的方式。一是宣读证据文件。庭审中证据调查的对象是文件的，由审判长或审判长命令书记官以朗读或陈述要旨的方式告知当事人双方，以给当事人双方审查、质询的机会。二是讯问被告人、证人、鉴定人或共同被告人。审判长享有亲自讯问上述人员的权力，陪席推事、检察官及被告人讯问以上人员，需告知后自行为之或请求审判长为之。三是一证一质。根据《律草案》第324条[1]规定，审判长将审判衙门直接调查的证据物及法律规定的间接调查证据物展示给被告人，讯问被告人对该证据物的意见，出于谨慎之缘由，应就每一件证据物分别讯问。四是"回避性陈述"。根据《律草案》第342条[2]规定，若被告人与证人、鉴定人和同案被告人存在利害关系，为保证其陈述的客观真实，审判长应要求被告人暂时退庭。待证人、鉴定人和共同被告人陈述完毕后，由审判长再告知被告人陈述的主要内容。五是证人之间，证人与被告人之间的对质。《律草案》第172条也规定了在证据调查中，涉及讯问证人时，原则上讯问证人应分别进行，但出于案件查明的

---

〔1〕《律草案》第324条规定："审判长每调查一证据毕，应讯问被告人有无意见，并向被告人告以得提出有益之证据。"

〔2〕《律草案》第342条规定："审判长预料证人、鉴定人、共同被告人不能在被告人前尽其陈述者，得于陈述中命被告人退庭。但证人、鉴定人，共同被告人陈述已毕，应命被告人入庭，告以陈述之要旨。"

目的不得不进行当面对质的，应允许证人与证人之间，证人与被告人之间进行当面对质。

（4）证据调查规则。一是明确了审判中直接审理的原则，其"直接性"体现在直接调查证据和直接审理两个方面。因刑事诉讼的本意是发现案件真相，所以直接调查的证据应是所有有助于查明案件真相的证据，必须是审判机关直接调查的证据，但不排除例外规定。直接审理是指庭审证据调查的完成全由同一推事进行。为了保障已有推事对案件证据知悉的全面性、亲历性，原则上不能在庭审中途更换推事，因特殊情况必须更换推事的，审判程序则需重新进行。进一步而言，鉴于直接调查规则的适用在如何确定证据资格和证据调查范围方面有了实质意义，庭审中所涉及的资料中哪些具有证据资格，应当以审判机关庭前直接调查的证据为限，非经审判机关直接调查的一切间接证据不允许在庭审中使用，不得作为裁判的依据，但是该草案第322条至第324条也规定了例外。二是明确了依证据定罪规则。众证定罪意图废止中国以前依口供定罪的惯例，庭审证据调查围绕证据物展开，不以被告人的自白为定罪的依据。三是确立了自由心证原则。法官对证据的证明力之评价，遵循内心，也就是说对于证据是否可靠、证明力大小由审判官根据庭审证据调查的情况自由取舍、决定。

2. 评析

《律草案》是中国历史上第一部法典化的刑事诉讼法，也是资产阶级性质的刑事诉讼制度在中国近代史中的首次展现，为民国时期刑事诉讼法典的构建奠定了基础。该草案虽然也未被颁行，但其已在法律规范中明确界定了证据调查这一重要的庭审阶段，并对证据调查的范围、顺序、主体及规则等予以规定，使庭审证据调查的任务更为清晰，程序更为规范。其积极意义主要体现在三个方面：其一，改变了传统的围绕被告人口供进行证据调查的模式。该草案规定证据调查围绕证据物的提出逐一展开陈述、讯问，彻底改变了依口供定案的司法传统，审查众证成为证据调查的主要任务。其二，改变了传统法官庭审职责多元化的状态。中国古代刑事审判中，法官承担着侦查、起诉和审判的多项职权，然而权责的多元化不利于法官查明案件真相，因此，草案规定了庭审证据调查的权力仅仅归属于法官，使得庭审证据调查中的法官之决定权体现得淋漓尽致。其三，明确了直接审理、依证据定罪与自由心证三大刑事诉讼原则。直接审理原则的确立，有利于法官切身接触定案的依据，形成对案件事实的认识；依证据定罪和自由心证是理性证明制度之精髓，也是事实认定过程中主观认识与客观证据相结合的体现。三大刑事诉讼原则的确立，打破了中国古代刑事审判的传统模式，为证据调查的顺利展开和法官核实证据、查明案件真相提供了新的调查模式和审判思路。

二、民国时期刑事庭审证据调查程序的规定及评析

辛亥革命的爆发，彻底终结了清王朝的统治。由于南京临时政府在成立之初，被旧势力与列强包围，无暇进行法律制定，1912 年孙中山发文表示除与民国国体相冲突的法律条文外，应暂行援用清末草案的相关规定。因此，南京临时政府时期有关刑事审判的规定是参照清末草案执行的，在此不再赘述。

（一）北洋政府时期证据调查程序规定及评析

1912～1921 年，北洋政府陷于军阀混乱中，中国处于宪政未立、政局动荡的局面。刑事诉讼法的修订处于空白状态，北洋政府主张在不与民国国体相抵触的前提下继续援用清末《律草案》，而其刑事审判的依据是大理院参照草案作出的大理院判决例和大理院解释例。

张晋藩先生曾评价："北洋政府时期，虽然军阀混乱，政局动荡，但是清末开启的法律近代化事业并没有中断，北洋政府将清末的各项法典以及法典草案进一步完善，为后来南京政府完成六法体系奠定了基础。"[1]1921 年，广州军政府和北洋政府均以清末的《律草案》为依据，分别修订了《刑事诉讼律》和《刑事诉讼条例》（以下简称北洋政府的律例），二者内容基本一致，但因南北两个政府管辖的区域不同，其适用的范围有所差异。由于《刑事诉讼律》颁布的时间早于北洋政府颁布的《刑事诉讼条例》，故《刑事诉讼律》被认为是我国第一部正式的现代刑事诉讼法典。就刑事庭审证据调查这部分规定而言，两部律例并无差异，又因修订之基是《律草案》，笔者仅就《刑事诉讼条例》不同于《律草案》的内容进行梳理、评价。

1. 具体规定

（1）证据资格的规定。《刑事诉讼条例》增加了被告人的自白若是因强迫、利诱、欺诈等不正之手段所获取的，不被视为证据的规定。

---

〔1〕 张晋藩主编：《中国民法通史》，福建人民出版社 2003 年版，第 1143 页。

（2）证据调查的顺序和方法。一是明确规定了证据物展示后应经被告人辨认是否属实，被告人在辨认后声称若不属实的允许其作出辩解。二是对讯问证人、鉴定人的顺序有所规定。证人、鉴定人围绕证据物首先接受审判长的讯问，即对所证之事连续陈述，再由申请传唤证人、鉴定人的一方诘问，最后由他方诘问，且申请方根据他方诘问的事项进行再诘问。若审判长需要再次讯问证人、鉴定人的，可在两造诘问之后继续进行。三是笔录证据在特定情况下才予以适用。法律规定证人、鉴定人或被告人因死亡、疾病或其他事故不能当庭接受讯问的，审判长才应当庭宣读其庭前讯问的笔录，若无特殊情况，证人、鉴定人或共同被告人应出庭接受当面讯问或诘问。

（3）证据调查主体。审判长是证据调查当然的、法定的主体，但在证据调查中可以委任推事行使讯问及调查的一部分或全部职权，审判长的专属权力在经其委任后形成"放权"。

2. 评析

北洋政府时期的庭审证据调查和清末草案的规定基本一致，但因当时清末草案完全照搬日本的规定且在中国未予颁布实行，证据调查的具体操作只是纸上谈兵。从清政府结束到北洋政府确立的十年时间，刑事审判在援用部分草案和大理院解释、判例中践行，随之颁布的律例里对草案相关的解释更为清晰、操作性更强。北洋政府的律例中有关证人、鉴定人出庭的询问顺序、方式的规定可谓对刑事庭审证据调查注入了更多规范性约束，避免人证调查无序；人证出庭优先于笔录证据的规定，不仅明确了证明力的问题，而且为直接的、言词的审理调查方式确立了更为具体的规定；非法证据不具有证据资格的立法规定，实则是对依口供定罪的否定。

（二）南京国民政府时期刑事庭审证据调查程序的规定与评析

随着 1927 年国民政府定都南京，南北两个政府分别适用两部不同的刑事诉讼法典的局面已经不合时宜，全国制定统一的法律已成为国民政府的首要任务。南京国民政府司法部于 1928 年颁布的《刑事诉讼法》（一般称为旧《刑事诉讼法》），被看作是中国近代法制史上第一部全国范围内生效的现代刑事诉讼法典。后南京国民政府司法部以该部法典为基础修订了 1935 年《刑事诉讼法》（一般称为新《刑事诉讼法》）。国民政府时期新、旧两部法典是在北洋政府《刑事诉讼条例》的基础上制定的，该法采取大陆法系职权主义的诉讼模式，庭审采用审问的方式，其中有关刑事庭审证据调查的规定基本上同于北洋政府时期的规定，仅是对被告人供述是否具有证据资格方面规定得更为严格，需要满足两个条件：一是该自白是自愿作出的，未经暴力、胁迫、利诱、欺诈及其他不正当之方法，二是自白应与案件事实相一致。此外，强调即使被告人的供述是自愿作出的，仍需要在法庭中调查其他相关的、必要的证据，确保自白符合案件事实真相。整个庭审证据调查过程在审判长的主导下进行，审判长调查与案件有关的所有证据物及证人、鉴定人的证言等，并讯问被告人对每一证据物的意见，等等。

三、新民主主义革命时期刑事庭审证据调查程序

新民主主义革命时期人民民主政权的立法和司法活动为新中国成立后刑事庭审证据调查奠定了基础。在土地革命时期，刑事审判依工农民主政权通过的《中华苏维埃共和国裁判部暂行组织及裁判条例》和《中华苏维埃共和国司法程序》确立了公开审判原则、禁止肉刑逼供原则等。抗日战争时期，确立了禁止刑讯、重证据不轻信口供原则，等等。解放战争时期的刑事审判基本上与抗日战争时期的刑事审判相同。但是新民主主义革命时期过分注重实体真实，而不重视程序正义，不注重保障被告人在刑事审判中的权利，严格地说，在此阶段，刑事庭审证据调查程序是不存在的。

第三节　我国当代刑事庭审证据调查程序的模式与特点

我国从新中国成立初到"文化大革命"结束期间，由于没有刑事诉讼法典的颁布，刑事审判仅仅依据相关法律、法规中涉及的刑事诉讼原则及程序进行。"文化大革命"结束后，我国刑事司法制定工作逐步走上正轨，1979年《刑事诉讼法》是我国第一部社会主义刑事诉讼法典。随着我国经济实力的迅速提升，社会主义民主与法制建设的不断发展，刑事司法的理念从"打击、惩罚犯罪"逐渐转向"惩罚犯罪与保障人权，实现公正与追求效率"。在1979年《刑事诉讼法》的基础上，1996年与2012年的两次刑事诉讼法的修改涉及了刑事审判改革的相关问题，其修改内容则是我国不同时期对刑事审判不同价值进行权衡和选择的产物。不同时期的诉讼模式各有不同，因此对多元性价值的偏重也不同，从而有不同的审判模式与其相适应。刑事庭审中

的证据调查环节作为审判的关键，其模式的形成与审判模式密切相关。换句话说，审判的程序控制——"法官、检察官、被告人三方对作为法庭裁判基础的证据在提出和调查方面的控制程度"〔1〕——权力或权力行使主体的不同，决定着与其审判模式相符的证据调查的样态。下文将对 1979 年、1996 年和 2012 年〔2〕三部《刑事诉讼法》中所勾勒的刑事庭审证据调查模式及特点予以阐述。

一、1979 年《刑事诉讼法》庭审证据调查的模式与特点

1979 年《刑事诉讼法》是我国在总结革命时期司法实践经验，借鉴苏联刑事诉讼制度（1963 年《刑事诉讼法草案》的形成主要依据苏联的立法例）的基础上形成和发展起来的。1979 年《刑事诉讼法》在打击和惩罚犯罪，维护社会稳定，推进社会主义法制建设方面贡献了巨大的力量。然而，该时期的《刑事诉讼法》也将我国刑事司法实践中长期形成的"重实体，轻程序"的传统审判理念表现得淋漓尽致，具体表现为庭前法官的实质性阅卷，开庭审判流于形式，审判人员强权性证据调查，控辩双方无明确的举证责任，等等。

（一）模式

学界通说认为 1979 年《刑事诉讼法》实施的十七年间，我国诉讼模式是职权主义或强职权主义，〔3〕而许多学者将该时期的庭审方式称为"纠问式"或"审问式"审判。在"审问式"庭审模式下，我国刑事证据调查呈现出"法官强权调查"的样态，法官庭审对案件材料进行全面的、实质的审查，在庭前讯问被告人的基础上决定是否开庭，庭审中法官积极主动调查证据且承担法定的举证、质证责任，可以说，该时期的庭审证据调查完全是形式化的。

（二）特点

结合有关法律规定，1979 年《刑事诉讼法》实施期间我国庭审证据调查

---

〔1〕 陈瑞华：《刑事审判原理论》，北京大学出版社 2003 年版，第 266 页。

〔2〕 由于 2012 年《刑事诉讼法》修改的内容之一就是关于审判方式的改革，涉及庭审证据调查的法律规定较多，而 2018 年《刑事诉讼法》修改并未对该部分进行修改。因此，为了凸显 2012 年刑事庭审改革的亮点及研究表达的协调，本章所阐述相关内容的法律依据为 2012 年《刑事诉讼法》的规定。

〔3〕 强职权主义，又称超职权主义，与大陆法系职权主义国家相比，其表现为控诉权更为强大、被告人主体地位弱化以及审判权的泛行政化。参见汪海燕：《刑事诉讼模式的演进》，中国人民公安大学出版社 2004 年版，第 427~431 页。

程序主要有以下三个方面的特点。

1. 法官是证据调查的唯一主体

虽然 1979 年《刑事诉讼法》规定了检察官出庭支持公诉的内容，但由于法官负有惩罚犯罪、查明案件事实真相的职责，无形中强化了庭审中法官调查证据的使命感，而这种使命感在法官庭前实质性阅卷的基础上再次得以强化，即过分强调了法官在庭审证据调查方面绝对的控制权及直接的行使权。刑事庭审证据调查的责任几乎完全由审判人员承担的司法实况，表明了法官积极、主动调查核实证据的庭审状态，具体表现为两个方面。一方面，审判法官享有法定的举证责任。1979 年《刑事诉讼法》第 116 条明确规定了在证据调查中法官享有出示物证、宣读未到庭的证人笔录、鉴定结论、勘验笔录及其他书证的权力，法官承担了本应由检察官指控被告人所涉及的举证责任，在一定程度上限制了控方的举证责任。1979 年《刑事诉讼法》没有明确规定举证的顺序，即意味着法官的举证责任体现在其有权决定调查哪些证据和以什么顺序调查证据的权力。另一方面，质证往往是由审判法官依职权以直接讯问被告人、询问证人和"批准讯问、询问"的方式进行。1979 年《刑事诉讼法》第 114 条和第 115 条明确规定了法官享有讯问被告人、询问证人的当然权力，而且公诉人若行使讯问或询问的权力必须经审判长许可，辩护人若对证人和鉴定人发问，也须先请求审判长，这种讯问或询问的权力或权利在实践中往往由法官代替公诉人、辩护人为之。可以说，审判法官包揽了证据调查的举证、质证的责任，其积极、主动的证据调查方式使得法官与被告人之间形成一种直接对立的状态。

2. 法官直接调查被告人，控辩审三方呈"箭头"或"单箭头"的证据调查关系

"箭头"或"单箭头"的证据调查结构形象地说明了控辩审三方并未形成现代法治意义上的"法官中立、控辩平等"的三方结构。虽然 1979 年《刑事诉讼法》明确规定了被告人作为当事人的诉讼地位，但法官直接进行证据调查的相关规定实际上虚置了控辩双方庭审证据调查的权利，被告人始终是法官证据调查的直接对象。总体来说，审判法官直接调查涉及被告人案件事实的相关证据，控辩双方之间也不直接对各方证据进行反驳，而是将证据调查中存在的问题交给法官审查，证据调查以法官直接审查、控辩双方协助审查的方式进行。具体而言，控方协助法官讯问被告人，或者控方在宣读完起

诉书后便处于"静音"状态，这极容易形成控审皆为控方的印象。而辩护律师作为国家公职人员，庭审中提供对被告人有利的证据几乎是不可能的，辩方的辩护职能往往体现为通过庭前的阅卷寻找到证据瑕疵或破绽提供给审判人员调查核实，或者辩护律师在证据调查中举证、质证的权利几乎处于"零行使"状态。

3. 法官强大的证据调查权使得庭审证据调查程序形式化

法官庭前全面、详细地阅卷，加之提审被告人的过程已经使其初步形成被告人有罪的印象，庭审证据调查只不过是将被告人的有罪证据通过举证、质证加以确认或复核的过程。而这种举证和质证过程并非通过控辩双方进行，而是处于法官的绝对控制中，公开的庭审证据调查只是走过场、形同虚设，基本都是为法官事实认定的"正当性"增添形式上的砝码，整个庭审证据调查应有的程序价值根本无法体现。

二、1996 年《刑事诉讼法》庭审证据调查的模式与特点

由于社会主义市场经济体制的建立，我国社会生活的各个方面也都发生了重大变化，传统的刑事司法制度已经与当时的经济体制格格不入，亟需改革和完善，而该时期的改革目标就是"建立起与社会主义市场经济体制相适应的科学、公正、高效的诉讼运行机制，完善具有中国特色的社会主义审判制度"。[1] 早在 20 世纪 80 年代，我国就开始了审判方式改革的试点工作，1993 年最高人民法院颁布的《关于第一审刑事（公诉）案件开庭审判程序的意见》（已废止）成为审判方式改革的标志性文件。可以说，随着程序公正和人权保障意识的普及与深入，我国辩护角色也由"国家本位"转向"社会本位"，刑事审判更加关注被告人的合法权益。审判是司法公正的最后一道防线，也是被告人获得公正判决的最后救济手段。鉴于"审问式"庭审的种种弊端，在传统的职权主义诉讼模式下引入当事人主义因素呼之即出。

（一）模式

1996 年《刑事诉讼法》修改的最大亮点在于我国刑事审判方式从 1979 年的"审问式"审判方式走向"控辩式"审判方式，这个变化在我国刑事审判

---

〔1〕 胡锡庆：《刑事审判方式改革研究》，中国法制出版社 2001 年版，第 5 页。

方式发展历史上具有转折性意义。摒弃旧刑事审判方式"先定后审""上定下审"等各种弊端和长期形成的"重实体、轻程序"的弊端，强调新审判方式中控辩双方抗辩诉争、当庭举证和质证，1996 年《刑事诉讼法》的修改吸收了职权主义和当事人主义审判方式的特点，既注重"审问式"审判方式之审判法官追求客观真实的精神，又发挥了"控辩式"审判方式保障程序公正的功能，这是值得肯定的。具体来说，1996 年《刑事诉讼法》的庭审证据调查要求法官庭前只审阅主要证据材料，是一种程序性审查；庭审中要求控辩双方举证，采用"一事一证一质一辩"[1]的证据调查方式，以防止庭审的形式化。不可否认，鉴于我国法官依职权调查证据的观念仍旧根深蒂固，法官在证据调查中的权力只是轻微地被弱化。正如龙宗智教授指出："被告人诉讼地位的两重性使其尚未真正实现真正的'当事人化'，而检察官的特殊地位使其也难以被名之为诉讼之'当事人'；法官依职权调查证据还是十分普遍和重要的，而正当程序理念与当事人处分原则没有贯彻。"[2]1996 年《刑事诉讼法》的立法本意是要求法官主持庭审，控辩双方举证、质证的责任已经明晰，因此笔者将该时期的证据调查模式称为"法官主导调查"的模式。

（二）特点

结合 1996 年《刑事诉讼法》的有关规定，该模式的特点体现在以下三个方面。

1. 刑事庭审证据调查程序初具对抗色彩

法官庭前的不全面阅卷，控辩双方的举证、质证责任使证据调查的权力不再一味地被控制于法官手中。也就是说，法官主动、积极调查证据的权力得到重新配置，控辩双方针锋相对的局面已经初步形成。但由于控辩双方对抗力量的不平等，法官主导证据调查、举证单方化、质证无力化等现象使得证据调查程序或多或少表现得更为形式化。

2. 法官主导整个证据调查的过程

"抗辩式"庭审方式要求法官不再是唯一的直接调查证据的主体。由于 1996 年《刑事诉讼法》涉及证据调查方面的部分改革，使得法官证据调查权得到重新配置，法官不再享有绝对控制证据调查的权力，但仍需要全面掌控

---

[1] 张军："关于刑事案件审判方式的若干问题"，载《中国法学》1996 年第 3 期。
[2] 龙宗智："新刑事庭审方式评析"，载《人民检察》1998 年第 11 期。

庭审的进程。由于我国司法习惯和法官传统的"强权式调查"思维的根深蒂固，在证据调查中法官并没有被定位为完全消极、中立的调查者的角色。法官证据调查的权力由"强权式调查"转为"主导式调查"，这种主导性体现在三个方面。其一，"主要复印件移送主义"的确立要求法官仍旧肩负主动地、全面地调查核实证据的责任。为了避免法官庭前阅卷导致的先入为主、庭审形式化的现象，我国1996年《刑事诉讼法》将全案移送卷宗的方式改为移送主要证据复印件的方式，而这种非全案卷宗移送的方式使得法官在庭前对案件全貌了解甚少。法官庭前不能全面熟悉案件证据材料，所以在庭审证据调查中，为积极核查与案件相关的每一件证据以求查明案件真相，往往会根据自己对案件证据的熟悉程度来确定哪些证据需要调查以及证据出示的先后顺序。其二，控辩双方承担举证责任的明确和交叉发问方式的初现，弱化了法官独大的证据调查的权力。1996年《刑事诉讼法》明确规定公诉人、辩护人承担讯问被告人、询问证人及出示各种证据的责任，公诉人首先讯问被告人且不需要经过审判长的许可，审判人员根据控辩双方讯问被告人的情况再次补充讯问被告人。当时的司法解释也进一步规定了控辩双方向证人、鉴定人发问的顺序，由提出传唤的一方首先进行，并对发问的内容予以规范。然而，法官对被害方和辩护方对被告人的发问与控辩双方对证人、鉴定人的发问依旧享有决定许可的权力。其三，法官庭外证据调查的权力限制在存疑证据的范围内。法律规定了合议庭若对证据有疑问，可以在法庭休庭之际对证据进行调查核实的权力，但不同于1979年《刑事诉讼法》法官只要认为证据不充分便可启动庭外自行调查的权力的规定。也就是说，对存疑证据庭外调查的权力意味着法官将原来庭前所做的大量审查认证工作，缩小到庭审证据调查中经过出示的且存在疑问的证据范围之内。

3. 控辩审三方形成"伞形"[1]的调查关系

由于控辩双方举证、质证责任的立法确立，被告人诉讼地位的提升和辩护职能的加强，法官积极主动调查证据的权力也受到限制，控诉方和辩护方在庭审中直接展开交锋，控辩对抗关系基本形成。但由于该时期控辩审三方

---

[1] 卞建林教授指出，我国1996年《刑事诉讼法》修改后的审判体现了控审职能混淆、法官中立无法实现，检察官一身二任，辩护权受到抑制，控辩难以形成平等对抗特点，提出此时的控辩审诉讼构造是一种"伞形"结构。参见卞建林、李菁菁："从我国刑事法庭设置看刑事审判构造的完善"，载《法学研究》2004年第3期。

职能因各种因素的影响未能充分施展，刑事庭审证据调查的三方关系呈现出"伞形"的结构。首先，法官为查明案件真相，主导整个证据调查程序。在庭审证据调查中，法官并非处于完全消极和中立的地位。1996 年《刑事诉讼法》虽有意图改变法官积极、主动调查证据的角色，但是强职权主义的因素、法官查明案件事实的任务和几乎不受限制的证据调查权，使法官仍旧是证据调查的主导者，对控辩双方展示的证据作出是否需要调查、怎样进行调查的决定和是否需要庭外调查证据的决定。其次，控辩双方均具有举证、相互质证的权利，但未形成真正的对抗。造成控辩力量不平衡的原因主要有两个方面，一是公诉机关与被害人共同实施控诉职能和公诉机关肩负公诉与监督的双重职能导致了控辩双方对抗力量的不平等。二是辩护权有名无实。由于我国辩护律师没有被赋予侦查阶段调查取证的权利，因此审查起诉阶段"主要复印件主义"移送卷宗的方式造成了公诉机关庭前全面审查卷宗，辩护人却因移送内容的限制而不能查阅、摘抄、复制全部案卷的局面。因此，庭审证据调查中辩方毫无力量与控诉机关相抗衡，辩方仅靠控方庭审中的举证，根本来不及仔细研究对被告人有利的证据，从而难以形成充分、有效的质证。由此可见，控辩双方应有的职能没有得到发挥，反而将举证和质证的过程演变为控辩双方帮助法官审核证据的过程。最后，被告人作为证据调查环节中"被讯问对象"的角色没有得到改变。被告人在证据调查中要接受审判人员、公诉人、被害人方及其辩护人的轮番讯问，由于被告人不享有不被强迫自证其罪的权利，也没有沉默权，只能接受各方讯问。

三、2012 年《刑事诉讼法》庭审证据调查的模式与特点

2012 年《刑事诉讼法》有关审判方式的改革再次成为修改的亮点，就证据调查程序而言，更加侧重于具体制度的完善。

(一) 模式

该时期我国的诉讼模式虽然仍是职权主义或强职权主义结合当事人主义因素的模式，但是，由于对抗性因素的强化使得"控辩式"审判的方式更加有力。正如左卫民教授评价："现行模式是一种国家本位主义的模式，是一种过渡式的诉讼模式，既包括职权主义的一些成分，也包括当事人主义的点滴因素，还包括传统诉讼制度的一些因素，不能理解为职权主义与当事人主义

的简单相加，该模式有待向现代型诉讼模式转型。"[1]庭审中证据调查程序则是审判模式最具体、最直接的反映，鉴于当事人主义因素的逐渐强化而形成的具有"中国特色的控辩式"审判方式，我国的刑事庭审证据调查也呈现出"法官主持，控辩双方参与调查"的样态。

（二）特点

结合有关的法律规定，其特点具体体现在以下三个方面。

1. 证据调查主体的双重性

目前我国的刑事庭审证据调查的主体模式是法官和控辩双方共同参与调查的模式，具有双重性。具体来说，法官承担主持[2]庭审调查的角色，主要掌控控辩双方的讯问、发问，控制证据调查的节奏。必要时，法官可以根据案件证据的情况补充讯问或询问当事人或其他诉讼参加人，或者对某些证据问题作出释明。也就是说，法官更注重控辩双方对证据本身的看法、意见或建议和举证、质证过程，更严格按照法定的调查方法审查各方出示的展示性证据，倾听各方对言词性证据的陈述和对质，从控辩双方针锋相对的对抗中确定证据资格和证明力大小。虽然2012年《刑事诉讼法》恢复了"案卷全面移送"的制度，很多学者对此也表达了质疑和反对的声音，然而，笔者认为在刑事庭审中法官显然已被定位为"主持者"，而庭前的阅卷在一定程度上能帮助法官更好地控制、主持证据调查的过程，让控辩双方将关键证据和存疑证据在庭审中阐述得更清晰，辩驳得更彻底，从而提高证据调查的效率和质量。

因此，从我国目前证据调查的立法规定和司法现状来看，刑事庭审中的证据调查主体具有双重性：一是法官主持与补充调查证据。主持庭审表现在法官享有掌握和指挥证据调查程序运行的权力，如审判长对于控辩双方讯问、发问被告人的内容或方式不当的，应当制止；2012年《刑事诉讼法》第191条规定了有关法官庭外调查核实证据的权力；2012年《刑事诉讼法》第192

---

[1] 左卫民："中国刑事诉讼模式的本土构建"，载《法学研究》2009年第2期。

[2] 为了避免审判人员对案件包揽过多，不能充分发挥控辩双方的作用，1996年《刑事诉讼法》就已经将审判人员的地位界定为"主持"，审判人员掌握和指挥庭审的进行，也要就问题要害向被告人讯问，立法的本意对审判人员提出了更高的要求。参见臧铁伟主编：《中华人民共和国刑事诉讼法解读》，中国法制出版社2012年版，第408页。但1996年《刑事诉讼法》颁布后，司法实践中的法官庭审状况违背了立法初衷，其非主持庭审，而是主导庭审，我国2012年刑事诉讼法修改未对该法条作出改动。

条规定法庭对控辩双方申请通知新证人、有专门知识的人出庭及调取新的物证等有决定权。补充调查的权力表现为在必要时，庭审法官仍然有权对被告人讯问或对证人、鉴定人等进行补充发问。二是控辩双方参与证据调查。2012 年《刑事诉讼法》第 186 条、第 190 条的规定明确了控辩双方的举证、质证责任，作为刑事庭审证据调查的主体，控辩双方有权决定证据调查的范围、举证的顺序和质证的方式，等等。而且 2012 年《刑事诉讼法》中有关不论何种公诉案件"检察机关应当派员支持公诉"、控辩双方对证人证言有异议的均有权申请证人作证、辩护人对三类有利于被告人的证据具有当然举证的权利等规定，进一步强化了控辩双方举证的责任和直接言词的质证方式。

2. 证据调查中控辩审呈"斜三角形"关系

由于 2012 年《刑事诉讼法》规定了辩护律师庭前享有全面查阅案件卷宗材料和收集有利于被告人证据的权利，且控辩双方举证、质证的责任得到进一步强化，使得庭审证据调查阶段中控辩双方的对抗性增强，形成三角形的两个底角；庭审法官中立主持证据调查的角色也得到固定，形成三角形的顶角；而被告人的诉讼地位得到提升，尽管其在庭审中仍旧处于被讯问的对象，而辩护人的角色已转变为"为当事人合法权益服务"的角色，辩护人通过行使庭前的会见、申请调查取证及阅卷等权利，使被告人在庭审中有了更多的话语权，即通过申请排除非法证据、控辩询问、提出有利于被告人证据等方式予以体现。但是，不能忽视的是，检察机关依然承担着公诉和法律监督的职能，被害人和公诉人仍旧是共同的控诉主体，"同质性"的属性使得法官更愿意听取、采纳检察官的证据，等等。因此，在证据调查中，控辩审三方的诉讼法律关系更符合"斜三角形"的特点。

3. 笔录性证据成为证据调查的主要对象

从 1979 年《刑事诉讼法》实施以来，我国刑事庭审证据调查的对象一直以笔录性证据为主，也就是说对于证人证言、被害人陈述、被告人供述、鉴定意见、勘验检查笔录等的审查核实，几乎都是通过宣读案卷中的笔录进行的。2012 年《刑事诉讼法》虽然强调了证人出庭制度，但由于其第 187 条规定的证人出庭的条件特别"苛刻"，使得刑事诉讼法修改后证人出庭率一度下降。庭审中，公诉机关出示证据的方式基本上决定了证据调查的方式，法官和辩护方也是围绕控诉方宣读的各种笔录进行审查和辩护的。

4. 证据调查的法定性要求提高

2012 年《刑事诉讼法》第 48 条第 3 款规定，"证据必须经过查证属实，才能作为定案的根据"，第 193 条第 1 款规定，"……对与定罪、量刑有关的事实、证据都应当进行调查、辩论"，并且 2012 年《刑事诉讼法》对举证责任、顺序，质证方式、鉴定人不出庭作证的程序性制裁等均作出了规定。2012 年《刑事诉讼法》相关规定说明了证据若作为定罪量刑的依据，应当在法律规定的各项要求下进行审查核实。证据调查是审判的核心，其是在证据材料收集的基础上进行的，运行于法庭调查与法庭辩论阶段，要求通过符合法律规定的方式与程序对证据材料进行审查，通过分析去伪存真，以确定证据能力及证明力的大小，从而逐步地加深对案件事实的认识，查明案件真相。2012 年《刑事诉讼法》对证据调查的法定性要求一方面体现了要通过法定程序防止公权力机关滥用证据调查的权力，另一方面法律规制下的证据调查能够帮助法官更好地发现事实真相。正如美国学者霍尔指出："诉讼程序起到的是逻辑推理的作用，其结果并不是必然如愿的，不论最终判决如何，合乎逻辑的诉讼程序为发现必要的答案提供了最佳的工具。"[1]

第四节　我国现阶段刑事庭审证据调查程序的改革趋势

一、改革背景

司法制度改革的背景，尤其是法治条件是非常重要的，我国刑事庭审证据调查程序中相关制度、规则的改革应当在尊重现实条件和承认复杂因素的前提下，逐步、合理地被推进。不可否认，2012 年《刑事诉讼法》修改实施以后，2014 年党的十八届四中全会提出了"推进以审判为中心的诉讼制度改革"的要求[2]——落实证据裁判原则，严格审查、运用证据，完善证人、鉴定人出庭制度，继而最高人民法院院长周强撰文的《推进严格司法》对如何

———————

〔1〕 Jerome Hall, *Case and Readings on Criminal Law and Procedure*, The Bobbs-Merrill Company, Inc., 1949.

〔2〕 党的十八届四中全会提出"推进以审判为中心的诉讼制度改革"的要求，包括"全面贯彻证据裁判原则，严格依法收集、固定、保存、审查、运用证据，完善证人、鉴定人出庭制度，保证庭审在查明事实、认定证据、保护诉权、公正裁判中发挥决定性作用"。

保证发挥庭审的决定性作用中有关证据调查方面的"四个在法庭"作出了具体阐述。2015 年《人民法院第四个五年改革纲要》再次明确提出了"四个在法庭"。[1] 2016 年"两高三部"联合颁布的《改革意见》进一步对"规范法庭调查程序"和"完善对证人、鉴定人的法庭质证规则"提出指导意见。2017 年最高人民法院颁布的《实施意见》强调发挥庭审功能的重要性，2017 年最高人民法院颁布的《法庭调查规程》也再次对刑事庭审证据调查程式规范提供了参考依据。此外，我国法学界的专家、学者也围绕"以审判为中心"改革理念积极展开研讨、调研和相关改革内容的试点工作。因此，从党中央的文件、司法实务部门的改革纲要及意见到学者的研讨、调研及论证无不表明我国各界对"以审判为中心，庭审实质化"改革的重视以及改革目前举证、质证和认证形式化现状的决心和态度。

笔者认为，在我国当前的法治环境下，由"以侦查中心"向"以审判为中心"理念的转变为刑事庭审证据调查程序的进一步完善提供了契机。我国刑事审判长期存在以侦查为中心的传统运作机制，庭审证据调查的过程基本上是围绕侦查机关庭前形成的各类证据卷宗进行的。然而，由于侦查机关是承担追究犯罪的第一道工序，出于侦查工作本身的需要使得整个收集、固定证据的过程往往是在封闭、秘密的状态下进行的，在已暴露的冤假错案背后都或多或少展现出了"以侦查为中心"的弊端和潜在危险。"以审判为中心"要求只有审判阶段才能确定被告人的罪责，庭审证据调查程序则是确定被告人罪行轻重或有无犯罪的根据。因此，"以审判为中心"的刑事司法理念强调侦查、起诉均是为审判服务的，由于侦查、起诉机关对认定案件真相的证据标准存在一定的偏差，因此法庭不能简单地接受侦查机关、起诉机关移送的证据材料，对证据进行形式化的复核，而须按照查明案件事实真相的目的严格审查各种证据，使与案件有关的所有证据能够呈现在法庭、对质在法庭，保证证据能力的真实性、可靠性。

---

　　[1]　2015 年《人民法院第四个五年改革纲要》提出的"四个在法庭"是指，"实现诉讼证据质证在法庭、案件事实查明在法庭、诉辩意见发表在法庭、裁判理由形成在法庭"。

二、改革条件

（一）律师辩护权利得到进一步尊重和保障

只有尊重和保障律师辩护权利的行使，使其在庭前全面了解案件情况、分析涉案证据材料，律师才能针对控方举出的证据提出有效的质证意见；只有庭审中实现控辩双方的实质对抗，才能帮助法官审查证据的证据资格、客观评价证明力，继而查明案件真相。在推进民主与法治进程中，我国立法机关在尊重和保障律师执业方面的努力令人欣慰。如 2007 年《律师法》将辩护律师的角色界定为"为委托人服务"，刑辩律师应当根据事实和法律切实为犯罪嫌疑人和被告人的利益进行辩护。2012 年《刑事诉讼法》在刑事辩护方面的修改力度比较大，如明确了律师在侦查阶段享有辩护人的法律地位、律师凭借"三证"即可行使会见权、律师阅卷的范围扩大到所有案卷材料、律师对三类证据享有调查取证的权利、扩大法律援助案件的范围，等等。2015 年"两高三部"联合颁布了《关于依法保障律师执业权利的规定》，具体规定了刑事律师辩护权利行使的细则及公检法机关应给予的保障。2016 年"两高三部"的《改革意见》第 17 条第 3 款再次表达了"依法保障辩护人会见、阅卷、收集证据和发问、质证、辩论辩护等权利，完善便利辩护人参与诉讼的工作机制"的意见，等等。因此，在尊重和保障律师执业的良好司法环境下，控辩双方在证据调查程序中能够积极对抗、平衡对抗，有利于保障被告人的诉讼权利和庭审实质化的实现。

（二）侦查人员取证愈加规范、合法

侦查阶段是收集案件证据的关键环节，也是最容易滥用刑讯的阶段。从封建社会时起，"刑讯逼供"的字眼就没有离开过我国的刑事诉讼，如何规制侦查人员非法取证一直是我国刑事司法改革的重点和难点。在法治治理与人权保障理念高涨的背景下，社会各界对侦查人员取证方式合法性的关注度超乎想象，因此，近十年我国侦查人员取证的规范性有所改善。一是立法规范更加具体、详细。如 2010 年"两高三部"出台了《关于办理刑事案件排除非法证据若干问题的规定》、2012 年《刑事诉讼法》将非法证据排除的内容写入法条，2013 年《最高人民法院关于建立健全防范刑事冤假错案工作机制的意见》明确提出，非法证据不再仅是刑讯逼供而来的证据，通过冻、饿、晒、

烤、疲劳审讯得来的证据被明确为非法证据，"两高三部"出台的《改革意见》就侦查人员应按照人民法院裁判的标准收集、完善录音录像，禁止刑讯逼供及证据保管等方面予以规范，2017 年 6 月 "两高三部" 颁布实施的《关于办理刑事案件严格排除非法证据若干问题的规定》（以下简称《严格排非规定》）及 2018 年 1 月最高人民法院实施的《人民法院办理刑事案件排除非法证据规程（试行）》（以下简称《排除非法证据规程》）已明确将采用非法拘禁等非法限制人身自由的方法收集被告人供述的取证方式列入非法方式的范畴，对重复性自白的问题予以规定等。二是检察机关和法院在审查案件时一旦发现侦查人员刑讯逼供的，要予以坚决查实。如 2013 年最高人民检察院颁布的《关于侦查监督部门调查核实侦查违法行为的意见（试行）》规定了检察机关的侦查监督部门发现可能存在非法取证行为的，要立即调查核实；确定是非法取得的证据的，应依法排除；人民法院在庭前会议和法庭审理过程中均可以对非法证据予以排除，而且检察院、法院在阅卷过程中一旦发现侦查机关取证不规范，往往会发出司法建议，建议侦查机关予以纠正。三是公安系统加大了对侦查人员的业务培训，不定期邀请法检两院人员给侦查人员做业务指导，侦查人员自身素质也在提升。可以说，侦查人员 "硬件" 和 "软件" 两方面的加强，使得其取证方式的规范化、合法化程度得到大幅度提升，也为庭审法官审查核实证据提供了更多的 "有效证据"。

（三）法官独立审判的程度提高及办案责任制的落实

党的十八届四中全会《决定》规定了 "完善确保依法独立公正行使审判权" 的要求及其相关具体制度，2015 年 9 月 21 日最高人民法院颁布的《关于完善人民法院司法责任制的若干意见》（以下简称《意见》）强调了 "确保法官依法独立公正履行审判职责" 和明确规定了法官办案责任制的内容。可以说，法官依法独立行使审判权的要求已在党中央的文件和最高人民法院的《意见》中得到了体现，而 "法官在庭审中享有独立的查明案件事实和证据调查的权力，不受外界的各种干扰，这是正确认定案件事实和适用法律的关键"。[1]实践中，法官独立办案的程度有所提高，主要体现在法院外部的干扰因素有所遏制，案件审理公开性的提高及社会、媒体监督的增强，地方领导

---

〔1〕　张杰："法官办案责任制的三个关键要素"，载《人民法治》2015 年 Z1 期。

干预司法和插手具体案件处理的现象有一定的减少；法院内部来自院长、庭长、上级法院及本院审委会、审判长联席会等方面的干扰也在通过各种途径予以控制，比如规定了院长、副院长及庭长对未参与直接审理的案件不能签发审核裁判文书的内容，通过专业法官的方式研讨案件制度，将审判委员会讨论案件的范围仅限定在特殊案件的法律适用问题上，建立审判委员会委员履职考评和内部公示机制，等等。此外，由于近十余年的法官遴选、选任人事制度的科学化运行，法官整体业务素质提高，驾驭庭审的能力增强，而法官办案责任制的落实也在一定程度上规范了法官办案的程序和强化了法官办案的责任心。就证据调查程序而言，目前大部分法官在庭审证据调查中能够认真听取控辩双方举证、质证的内容，结合庭前全面阅卷的情况，使其能够有针对性地把握证据调查的重点，控制证据调查的节奏。因此，干扰因素的遏制和法官办案责任制的落实为法官中立地、独立地审查核实案件证据、查明案情提供了制度上的保障。

三、改革方向

在全面推行依法治国和切实保障被告人权利的旗帜下，"以审判为中心"的司法理念需要在侦查、起诉和审判环节中予以强化，需要在庭审实质化改革中予以落实。从党中央的文件和司法改革发展趋势来看，我国刑事审判中当事人对抗性因素仍在进一步加强，刑事庭审证据调查程序成为审判方式改革和完善的重点和关键，而我国刑事庭审证据调查程序的改革路径应在尊重中国职权审判传统和符合司法规律的前提下渐进式行进。

刑事庭审证据调查功能的发挥，离不开控辩审三方之间理性的互动。一是强化法官中立、消极的证据调查角色。一方面，法官要保持现有的主持证据调查的职能，让控辩双方积极举证、质证，法官在控辩双方有效的对抗中审查核实证据资格；另一方面，进一步限制法官庭外调查证据的权力，使调查证据的权力在庭审中实现。二是明确控辩双方共同协助法官证据调查的庭审地位。控辩双方应强化对等、对抗的诉讼理念，严格履行各自应承担的举证责任，对于必须出庭作证的证人、鉴定人，最大程度地解决证人、鉴定人出庭的后顾之忧，落实直接言词原则；按照质证规则的要求对对方证据资格、证明力大小提出有效的质证意见，在一定程度上约束法官心证的形成过程，以客观查明定案的依据。三是控辩审三方需严格按照法律规定的程序进行证据调查，规范证据调查的举证、质证和认证环节，坚决落实程序性制裁措施。总之，将"斜三角形"改革为"等腰三角形"的证据调查关系，关键是权力的制约和权利的对抗，从我国目前的改革背景、改革条件及"法官主持，控辩双方协助"的证据调查模式及其所具有的特征来看，进一步规范证据调查程序、落实相关制度、完善证明方式是极为必要的。

第五章
我国刑事庭审证据调查程序的主体、顺序与范围

第一节　我国刑事庭审证据调查程序的主体问题

控辩审三方是证据调查程序有序、顺利进行的实施者、运筹者和推进者，整个庭审证据调查的过程就是在控辩审三项职能的独立与制衡中展开的。在本书第四章有关我国刑事庭审证据调查模式的阐述中，笔者根据现有法律、司法解释的相关规定，将我国当前刑事庭审证据调查界定为"法官主持，控辩双方参与调查"的模式。对刑事庭审证据调查主体的研究，也就是要对控辩审三方证据调查的功能进行合理定位，理顺三者之间的关系，将控辩审之间的"斜三角形"关系改革为"等腰三角形"关系，使其更加符合司法规律的要求。总体来说，我国庭审证据调查的主体具有双重性，即法官主持调查，控辩双方积极参与，共同协助法官进行证据调查。但由于我国正处于"审问式"和"控辩式"两种方式磨合的阶段，程序公正及人权保障的理念不断深入刑事司法运行的机制中，与此同时，司法实践中还存在有关庭审证据调查主体的角色定位冲突、职能发挥欠佳、证据调查流于形式等方面的问题，笔者将从法官、检察人员和辩护律师三个方面予以分析。

一、法官"主持"庭审证据调查

（一）法官"主持"调查的立法规定及实践偏差

在我国庭审证据调查阶段，控辩双方首先讯问、发问被告人，控辩双方享有举证、质证的责任，法官"主持"证据调查主要体现在法官程序控制权和法官补充调查权两个方面。

1. 法官程序控制权

（1）准许发问权（《刑事诉讼法》第 191 条、第 194 条，《刑诉法解释》第 198 条、第 200 条）。被害人、附带民事诉讼原告、被告及辩护人、附带民事诉讼被告向被告发问，控辩双方向被害人、附带民事诉讼原告发问需要经审判长准许。（2）讯问、发问不当的制止权（《刑事诉讼法》第 194 条，《刑诉法解释》第 214 条）。审判长发现控辩双方讯问、发问不当，有权依职权或依申请制止。（3）批准作证、示证权（《刑事诉讼法》第 192 条，《刑诉法解释》第 202 条、第 203 条）。公诉人、被害人、被告及其辩护人需要证人、鉴定人出庭作证或出示证据的，应提出申请，由审判长批准。（4）证人、鉴定人出庭的决定权（《刑事诉讼法》第 192 条，《刑诉法解释》第 205 条）。在庭审证据调查中，法官对证人、鉴定人是否出庭享有最终的决定权。（5）证据补充等的告知权（《刑诉法解释》第 220 条第 1 款）。法官对证据有疑问的，有权告知控方、当事人等补充证据或作出说明。（6）调取新证据等的决定权（《刑事诉讼法》第 197 条，《刑诉法解释》第 222 条）。法官对通知新证人出庭、调取新的物证等享有决定权。

2. 法官补充调查权

（1）补充讯问、发问权（《刑诉法解释》第 201 条）。审判人员对证据调查过程中存在疑问时或被告陈述表述不清时，可以讯问被告；必要时也可以向被害人发问。（2）补充询问权（《刑事诉讼法》第 194 条，《刑诉法解释》第 215 条）。审判人员必要时可以向证人、鉴定人或有专门知识的人进行询问。（3）庭外调查证据权（《刑事诉讼法》第 196 条，《刑诉法解释》第 220 条第 1 款）。审判人员对有疑问的证据，在必要时可以进行庭外证据调查。

提高控辩双方讯问（发问）被告、举证、质证中的积极性，让定罪量刑的证据充分在控辩双方讯问、询问交锋中得到"检验"，逐渐弱化法官主动调查核实证据的权力是我国刑事庭审方式改革一直努力的方向。令人欣慰的是，1996 年我国立法明确了法官"主持"审判的地位，2012 年《刑事诉讼法》再次确立并对控辩双方实质性对抗进行完善，有的学者对该问题进行了调研。[1]

---

〔1〕 李昌盛学者在某地以 40 件案件为据，对法官讯问被告人的次数进行统计，得出法官讯问被告人次数为 15 次以下的占全部案件的 77.5%。参见李昌盛：《论对抗式刑事审判》，中国人民公安大学出版社 2009 年版，第 233 页。

而笔者在实务部门调研及挂职期间了解到我国法官"消极"听取证据调查情况良好，法官"主持"庭审证据调查的角色得到肯定。然而，目前立法和实践中仍存在一些问题，干扰了"主持"调查的彻底性。其一，"必要时"和"有必要"是法官行使自由裁量权的条件。立法的初衷是最大限度地减少法官的讯问和限制法官庭外调查证据的权力，以控辩双方讯问或询问为原则，法官讯问或询问或庭外证据调查是一种补充性的措施。然而，我国法律并没有明确规定何为"必要时"，何为"有必要"的具体情况，只要审判人员自己认为有必要或必要时，就可以当然行使职权性证据调查的权力，而且无需说明缘由。因此，这种"必要时"和"有必要"使得审判人员在证据调查中有着极大的随意性、不确定性，比如对控辩双方申请证人、鉴定人出庭作证的，法官常常以没有必要为由拒绝作证申请，使我国作证问题"难上加难"。其二，"证据有疑问"时法官庭外证据调查权容易被滥用。法官庭外证据调查权是职权主义的体现，实际上是法官庭外的取证权和证据核实权。1979年《刑事诉讼法》赋予法官庭内外证据调查的一切权利，为了发挥庭审证据调查的最佳效果和保证公正裁决的作出，要求控辩双方举证、质证成为转变庭审方式的关键。然而，即使承认控辩双方的积极主动性能够保证法官更为客观地查明案件真相，但法官的庭外证据调查确实是"客观真实"理念的一种特殊表现，加之实践中我国侦查卷宗中的证据瑕疵较多、辩方没有自行调查取证的权利等，影响法官确信无疑心证的形成，因此，我国在1996年和2012年《刑事诉讼法》中均保留了法官庭外证据调查的权力。不可否认，《刑事诉讼法》第196条对法官存疑证据庭外证据调查权行使的条件和证据调查的手段均作出了规定，但是"证据有疑问"该如何界定呢？而且又因为法官庭外证据调查权的适用脱离了"庭审"这一时空，法官单独进行的庭外证据调查缺乏监督，因此，实践中，不乏一些法官以此为理由，滥用庭外证据调查的权力，加之"必要时"模糊不清的适用条件，更是给法官开了一扇"后门"。

3. 法官"主持"庭审证据调查的中立性不足

中立的法官和争斗的控辩双方是"控辩式"审判的典型特征。由于我国法官与检察官有着"血缘"关系的同质性，或多或少地表现出法官在庭审证据调查中的偏向，如对控方举证、质证意见几乎是照单全收，对辩方提出的非法证据排除的申请多以"没有线索或侦查人员名单"，或以侦查机关的"情况说明"而予以拒绝，对辩方的辩护意见也不屑听取或百般刁难。李昌盛在《论对抗式刑事审判》一书中指出，"法官对控方举证的容忍和纵容与对辩方举证的严格要求形成了鲜明的对比……法官对辩方的异议通常采取的处理方式有以下两种：一是漠然置之法；二是当庭驳回"。[1]因此，法官的偏见势必会影响控辩双方平等对抗效果的发挥，也会给被告人心理增加额外的压力，从而影响被告人对判决的接受程度，容易形成审判不公的印象。法官中立是要求法官在庭审证据调查中应不偏不倚，保持客观中立，这是现代法治国家审判对法官的基本要求。法官在庭审中始终要注意自己的角色定位，避免因和检察人员之间的亲和性而被牵制于检察人员的举证、质证或"由心地、自发地"偏袒控诉方。但是，中立不等于消极，法官不应将庭审证据调查程序中完全的不问不理简单理解为中立，而是要求法官在调查过程中"查证为公、立场中立、不偏不倚"。

（二）完善法官"主持"庭审证据调查的法理依据

1. 权力制约理论

法官主持庭审证据调查的权力，本质上是司法权的体现，"但是一切有权力的人都容易滥用权力，这是万古不易的一条经验。有权力的人们使用权力一直到遇有界限的地方才休止"，[2]若该权力没有受到合理限制与约束，很可能会侵犯到控辩双方权利行使的空间，使控辩双方积极参与证据调查的改革目的难以实现。应该说，我国1996年《刑事诉讼法》的修改就已经确立了法官主持证据调查的司法审判样态，法官不再积极主动地调查核实可能影响定罪量刑的证据材料，实际上是对法官审判权的一种制约或限制，法官由完全控制庭审证据调查的角色逐渐转变为主持庭审证据调查的角色，但是我国法官"主持"庭审证据调查并不像英美法系国家对抗制审判中的法官一样几乎处于完全消极的地位。我国刑事审判是一种"中国特色的控辩式"审判，法官仍旧肩负着查明案件真相的责任，我国法官"主持"的权力中仍有一小部分实质性的权力，如补充讯问权，补充询问、发问权及庭外证据调查权。由于这一小部分实质性权力具有补充性的作用，庭审证据调查环节对法官审判权的限制应当着重体现在该部分内容中。

---

〔1〕 李昌盛：《论对抗式刑事审判》，中国人民公安大学出版社2009年版，第235页。
〔2〕 ［法］孟德斯鸠：《论法的精神》（上册），张雁深译，商务印书馆1959年版，第184页。

2. 释明权理论

释明，原意是指"本来不明了的事项使之明了化"，[1]是大陆法系国家和地区民事审判理论与实务中的一项基本制度，其最早源于1877年《德国民事诉讼法》的立法规定，后经我国台湾地区学者引入。民事诉讼中确立释明制度的理论基础是对辩论主义和处分主义的限制与修正，为克服民事诉讼中双方当事人滥用诉讼、诉讼效率低下等现实问题，强化法官在审判中的释明权成为民事审判的有益之举。

由于我国传统的刑事审判模式是超职权主义，而"在审判中法理释明功能的实现，主要是通过辩论原则贯彻"，[2]因此，我国刑事诉讼立法并没有明确规定法官的释明权。但作为剥夺被告人财产、自由甚至生命的刑事司法运行机制，庭审证据调查环节至关重要，特别是被告人在没有聘请辩护律师时，法官对庭审证据调查中有关调查的内容、程序、方法等确有释明的必要。因此，释明权制度对查明证据的真实性、保证证据调查程序的正当性和维护被告人的合法权益有着重要的意义。

(三) 完善法官"主持"庭审证据调查的具体建议

基于上述理论的分析，改革法官"主持"庭审证据调查的具体建议包括三个方面。

1. 对"必要时"和"有必要"条件进行合理规制，限制法官自由裁量权的适用

笔者认为需要对讯问被告人的"必要时"条件进行限制，原则上限定在法官在被告人表述不清或法官理解不确定时方可进行讯问，且法官要向被告人说明讯问的理由；对证人、鉴定人出庭的"必要性"，建议再次修改《刑事诉讼法》时予以删除；对于法官庭外证据调查权的"必要时"，笔者赞同奚玮学者参照法官庭内调查证据的标准提出的"关联性、必要性和可能性"实质

---

〔1〕 江伟、刘敏："论民事诉讼模式的转换与法官的释明权"，载陈光中、江伟主编：《诉讼法论丛》（第6卷），法律出版社2001年版，第321页。

〔2〕 龙宗智：《刑事庭审制度研究》，中国政法大学出版社2001年版，第22页。

三性标准[1]来帮助解释、评价"必要时"。

2. 规范司法实践中法官释明行为

在我国司法实践中，为了帮助被告人理解法律专业用语及法理基础，法官在主持证据调查中或多或少对某些问题进行了释明，这也是法官审判权的基本内容之一。因此，我国刑事庭审证据调查中应当对释明权制度的适用范围予以严格限制，否则法官在庭审证据调查中的权力会被"放大"。笔者在第一章释明功能部分已对释明权适用范围予以阐述，在此不再重复论述。

3. 法官庭外证据调查权应严格限制

法官是否享有庭外证据调查权是当事人主义和职权主义在审判方式方面的重要区别。英美法系国家作为典型的控辩式审判模式，严格意义上讲，是不存在法官庭外证据调查的权力的，只有在需要实地察看的特殊情况下，法官才会邀请有关人员亲自察看。而大陆法系国家作为职权主义的代表国家，其法官拥有广泛的庭外证据调查的权力，该问题在域外国家及地区刑事庭审证据调查程序考察一章中已经重点阐述，在此不再赘述。从我国刑事诉讼改革的发展方向来看，我国不可能将审判方式改革作为当事人主义国家的审判模式，因此，我国法官庭外证据调查权不可能被取消，只能被限制适用。为此，我国司法机关已经对限制法官庭外证据调查权作出了努力，《刑诉法解释》第 220 条第 2 款已经明确规定了法官庭外调查核实取得的证据，应当经过质证才能作为定案的依据。但是，这样会产生一个问题，若法官在法庭上出示证据会被作为被询问对象，与控辩双方的举证责任不符，而且再次开庭容易增加司法成本。笔者建议将第 220 条但书部分的"经庭外征求意见，控辩双方没有异议的除外"，改为"法官庭外证据调查的，应当由控辩双方在场，若意见一致，则不需要再开庭质证；若意见不一致，应当再次开庭进行质证"，如此，既能保证法官取证受到监督，也能保证庭外调查核实的证据接受公平、公开的检验。

---

　　[1]　关联性是指被调查的证据与案件事实之间有着本质、内在的联系；必要性是指对于重复或对同一证据再次申请调查或众所周知的事实，法院已经知悉的事实等不属于必要性的范畴；可能性标准是指有可能调查到的证据，不包括无法调查以及难以调查的证据。参考奚玮、吴小军："论我国法官庭外调查证据的范围——以刑事诉讼为中心"，载《政治与法律》2005 年第 5 期。

二、控辩双方参与庭审证据调查

（一）控辩双方参与调查的立法体现及实践偏差

2012 年刑事审判改革的重要任务之一就是要继续落实控辩双方庭审中的平等对抗性，强化控辩双方参与审判的积极性、主动性。而刑事庭审证据调查程序是改革的重点环节，也是最能体现控辩双方实质性抗辩的环节。我国庭审证据调查程序的本意是弱化法官强权调查证据，但并非没有职权主义的特征，"中国特色的控辩式"审判模式是在法官依职权审查核实证据的根基上进行改革的。由于我国法官始终肩负着查明案件真相的义务，强调控辩双方举证、质证并不能完全脱离法官"主持"调查的框架，也可以理解为法官"主持"调查证明过程由自向转向他向，因此，控辩双方进行举证、质证等程序实际上是帮助法官查明证据真伪及证明力大小，将控辩双方调查的角色界定为"协助"更符合我国司法实际。那么，在庭审证据调查环节，法律规定的控辩双方"协助"调查体现在以下两个方面。其一，以控辩双方讯问或发问被告人为主（《刑事诉讼法》第 191 条、《刑诉法解释》第 198 条）。在公诉人宣读完起诉书后，便可以讯问被告人，但公诉人的讯问，需要在审判长的主持下进行，而辩护方等的发问也需要经审判长准许。其二，控辩双方负有提出证据和对证据进行质证的责任（《刑事诉讼法》第 192 条、第 194 条，《刑诉法解释》第 202 条、第 203 条）。控辩双方各自对本方证据进行举证，对于要求证人、鉴定人出庭作证的应经审判长决定。

实践中，对控辩双方参与庭审证据调查的认识存在一些问题，具体包括两个方面。

一方面，检察机关在证据调查中担任的角色是"当事人"还是"法律监督者"。检察机关在刑事庭审证据调查程序中的主体角色的不确定性，容易影响其功能的正确发挥，从而不利于检察官协助法官调查核实证据。司法体制改革的不断深入，特别是在 1996 年《刑事诉讼法》修改后，在强化庭审控辩双方对抗性的同时，刑事司法理论界和实务界对检察机关承担控诉职能时承担的是"当事人"角色还是履行法律监督职能的"法律监督者"角色一直存有疑惑。目前，理论界对该问题存在三种声音：一是"检察机关是当事人，检察监督应当退出审判程序"。主张该种观点的学者以心理学规律为论证的逻辑起点，认为"伴随着我国控辩式庭审方式的改革，检察官的诉讼地位必须重构，必须实现检察官当事人化"，"根据心理学规律，一个主体是不可能同时承担诉讼一方与中立第三方双重角色"，"检察机关依然坚持审判监督权，要求对法院审判活动实施监督，势必会破坏控、辩、审三方之间正在形成的审判中立、控辩平衡的科学架构，使审判程序失去公正性"。[1]二是"控诉职能和监督职能适当分离"。基于当前控辩审三方诉讼构造的理性构建和强化监督的理念，控辩双方平等对抗是审判公正的要求，而检察机关的监督职能更是为了维护司法公正，两者之间不是绝对的对立。龙宗智教授主张要将两种职能适当分离，人民检察院对法院审理案件"提出纠正意见，监督的主体是人民检察院，而不是公诉人，监督对象是人民法院而不是合议庭或审理法官，是控诉和审判程序外的行为，因此可以和检察机关根据刑事诉讼法行使控诉职能适当分离"。[2]三是"控诉职能和监督职能都是检察官客观义务的体现"。检察机关是我国法定的专门监督机关，其所进行的活动都是为了维护法律的尊严和公正，检察官客观义务理论为检察机关的两种角色冲突找到了突破口和平衡点。陈光中教授指出"检察官客观义务是指检察官不仅应当履行追究犯罪的控诉职能，而且应当超越这一职能，代表国家维护法律的尊严与公平，成为国家法律的护卫者"。[3]该观点站在更高的角度——检察官客观公正的义务——来看待检察机关控诉职能和监督职能的界定问题，也就是说，检察机关追诉的目标不仅仅是为了给被告人定罪，更是为了司法公正而监督审判程序，两者是互利共存的。

另一方面，辩方举证"有名无实"，质证"扶墙摸壁"。控辩式审判最突出的特点是控辩双方对证据层层剖析、反复询问，以帮助法官准确把握案件证据的真实性。就辩方举证来说，由于辩方在侦查阶段没有自行取证的权利，申请调取证据的权利也会受人民法院、人民检察院的审查限制。因此，辩方在庭审证据调查中举证的情况几乎为零。除非辩方自行收集的三类有利于被告人的证据——犯罪嫌疑人不在犯罪现场、未达到刑事责任年龄和属于依法不负刑事责任的精神病人——控方没有当庭提出，辩方才会积极举证。整个

---

〔1〕　陈卫东、刘计划："公诉人的诉讼地位探析——兼评检察机关对法院的审判监督"，载《法制与社会发展》2003年第6期。

〔2〕　龙宗智："中国法语境中的检察官客观义务"，载《法学研究》2009年第4期。

〔3〕　陈光中："关于检察官客观义务的几点看法"，载《检察日报》2009年5月15日，第3版。

举证环节，几乎是公诉机关一方在唱"独角戏"，辩方虽有举证权利，但因制度本身的设置问题导致该权利被虚置。

辩方若想最大可能地帮助被告人赢得诉讼，充分质证则是其有力武器。2012 年《刑事诉讼法》恢复了案卷全面移送的制度，辩护律师在庭前能够充分了解案件的证据材料，庭审质证应当具有强有力的反驳性、攻击性。然而从司法实践中了解到的情况来看，质证效果并不令人满意。笔者在 2015 年 10 月曾对 J 省 X 市中级人民法院 2013 年、2014 年一审刑事案卷中有关辩方质证的情况进行过统计，这两年的刑事案件结案数为 217 件，其中共有 156 名辩护律师出庭。首先，在质证人数方面，辩护律师在庭审中对控方证据提出质疑的仅有 42 人，占 27%，超过三分之二的律师没有进行质证。其次，在质证内容方面，42 名辩护律师提出异议的证据有 101 个，而 101 个异议证据中，律师主要针对的是控方证据的客观性和合法性，对证据的相关性关注较弱，"三性"的数据分别是 48%、31% 和 21%。最后，在质证意见的表述上，辩护律师多采用"没有异议"或"尊重被告人意见"的语言结束质证。

（二）完善控辩双方参与调查的法理依据及建议

1. 检察官客观义务与我国检察机关庭审证据调查中的角色冲突

检察官客观义务是目前世界各法治国家普遍接受、认可的一项重要原则。20 世纪 80 年代左右，我国将源于德国的检察官客观义务原则引入我国的检察理论之中，并在刑事诉讼实务中予以大力倡导。何谓检察官客观义务？全国政协社会和法制委员会朱孝清副主任认为检察官客观义务是指"检察官为了实现司法公正，在刑事诉讼中不应站在当事人立场，而应站在客观中立的立场进行活动，努力发现并尊重案件事实真相"。[1] 不同学者对检察官客观义务的基本内容的认识不同，如陈光中教授主张检察官客观义务贯彻于整个刑事诉讼过程中，其在刑事诉讼中的重要体现有四个方面，[2] 陈永生教授梳理了

---

〔1〕 朱孝清："检察官负有客观义务的缘由"，载《国家检察官学院学报》2015 年第 3 期。

〔2〕 陈光中教授提出的四个方面是：（1）在自侦案件的收集证据方面，检察官要忠于事实真相、依法文明取证；（2）在审查批捕与审查起诉方面，检察官要不偏不倚，公正处理非法证据排除问题；（3）在审判程序中，检察官要积极主动地支持公诉，又要十分理性地对待辩方证据；（4）检察官应保障辩护律师合法权益。参见陈光中："关于检察官客观义务的几点看法"，载《检察日报》2009 年 5 月 15 日，第 3 版。

检察官客观义务六个方面的内容,〔1〕龙宗智教授也概括了客观义务的六种类型,〔2〕朱孝清检察官界定了客观义务的八个方面内容,等等。〔3〕

从上述各位学者对检察官客观义务内容的相关界定中可以看出,检察官客观义务为检察人员在庭审证据调查程序中的角色冲突提供了法理依据,具体体现在两个方面。一方面是检察机关通过举证、质证的公诉行为维护法律的尊严和公正。一是,检察机关公诉职能的行使并不是严格意义上的当事人职能履行。其主要理由是,检察机关不属于我国《刑事诉讼法》第108条当事人的范围,而且检察机关不承担败诉的不利后果。二是,检察机关的职能是超越追究犯罪这一职能的,其在庭审证据调查中既要注重被告人定罪量刑的证据又要注重有利于被告人的证据,既要打击犯罪又要保障被告人的人权,如最高人民检察院出台的《人民检察院刑事诉讼规则》(以下简称《刑诉规则》)第570条所规定的法官证据调查违法检察机关的监督职能中,〔4〕正好说明这一点。另一方面是检察机关对证据调查程序的整体监督体现了其严格恪守客观义务的要求。监督职能是为了更好地维护法律的公平正义,与检察官客观义务理念保持一致。首先,检察机关的监督职能是我国宪法规定的内容,其贯穿于整个刑事诉讼过程。其次,在庭审证据调查程序中行使监督职能的主体是检察机关而非公诉人个人。1979年《刑事诉讼法》将检察人员的审判监督界定为检察人员个人的当庭监督,不利于检察机关出庭支持公诉与

〔1〕 陈永生教授提出的六个方面是:(1)回避的义务;(2)检察机关全面调查义务;(3)协助调查义务;(4)向辩护方提供阅卷的义务;(5)全面抗诉义务;(6)协助保护被追诉者诉讼权利的义务。参见陈永生:"论客观与诉讼关照义务原则",载《国家检察官学院学报》2005年第4期。

〔2〕 龙宗智教授提出的六种类型是:(1)客观取证义务;(2)中立审查责任;(3)公正判决追求;(4)定罪救济责任;(5)诉讼关照义务;(6)程序维护使命。参见龙宗智:《检察官客观义务论》,法律出版社2014年版,第126页。

〔3〕 朱孝清大检察官提出的八个方面是:(1)"以事实为根据"被规定为刑事诉讼法基本原则;(2)客观全面收集、提供证据、全面审查起诉、忠于事实真相的义务;(3)根据案件具体情况和批捕、起诉的法定条件分别作出批捕或不批捕、起诉或不起诉的职权和义务;(4)对法院确有错误的判决裁定提出抗诉的权力和义务;(5)对诉讼中的违法、不当行为进行监督的职权和义务;(6)回避的义务;(7)维护各方合法权益和保障诉讼参与人诉讼权利的义务;(8)对违反检察官客观义务有关内容的检察人员追究责任。参见朱孝清:"检察官客观公正义务及其在中国的发展完善",载《中国法学》2009年第2期。

〔4〕《刑诉规则》第570条:"……(6)法庭审理时对有关程序问题所做的决定违反法律规定的……(8)故意毁弃、篡改、隐匿、伪造、偷换证据或者其他诉讼材料,或者依据未经法定程序调查、质证的证据定案的。"

其监督职能的分开，也不利于审判工作的进行。1996 年、2012 年《刑事诉讼法》将该条内容规定为人民检察院的监督，应将其理解为检察机关对证据调查程序的监督。最后，检察机关的事后监督。根据立法机关[1]的解释，事后监督是出庭支持公诉的检察人员发现庭审中有违法情况时，不当庭向法院提出纠正指正意见，而是事后提出。因此，检察院的整体监督与公诉职能的适当分离，也保障了检察官客观义务在证据调查程序中的实现。

检察官客观义务不仅符合我国刑事审判方式改革的要求，更符合检察机关监督职能和公诉职能的界定，有利于维护法律尊严与追求公平正义。在庭审证据调查环节，笔者建议检察机关可以从以下三个方面践行该原则，协助法官查明、查清案件证据。其一，重视有利于被告人的证据，既包括罪轻、无罪的定罪证据，也包括从轻、减轻的量刑证据。其二，人民检察院对证据收集的合法性负有证明的责任。证据的合法性逐渐成为我国庭审证据调查的重要任务，人民检察院不仅要承担被告人有罪的指控责任，而且要对证据取得的合法性承担证明责任，才能保证当庭指控的有效性、准确性。其三，庭审证据调查程序上的监督，即公诉人发现庭审法官存在违法的证据调查行为的，应向人民检察院及时汇报，督促纠正。可以说，公诉机关严格举证、质证，做好公诉的本质工作，是协助法官审查核实证据的肯定性方式，而检察机关对证据调查程序认真监督，发现违法行为，及时提出纠正建议，是以否定性方式帮助法官规范审查核实证据的程序，二者共同作用于确保定罪量刑证据的质量。

2. 有效辩护理念与我国辩方的举证、质证

熊秋红教授对有效辩护进行了广义和狭义的界定。广义的有效辩护是一种开放性的概念，主要指，"辩护权及其保障机制，包括立法、司法、律师职业文化等多个层面，联合国有关文件确立了刑事辩护的国际标准，欧洲学者提出了有效辩护的评估标准"，狭义的有效辩护特指美国法中的特殊制度，"主要关注律师辩护的质量，并确立了律师有效辩护的行为标准和无效辩护的

---

[1] "公诉人在履行提起公诉的职能时，发现法庭有违反法律规定的诉讼程序的情况，应当把情况向检察院有关领导汇报后，以人民检察院的名义，向人民法院提出纠正意见。"参见臧铁伟主编：《中华人民共和国刑事诉讼法解读》，中国法制出版社 2012 年版，第 447 页。

认定标准"。[1] 就狭义的有效辩护而言，其源于美国联邦宪法第六修正案"被告人都享有获得律师帮助的权利"的规定，然而被告人仅仅获得律师帮助的权利是远远不够的。因此，1932 年美国联邦最高法院在鲍威尔诉亚拉巴马州一案中第一次承认了被告人获得"有效辩护"或"律师的有效帮助"的权利，至此有效辩护作为一项宪法权利被合理地解释在"获得律师帮助权"的内容中。但是，迄今美国联邦最高法院也未对"有效辩护"的含义作出解释，而是通过联邦和各州的判例提出了"无效辩护"的概念并规定了标准及救济方式。按照"有效辩护"的理念，美国联邦最高法院在 1984 年斯特里克兰案件中提出了"无效辩护"双重标准，即辩护缺陷标准和辩护缺陷造成严重后果的标准，而且一旦无效辩护成立则会导致撤销原判和发回重审的程序性制裁，这种在辩护方面对被告人进行救济的方式和其对辩护律师的过分依赖是分不开的。我国学者陈瑞华教授、熊秋红教授等建议当前不宜在我国建立无效辩护制度，笔者也赞成该观点。应该说，由于我国刑事司法体制形成、发展条件，即政治、经济及法律文化基础和英美法系国家差别极大，无效辩护在我国辩护的土壤中难以生根、发芽，若法官行使不当，容易增加辩审矛盾，反而会有损被告人的利益。

随着我国刑事司法对辩护律师角色的定位由国家本位、社会本位到委托人本位的转变，庭审方式由审问式到中国特色控辩式的确立，法庭对辩护律师的要求越来越高。从 20 世纪末开始，学者们对有效辩护的含义和内容的探讨逐渐深入，如卞建林教授从广义的有效辩护层面进行理解，提出有效辩护应当包括四个方面内容，[2] 宋英辉教授将有效辩护称为有效辩护原则，并指出其至少包含三层意思，[3] 顾永忠教授从强调辩护行为的目的和效果的角度将辩护的有效性等同于狭义的有效辩护，主张"犯罪嫌疑人、被告人特别是

---

〔1〕　熊秋红："有效辩护、无效辩护的国际标准和本土化思考"，载《中国刑事法杂志》2014 年第 6 期。

〔2〕　卞建林教授提出有效辩护包含的内容有：（1）被指控人既可以自行辩护，也可以委托辩护，还可以由法院指定辩护；（2）被指控人在刑事诉讼的各个阶段都可以行使自行辩护和委托辩护的权利；（3）法律应赋予被指控人广泛的诉讼权利；（4）对被告人及其辩护人正确的辩护意见，审判机关应当采纳。参考卞建林主编：《刑事诉讼法学》，法律出版社 1997 年版，第 20 页。

〔3〕　宋英辉教授指出有效辩护原则的三层意思：（1）被指控方享有充分辩护的权利；（2）辩护应当贯彻于整个刑事诉讼过程中；（3）被指控人获得律师帮助的权利。参见宋英辉主编：《刑事诉讼原理》，法律出版社 2003 年版，第 118 页。

辩护律师提出的正确的辩护意见或主张被办案机关接受或采纳，在实体上或程序上作出了对犯罪嫌疑人、被告人有利的诉讼决定"，[1]而且指出刑事辩护有效性的实现依赖于立法、司法和律师执业三方面因素。

应当说，我国目前刑事审判对辩护律师有效辩护要求的体现多以律师职业伦理和规范的形式对辩护律师形成约束，但是由于规定得较为粗糙、可操作性差，实践效果并不如意。在庭审实质化改革的背景下，我国辩护制度不断完善并向前推进，有效辩护原则已成为指导司法实践的共识。狭义的有效辩护是对刑事律师辩护态度和质量方面提出的有效性要求，更符合提高我国现阶段庭审辩护质量现实要求的近期目标。笔者认为，目前需要将有效辩护的理念贯彻于刑事诉讼的各个阶段以加强律师的职业道德和执业纪律，中华全国律师协会应当对各个诉讼阶段律师辩护工作提出原则性要求或制定有效辩护的标准，以提高律师辩护的责任心和业务素质。就我国庭审证据调查环节而言，强化有效辩护理念，可以帮助辩护律师端正举证、质证的态度，转变"你读你的，我辩我的"的证据调查现象，督促辩护律师提出有效的辩护意见，从而在辩方协助法官查明证据资格和客观评价证明力方面迈出实质性的一步。

第二节　我国刑事庭审证据调查程序的顺序问题

在探讨我国刑事庭审证据调查顺序的司法现状之前，首先需要明确界定讯问被告人是否属于我国刑事庭审证据调查程序的范畴。一方面，《刑诉法解释》第195条规定审判长宣布法庭调查开始后，公诉人开始宣读起诉书，《刑诉法解释》第197~201条均是关于讯问、发问被告人的规定，讯问被告人的时间在宣告法庭调查之后进行；另一方面，由于我国没有赋予被告人沉默权，被告人既不能始终保持沉默，也不能像英美法系国家刑事审判中的被告人一样因放弃沉默权而作为证人参与庭审调查。我国法律明确规定将被告人供述与辩解作为法定证据之一，讯问被告人作为重要的证据来源，是庭审证据调查的重要对象。在我国台湾地区刑事审判中，讯问被告人被置于庭审证据调

---

〔1〕　顾永忠、李竺娉："论刑事辩护的有效性及其实现条件——兼议'无效辩护'在我国的引入"，载《西部法学评论》2008年第1期。

查之后，有学者指出："尽管条文主要意旨在于强调讯问被告人之顺序，但因条文将被告讯问明列为调查证据程序之一环（最末），故实质上已采行广义的调查证据概念，更明确显示被告属广义之证据方法。"[1]因此，从上述时间范畴及证据功能两方面看，笔者认为讯问被告人应当属于刑事庭审证据调查程序研究的范畴，也可以看作是刑事庭审证据调查程序的启动环节。

一、我国刑事庭审证据调查程序之顺序现状

（一）启动环节：讯问被告人"始终在先"

不同于英美法系国家的刑事审判，大陆法系国家刑事案件的庭审中均有讯问被告人这一环节，只是各国对讯问的顺序规定不同而已，如德国将讯问被告人规定于证据调查之前，法国规定在重罪法庭或轻罪法庭中讯问被告人要置于询问证人之前，日本将"质问被告人"规定在证据调查之后，我国台湾地区2003年亦将审判长讯问被告人置于证据调查之后。就我国刑事审判而言，讯问被告人作为职权主义诉讼模式的重要体现一直予以保留，而且讯问被告人始终在调查其他证据之前进行。虽然被告人认罪案件的审理，不涉及被告人定罪证据的严格审查，但是刑事庭审证据调查程序的启动仍是由检察官、附带民事诉讼原告和诉讼代理人、辩护人、法官依次讯问被告人开始的，讯问的内容是要被告人对犯罪的过程予以简要陈述以及表明认罪与否的态度。也就是说，不论是被告人认罪的简易程序、刑事速裁程序，还是被告人不认罪或是案情复杂、可能判处有期徒刑三年以上的普通程序，讯问被告人均是必不可少的环节，且置于首位。由于我国法官、公诉人和辩护人在庭前都进行了详细的阅卷，被告人在庭审中又必须如实回答，若庭审法官驾驭能力不高，讯问被告人就会使得证据调查的启动环节十分冗长，证据调查过程几乎是以围绕讯问被告人的方式进行相互印证的调查程序。

（二）举证环节：先言词证据后实物证据

在阐述我国举证顺序现状之前，需要先明确一个问题，即我国《刑事诉讼法》是否明确规定了要严格按照庭审条款的顺序来进行证据调查？从我国《刑事诉讼法》第194条、第195条规定来看，按照法律条文先后的逻辑关

---

[1] 林钰雄：《刑事诉讼法》（上册），中国人民大学出版社2005年版，第379页。

系，我国法律似乎明确表示按照先证人、鉴定人出庭作证，后出示物证、宣读证人证言、笔录、鉴定意见等顺序进行举证，即要遵循先人证后物证分开举证的顺序。从《刑诉法解释》第 202 条规定"公诉人可以提请审判长通知证人、鉴定人出庭作证，或者出示证据"来看，"或者"一词并没有先后顺序的意思表示，但结合《刑事诉讼法》第 194 条、第 195 条的规定来看，笔者认为我国法律已对举证顺序作出了规定，先人证出庭后出示物证、书证等。然而该种证据调查顺序在司法实践中被适用得过于机械，不利于证据调查的进行。为什么要求能够出庭作证的证人、鉴定人首先出庭呢？笔者认为证人、鉴定人先出庭接受询问一是表现出法庭对证人、鉴定人的尊重，二是对于多被告或案情复杂的案件而言，由于庭审证据调查的时间不容易控制，若在后询问，证人、鉴定人容易因等待时间过长而产生烦躁情绪[1]或可能出现改变证言的情况。

由于我国证人、鉴定人出庭率较低，法官对法律条文理解的偏差等原因，实践中并没有形成法律规定举证顺序的模式，从避免机械性和证明的逻辑性来看，这点是值得欣慰的。但是，我国司法实践中确实存在一种约定成俗的举证顺序，即控辩双方一般是按照先言词证据后实物证据的顺序提出证据的，这里所说的言词证据是指通过宣读出示的言词证据，而非证人、鉴定人的实际出庭。笔者从北京、温州和徐州等地方法院的庭审中观摩到公诉人按照宣读被告人庭前的讯问笔录→被害人陈述→证人证言→出示实物证据→播放视听资料的顺序进行证据调查，而鉴定意见通常是在出示实物证据之后进行宣读，辩方亦同。然而，实际庭审中即便证人、鉴定人出庭率不高，对于有证人、鉴定人出庭的案件而言，证人、鉴定人并非在讯问被告人之后就出庭，往往是先宣读证人证言或鉴定意见，再要求相关人员实际出庭作证。但由于部分案件本身的特殊性，如盗窃、毒品、贪污贿赂等，往往只有言词证据而没有实物证据，所以庭审中只进行言词证据的宣读或人证的出庭作证。

言词证据是主观性比较强的证据，先言词证据后实物证据的证据调查顺序使得其在我国目前庭审中存在两个问题：一是非法取得的言词证据由于排

---

[1] 笔者于 2015 年 3 月 23 日在北京西城区人民法院旁听了"许某医疗事故"案审理，该案从上午 10 时一直开庭到下午 15：30，庭审总共进行了 5.5 个小时。该案中共有 2 位证人和 3 位鉴定人出庭，随着案件证据调查的展开，3 位鉴定人接受询问的时间已过中午 12 时，鉴定人出庭表现出急躁、不耐烦的态度；2 位证人到当日 13 时许接受的询问，证人出庭态度较平和。

除情况不令人满意，先进行言词证据的展示，容易造成法官对案件认识的偏失。也就是说由于单个证据的证据资格没有得到确认，反而与其他证据进行相互印证，形成证据锁链，从而直接影响了法官查清案件事实的初衷，造成了司法资源的浪费。二是先言词证据后实物证据的证据调查顺序在一定程度上强化了法官对言词证据的过分依赖，容易忽视客观证据的证明力问题。言词证据中最主要的是被告人在侦查机关所做的讯问笔录。我国古代一直存在"无供不录案"的审判规则，对被告人口供尤其重视。时至今日，我国刑事诉讼的侦查环节也未能完全杜绝刑讯逼供现象的发生，这也是造成冤假错案的首要原因。刑事庭审证据调查程序中，法官审查核实证据更看重公诉机关宣读的侦查阶段所作的被告人讯问笔录，即使被告人当庭所作供述与笔录记载的不一致，若被告人没有足够的证据证明笔录记载是非法取得的，那么法官仍旧以被告人在侦查机关所做的供述为准。此外，绝不能忽视的现象是，我国侦查机关所侦查的绝大多数案件是根据犯罪嫌疑人的供述去"寻找"证据的，如果供述与寻找到的实物证据可以相互印证，那么就意味着，至少在形式上已经形成了完整的证据链条。但是，从目前我国报道的冤假错案来看，侦查人员为了能获得与犯罪嫌疑人所述印证一致的"实物证据"，往往需要犯罪嫌疑人不停地改变供述。因此，法官对言词证据的依赖程度越高，侦查机关越青睐侦查阶段所取得的供述、证词等，不难形成司法证明的怪圈。

二、改革我国刑事庭审证据调查程序顺序的理由与建议

（一）重置讯问被告人顺序问题的探讨

1979 年《刑事诉讼法》将被告规定为法官讯问的直接对象，或多或少带有"法官证人"的色彩，此时，被告人诉讼主体地位几乎是不存在的；1996 年、2012 年和 2018 年《刑事诉讼法》都规定了讯问被告人由公诉人、被害人、辩护人和审判长依次进行，被告人诉讼主体地位得到提升，除审判长讯问外，控辩双方在有利于本方证明的原则下进行讯问，被告人在"控方证人"与"辩方证人"之间转换角色定位。

学界有关讯问被告人顺序的争讨自 1996 年《刑事诉讼法》颁布后开始深入，至今没有停止。令人遗憾的是，2012 年《刑事诉讼法》并没有改革讯问被告人的顺序，2018 年《刑事诉讼法》修改也未涉及该问题。讯问被告人的

顺序问题，在强化被告人的诉讼地位及其权益保障的当下，是十分有必要的，笔者认为应从以下三个方面进行探讨。

1. 关于讯问被告人是否规定在证据调查之首的各方声音

以龙宗智教授为代表的赞成者认为首先对被告人进行讯问，既能体现法律对被告人讯问的重视（类似于德国罗科信教授主张的首先讯问被告人，有利于实现保障被告人权益的目的[1]），也能保证被告人供述的客观性，然而龙宗智教授也表示我国没有赋予被告人沉默权，有关讯问被告人顺序的探讨没有实际意义。而反对者的理由也是多方面的，陈光中教授认为讯问被告人置于首位容易造成司法实践中对被告人口供的过分重视；[2]徐静村教授指出首先讯问被告人是职权主义的体现，不利于控辩平等对抗的实现；[3]孙长永教授认为将讯问被告人置于首位是纠问式诉讼模式的残余；[4]也有学者指出首先讯问被告人有违反无罪推定原则精神、违反刑事案件证明责任分配原则及违反控辩平衡原则之嫌；[5]还有学者指出首先讯问被告人不利于被告人诉讼主体地位的体现。应当说，我国大多数学者对讯问被告人顺序置于证据调查之首持否定的态度，笔者也主张应当改革讯问被告人的顺序。

2. 沉默权的有无对讯问被告人的顺序是否有影响

从反对自我归罪特权到确立刑事被告人的沉默权的转变发生于19世纪，由于辩护律师被允许进入法庭，改变了在这之前"被告人开口"的审判方式，实践中的做法导致了刑事审判理念的变化。被告人在刑事审判中的尊严得到空前的尊重，被告人对于被指控的犯罪不再需要其本人提供证据加以承认或反驳，而由检察机关承担举证责任，被告人可以选择一言不发。沉默权的确立赋予了被告人在庭审中享有保持沉默的权利和公安司法机关不能因被告人沉默作出不利于被告人的推论的权利，这才是沉默权作为不得强迫自证其罪

〔1〕 罗科信指出："在其对被告人就事实讯问之前，却先为证人之讯问，则因为被告人被剥夺了先向法官陈述其所见所闻经历的事件经过，而此程序之违反可能对判决有所影响，故成为第三审上诉的理由。"参见［德］克劳思·罗科信：《刑事诉讼法》，吴丽琪译，法律出版社2003年版，第391页。

〔2〕 陈光中：《中华人民共和国刑事诉讼法再修改专家建议稿与论证》，中国法制出版社2006年版，第542页。

〔3〕 徐静村：《中国刑事诉讼法（第二修正案）学者拟制稿及立法理由》，法律出版社2005年版，第234页。

〔4〕 孙长永：《探索正当程序——比较刑事诉讼法专论》，中国法制出版社2005年版，第449页。

〔5〕 纪虎："刑事被告人庭审调查程序研究"，西南政法大学2010年博士学位论文。

原则的实质精神在庭审中的真正体现。

我国在 2012 年《刑事诉讼法》修改中确立了不得强迫自证其罪原则，但是对作为该原则精髓的沉默权问题我国立法并没有予以明确，被告人"如实回答的义务"规定于《刑事诉讼法》第 120 条。毋庸置疑，若我国法律没有赋予被告人在庭审证据调查中享有沉默的权利，则无论在证据调查的任何环节讯问被告人，都不能对该问题起到实质性的改革。"两害相权取其轻"，笔者认为虽然我国立法没有明确规定被告人享有沉默权，但随着我国法治改革的逐渐深入和被告人诉讼主体地位的不断提升，改革讯问被告人的顺序利大于弊，而且会为推进被告人沉默权的确立和庭审实质化的改革做好铺垫。

3. 改革讯问被告人的几种模式

目前学者提出改革的方式归纳起来有以下三种模式：一是"讯问被告人置后"模式。该模式主张将讯问被告人置于所有证据调查完毕之后，持该观点的有陈卫东教授、郭华学者等。[1]二是"讯问被告人置中"模式。该模式是建议将讯问被告人置于询问人证后，实物证据展示之前的阶段。徐静村教授在刑事诉讼法学者拟制稿中提出"被告人庭上作出陈述是一项重要的辩护权，这项权利应被尊重。设计的被告人的陈述，置于法庭证据调查中对人证调查的最后环节，而非现行法规定的在公诉人宣读起诉书后，这一规定有利于克服讯问被告人可能导致的先入为主倾向，体现了对被告人诉讼地位和意见表达权的尊重"。[2]三是"区别讯问"模式。陈光中教授认为讯问被告人程序与被告人认罪与否、程序的繁简密切相关，提出应根据被告人认罪情况分别讨论讯问被告人的诉讼位置。根据刑事诉讼法专家建议稿第 287 条的规定，可以将讯问被告人分为对被告人认罪的，公诉人可以直接讯问被告人；对于被

---

〔1〕　陈卫东教授主张"在审判程序中将提请传唤证人、鉴定人及宣读勘验、检查笔录作为案件事实认定程序的第一顺序；第二顺序为出示物证、书证和视听资料；第三顺序为讯问被告人"，参见陈卫东主编：《模范刑事诉讼法典》，中国人民大学出版社 2005 年版，第 485 页、第 490~491 页。郭华学者主张"庭审案件事实认定程序应当将出示物证、书证和视听资料等实物证据作为第一顺序；传唤证人、鉴定人以及侦查人员出庭作证和被害人陈述作为第二顺序；讯问被告人为第三顺序"。参见郭华："庭审案件事实认定程序规则研究"，载《法学杂志》2008 年第 1 期。

〔2〕　徐静村：《中国刑事诉讼法（第二修正案）学者拟制稿及立法理由》，法律出版社 2005 年版，第 237 页。

告人不认罪的，讯问被告人应当在其他证据调查之后进行这两种方式。[1]

我国目前正处于协商性司法改革的关键时期，被告人供述所具有的证据功能是不可否认的，而被告人认罪与否又直接影响着庭审证据调查的程序，讯问被告人的内容因被告人的认罪态度决定着证据调查的重点有所差别（笔者将在后面我国特殊程序刑事庭审证据调查问题一章中着重介绍）。因此，笔者比较赞同"区别讯问"模式。在最大限度地发挥被告人供述证据功能的情况下，"区别讯问"模式既符合程序公正与司法效率的改革目标，也能体现对被告人权利的尊重。

（二）革新举证顺序问题的探讨

比较司法实践中形成的"先言词后实物"的举证顺序，学界有关革新举证顺序的探讨主要集中在"协商确定举证顺序"和"先实物后言词"两种模式，笔者将分别探讨这两种模式。一是"协商确定举证顺序"的模式。由于不同案件的庭审证据调查的重点不同，若一味地追求按照法律规定的举证顺序进行举证，确实难逃过于机械、不灵活之嫌。笔者认为我国可以借鉴日本的做法，由控辩双方协商确定举证的顺序，但是该协商结果需要在法官听取后予以确定，该种模式既能体现对控辩双方意见的尊重，也能尽早明确证据调查的重点。二是"先实物后言词"模式。针对当前实践中形成的先言词后实物的举证顺序，郭华教授等学者主张彻底颠倒的举证方式，即先实物后言词。其主要理由之一是人们认识规律的需要。证据调查主体应当先认识客观性较强的证据，再认识主观性证据，由此可以排除先入为主的影响；理由之二是先客观证据再主观证据，能够保持对证据认识的独立性。反之借助主观证据检验客观证据，会使主观证据的稳定性更强。

我国司法实践中往往是按照先言词证据再实物证据的方式进行举证的，笔者认为，不论是"先言词后实物"，还是"先实物后言词"的举证模式，分开举证能够体现举证的清晰性、层次性。但被告人作案遗留在犯罪现场的各种证据并不是按庭审举证的顺序"出现"的，且言词证据与实物证据是密切联系的有机整体，一旦固定顺序势必会影响法官、公诉方、被告人及辩护律师对证据的整体性认知。基于我国控辩双方举证责任的确立、控辩双方庭

---

[1] 陈光中：《中华人民共和国刑事诉讼法再修改专家建议稿与论证》，中国法制出版社 2006 年版，第 541~542 页。

前均可以查阅全部卷宗及控辩双方参与庭审证据调查进行举证的主动性增强的现状，"协商确定举证顺序"的模式更加符合我国司法改革的现实需要，尤其是在庭审证据调查中强调控辩平衡对抗、庭审举证实质化的现阶段，该模式显得更为合理、科学。但是，需要指出的是，笔者认为在"协商确定举证顺序"的前提下，应对法律规定的先进行人证出庭方式予以贯彻，其目的在于更好地鼓励、支持证人、鉴定人出庭作证，保证出庭证人、鉴定人作证以及接受询问的主观言词的稳定性，有利于提升落实直接言词原则的庭审效果，从而帮助法官查清案件真相。

第三节　我国刑事庭审证据调查程序的范围问题

刑事庭审证据调查范围的确定不仅关系着当庭将围绕哪些证据进行调查，更关系着案件证据能否被及时、准确地查明。我国刑事审判采用"中国特色控辩式"的审判方式，控辩双方负有举证责任，庭审证据调查范围的确定依赖于控辩双方在法庭中当庭提出的具体证据。

一、我国刑事庭审证据调查程序范围的问题与现状

控辩双方享有将哪些证据提交法庭接受审查核实的权力（利），除非证据与案件无关或明显不必要或重复提出的，庭审法官一般不拒绝控辩双方举证的申请。虽然说我国刑事庭审证据调查的范围基本上囿于起诉书中所涉及的证据，但我国法律并未对控辩双方举证的具体范围作出规定。实践中，控辩双方在庭审中有权单方面决定哪些证据进入庭审调查的环节，但因控辩双方对彼此的庭审举证范围互不知情，加之法官也不甚了解，导致了司法实践中控辩双方举证范围随意性过大，影响庭审证据调查程序功能的发挥。

（一）原则上法官不确定证据调查的范围

实践中，法官对控辩双方提出哪些证据需要进行调查享有批准权，这种批准权并非实质性审查，只要所举证据与案件有关或不是重复提出的，法官一般都会同意，这也是弱化法官直接调查证据的权力，是法官主持证据调查的司法体现。然而，《刑诉法解释》第 185 条规定了在我国刑事审判庭前准备环节，合议庭可以拟定可能出庭的人员名单及当庭需要出示的证据目录清单。

有些学者认为，"法庭审理提纲的主要内容就是证据的调查范围、调查顺序和调查方法"，[1]也就是说合议庭有权自行决定证据调查的范围，无需听取控辩双方意见。对此，笔者不敢苟同，主要有以下两个原因：一是《刑诉法解释》第 185 条规定合议庭制作的庭审提纲，一般包括证据目录、证人等名单的内容，并不能从该条规定中推论出合议庭自行确定证据调查范围和法官不听取控辩双方意见的结论，望文生不出该义。再分析该法条，该条规定草拟审判提纲的审判组织是合议庭，也就是说独任法官不需要庭前拟出庭审提纲，难道是说法官确定证据调查范围的权力是因审判组织的不同而变化的吗？显然不能这样理解该条文。二是在庭审实践中，法官审前通常是在阅卷的基础上列出需要调查的证据以及当庭讯问或询问的问题，如果当庭控辩双方已经举证，法官就不再要求控方或辩方举证。

（二）公诉方"掌控"证据调查的范围

在讯问或发问被告人后，审判长会指示公诉机关开始举证。由于我国公诉方负有举证的责任，而辩方自行收集证据的能力有限，庭审中呈现出公诉一方"独大"的举证局面，庭审证据调查的范围基本上是公诉方举证的条目，且质证也是围绕着公诉人所举证据进行的。具体问题有以下几点。

1. 公诉人"有选择性"举证现象普遍

实践中，由于公诉人一方控制着整个举证的进程和对象，使其对哪些证据需要出示、哪些证据不出示有着决定的权力。不可否认，检察人员控诉职能的使命感，使其面对被告人既有有罪供述又有无罪辩解的多次供述时，往往会过多地出示不利于被告人的定罪量刑证据。

2. 控方"证据突袭"现象时常发生

我国《刑事诉讼法》第 192 条规定了控辩双方都有要求证人出庭的权利，《刑诉法解释》第 221 条规定了控辩双方申请出示开庭前未移送人民法院的证据或新的证据的内容，然而实践中辩方提出新证据的情况比较少，往往是公诉人较多地提出"新证据"。进而言之，虽然庭审法官有决定控辩双方提出"新证据"的权力，但因检察机关与法院"近亲性"关系的存在，使得庭审法官在证据调查中往往有着"重视控方新证据、轻视辩方证据"的情结。

---

〔1〕 万永海："刑事法庭调查论"，中国政法大学 2005 年博士学位论文。

3. 控方当庭出示的"情况说明"使得瑕疵证据"转正"

实践中，法官在庭前阅卷中发现的瑕疵或疑问证据，如侦查机关讯问犯罪嫌疑人的多份笔录中出现两份内容完全一致但讯问时间不同的讯问笔录，或同一侦查人员在同一时间询问不同证人，或拘留犯罪嫌疑人的时间早于鉴定意见书作出的时间（如某中级人民法院审理的张某故意杀人案中，法官阅卷发现侦查机关在确定该犯罪嫌疑人衣服上血迹是不是被害人的相关鉴定意见作出之前就确定犯罪嫌疑人有重大作案嫌疑并予以拘留，办案法官询问检察人员时得知鉴定意见作出的当晚鉴定人便电话通知侦查人员鉴定的结果，拘留决定因此而作出，继而有了侦查机关"情况说明"的材料，该材料由公诉人当庭提出）。

（三）辩方"证据突袭"对证据调查范围的确定影响不大

如果说控诉方庭审中提出的证据辩方在庭前或多或少还有所了解的话，那么辩方在庭审中提出的证据，控方庭前基本上是一无所知的。由于我国没有要求辩方移送证据制度，辩方所掌握的证据（除"三类证据"外）是不要求庭前提供给检察院和法院的。然而，庭审中不乏一部分辩护律师当庭进行"证据突袭"，以达到攻其不备的目的，略显辩论的竞技色彩。确实，我国的刑事审判并不是控辩双方展现竞技性手段的场所，法官是通过控辩双方对证据的充分、彻底的质证方式来查明证据的证据资格和证明力的，而且实践中大多数庭审法官对辩方举证有"反感"情绪，原因是他们认为很多律师当庭提出的证据是与案件无关的，有可能是为被告人及其家属"表演"一下。有的辩方过多地提出非关键性的证据容易增加庭审证据调查的负担，特别是对于案情复杂、被告人有一定经济实力或社会背景的案件而言，辩护人为己方所掌握的证据过多地"制造声势"，其目的是依赖辩护技巧而不是证据本身来赢得诉讼，有损害公正和效率的危险。因此，实践中根据辩方举证确定证据调查范围的情况可操作性不强。

二、完善我国刑事庭审证据调查程序范围之理由与建议

刑事庭审证据调查范围的明确意味着庭审将围绕哪些证据进行证据资格和证明力的审查核实，有利于案件事实真相的及早发现，提高庭审证据调查的效率。典型的英美法系国家，虽然说是当事人双方决定证据调查的范围，

但是其有着严密的证据规则来约束哪些证据具有证据资格而可以进入法庭。加之庭前证据开示制度，对控辩双方在确定庭审证据调查范围方面有着更多的规制。大陆法系国家由于法官庭前进行了实质性的审查，其在庭审中基本上依职权确定需要调查证据的范围。在我国司法实践中，被告人及其辩护人对控方所举证据的把握源于起诉书中所列的证据条目，但是被告人及其辩护人通过起诉书获知庭审中所要调查证据的范围，存在一种公诉机关预先决定证据调查范围的隐形权力，若被告人及其辩护人对起诉书中所列证据存在异议，其并没有有效的途径予以表达。进而言之，辩方所掌握的有利于被告人的相关证据，是根本无法写入起诉书中的。控辩双方庭前对庭审中拟提出哪些证据完全不沟通，往往形成法官不直接确定而控辩双方以举证方式间接确定证据调查范围的局面，控辩双方这种"背靠背"提出证据的方式，使得我国刑事审判在确定证据调查范围的问题上任意性过大，并不是一种理性的对抗性刑事庭审证据调查程序。

笔者认为，既然我国刑事庭审证据调查为"法官主持，控辩双方参与调查"的模式，那么我国庭审证据调查范围的确定应当体现控辩双方协商的精神，表述的是一种理性的合作或合意。其原因有以下方面。一是我国对抗制审判模式已经基本形成。在典型的对抗制审判国家，证据开示制度是辩方与控方进行有效竞技的前提，而且证据开示被认为是能够帮助确立争议的焦点以及帮助控辩双方做好充分对抗准备的方式。我国审判方式改革不断强调控辩双方积极参与庭审，实际上也意味着不断弱化法官直接调查证据的权力。也就是说，控辩对抗不应体现在确定哪些证据进入审查核实的环节上，而应更加注重控辩双方对证据资格和证明力的对抗。二是我国的庭前阅卷制度，不能完全实现控辩双方互知对方举证内容的目的。不可否认，我国庭前阅卷制度在功能上类似于英美法系的证据开示制度，我国庭前阅卷制度不具有控方借此熟知辩方证据的功能。三是我国庭审证据调查模式的要求。我国法官在证据调查程序中承担着"主持"的角色，控辩双方参与证据调查的角色要求其通过积极举证、质证的方式来帮助法官审查核实证据。因此，在确定证据调查范围方面更强调控辩双方的合作或合意，同样可以借鉴日本的做法，即在确定证据调查范围上由控辩双方协商提出，最终由法官决定。笔者建议在我国死刑案件和可能判处十年以上有期徒刑的案件中，控辩双方在法官主持的庭前会议中就各方所有证据进行条目式展示，同时允许控辩双方对证据调查的具体范围发表意见和提出异议，法官在听取控辩双方意见后确定证据调查范围，以便于对关键证据、有争议的证据和有利于被告人的证据进行有效质证。

那么，在我国刑事审判方式改革的现阶段，若庭审证据调查的范围暂时按照长期目标进行改革确实存在一定的困难，因此，根据我国《刑事诉讼法》的规定和实践做法确定庭审证据调查的范围更为妥当。需要指出的是，在确定证据调查范围方面应当坚持两个原则。其一，依起诉书确定证据调查的范围原则。在刑事庭审中，公诉人宣读的起诉书承载着限制庭审证据调查范围的功能，公诉机关在所制作的起诉书中，列明了指控被告人罪行的一系列证据。根据不告不理原则，庭审证据调查应当以起诉书中所列明的证据为限；如果开庭时公诉人超出起诉书的范围举证，那么法官应当要求公诉机关重新起诉。其二，以定罪量刑有关的证据确定证据调查范围原则。刑事庭审所调查的证据应当是与定罪量刑有关的证据，如果控辩双方所举证据，与被告人定罪量刑无关，即使其在起诉书中予以列明，也不应当对其进行调查核实，以防止该证据干扰法官对案件事实的正确认识。

第六章

我国刑事庭审证据调查程序的方法

根据证据表现形式的不同，可将证据划分为言词证据和实物证据，也可称为人证和物证，这是一种最基本的证据法学理论上的证据种类划分。由于言词证据和实物证据自身特点的差异比较大，导致庭审证据调查方式的不同。而刑事庭审证据调查的具体方法是确定单个证据的证据资格和证明力的关键所在，也是我国刑事庭审证据调查的重要任务。因此，笔者将按照言词证据和实物证据的理论分类，分别介绍相关证据的举证、质证问题。

第一节　言词证据的庭审调查方法

一、我国言词证据的特点

言词证据，是以自然人的语言陈述为表现形式的证据，也可以称为陈述性证据。证据法学界将证人证言，被害人陈述，犯罪嫌疑人、被告人供述和辩解及鉴定意见归于言词证据视为通说。言词证据有以下两个特点。

（一）言词证据能够直接地、全面地、生动地证明案件事实

当事人、证人往往对案件的发生有着亲历性，能够将直接观察到的事实用言语的方式表达出来。特别是被告人的口供、被害人的陈述和现场目击证人的证言，能够将案件的全貌和具体情节表现出来，甚至可以直接地证明案件的主要事实。言词证据的生动性是实物证据无法比拟的，言词证据的提供者能够根据记忆情况，将事件的情况或事物本身生动、形象地予以表达。正是因为言词证据的生动和形象，其常常被认为是一种"鲜活的证据"，有助于公安司法机关了解案件的发展与变化，判断案件的全貌和性质。

（二）言词证据的提供者容易受到主客观因素的影响而具有易变性

言词证据形成于当事人、证人和鉴定人对客观事实的主观反应，而且必须经过感知、判断、记忆和陈述四个阶段才能作出，在这期间容易受到主客观因素的影响，出现陈述虚假或不真实的情况。不同言词证据提供者受影响的因素是不同的，体现为：其一，犯罪嫌疑人、被告人趋利避害的心理。犯罪嫌疑人、被告人与案件的结果有着直接的利害关系，犯罪嫌疑人、被告人为了逃避罪责或减轻刑罚，往往会掩盖案件事实真相或避重就轻地作出供述，也有犯罪嫌疑人因受刑讯逼供而作出不实供述的情况。其二，被害人报复和获得赔偿的心理。被害人是犯罪行为的直接受害者，为了报复和获得更多的赔偿，往往会夸大对案件事实的陈述。其三，证人害怕打击报复或被牵制于人情利益等因素。与犯罪嫌疑人、被告人供述和被害人陈述相比，证人与案件的结果没有直接的利害关系，从而对案件事实的描述较为客观。但是证人出于害怕打击报复或人情关系或利益诱惑等因素影响，往往容易作伪证，甚至不愿意作证。言词证据提供者本身容易受到主客观因素的影响而改变供述或陈述，比如在案卷材料中会发现既有犯罪嫌疑人的有罪供述，也有无罪辩解；被害人陈述或证人证言时而详细、时而简略、时而记不清，因此言词证据稳定性不强。

二、我国言词证据的举证问题

言词证据本身所具有的特性使其可以用来直接证明案件事实，且不可或缺。我国目前言词证据的举证有宣读和出庭两种方式。对于言词证据本身来说，最佳的举证方式应当是口头陈述，即言词证据的提供者直接到庭进行陈述，否则无法进行直接质证。然而，我国被害人、证人、鉴定人作出的书面陈述和笔录证词在庭审证据调查环节中被大量使用，宣读是言词证据举证的主要方式。笔者将言词证据的提供者不出庭而由控辩双方宣读的被害人陈述、证人证言以及鉴定意见，统称为"书面证言"。

（一）宣读

我国刑事庭审证据调查中，控辩双方展示言词证据的主要方式就是"宣读"，而且公诉人因举证责任的要求承担了大部分的宣读任务。就宣读的内容来说，公诉人主要宣读被告人庭前供述的犯罪过程（行为）、犯罪目的、使用的凶器及造成的犯罪结果等内容；就被害人陈述而言，主要宣读被告人如何对被害人进行施暴或造成何种损失等内容；就证人证言而言，主要宣读证人对案件事实作证部分的记载；就鉴定意见而言，主要宣读最后的鉴定结论部分。

1. 大量使用宣读方式举证的弊端

我国目前刑事庭审言词证据举证方式的适用方面，由于被害人、证人、鉴定人实际出庭的情况不容乐观，大量书面证言通过宣读的方式代替言词证据提供者实际出庭作证的方式出示于庭审证据调查过程中，"书证中心主义"的称谓也源于此。现代刑事审判一般是禁止使用书面证言的，如英美法系国家有着严格的传闻证据规则；再如《德国刑事诉讼法典》第 250 条规定了直接言词原则，[1] 第 251 条规定了在什么情况下可以宣读笔录代替询问，第 252 条规定了禁止宣读笔录的情形；我国台湾地区"刑事诉讼法"第 159 条也明确规定证人应当出庭作证的要求，否则证言不能作为证据使用。需要指出的是，大陆法系国家并非完全禁止宣读各种书面证言的，但是该书面证言是在预审法官的主持下制作的，已经对该言词证据的证据资格和证明力预先进行了审核。正如颜飞学者所评述"预审法官所主持的审前对质事实已经具备了类似庭审审理中控、辩、审三方组合，被告人及其辩护律师可以通过审前对质实现对不利证人的诘问"。[2]

我国宣读书面证言的举证方式存在以下两个方面的弊端。其一，宣读的方式难以体现言词证据来源的可靠性、合法性。控辩双方宣读各种书面证言，只能展现纸面上记录的内容，对于侦查机关如何获得的被害人陈述、证人证言，鉴定机关根据何种科学方法、鉴定依据作出的鉴定意见都无法从"纸面的记录"中获知。司法实践中不乏侦查人员以暴力、威胁等非法的方式获取被害人陈述、证人证言的实例，被害人和证人不出庭，控辩双方就无法从"宣读"的举证中看到被害人、证人的真实本意；鉴定人不出庭，控辩双方也就无法对该"纸质鉴定意见"提出质疑和作出解释的要求。其二，宣读的方

---

〔1〕《德国刑事诉讼法典》第 250 条规定："如果事实的证明基于人的感知，应当在法庭审理中询问此人。询问不得以宣读先前询问的笔录或书面陈述代替。"参见《德国刑事诉讼法典》，宗玉琨译注，知识产权出版社 2013 年版，第 200 页。

〔2〕颜飞：《书面证言使用规则研究——程序法视野下的证据问题》，中国法制出版社 2012 年版，第 185 页。

式使控辩双方难以进行有效的质证。言词证据最佳的质证方式就是控辩双方对言词证据提供者当庭、当面进行询问，从言词证据提供者当庭陈述的内容、态度、表情等检验该证据的证据资格和证明力。而宣读书面证言的方式实际上剥夺了控辩双方询问被害人、证人及鉴定人的权利，使得控辩双方难以发现该言词证据的真实性，也难以帮助法官深究细查，发现案件真相。

2. 宣读方式的改革建议

对言词证据以宣读方式进行举证，控辩双方质证的效果会大打折扣，而且不符合直接言词原则的精神实质，不利于我国对抗制审判方式改革的进一步推行。由于法律规定及现实原因的存在，我国被害人、证人、鉴定人出庭难的问题难以在短时间内得到解决，以宣读方式展示言词证据仍旧是我国刑事庭审言词证据调查中举证的主要方式。因此，为了最大限度地在庭审中确定言词证据的证据资格及证明力，有必要对宣读这一举证方式予以限制。

具体来说，一方面，规定宣读方式举证适用的准入条件。我国庭审对言词证据的调查实际上是围绕书面证言的举证、质证展开的，但我国立法中并未规定书面证言进入法庭的条件，造成控辩双方在宣读书面证言之前对该书面证言的真实性并不确定。严格规范书面证言的准入，是庭审证据调查以宣读方式进行的重要前提保障。笔者建议法官在庭前阅卷中应就书面证言的准入资格进行严格核查，即对书面证言来源的真实性和可靠性进行审查，具体包括是否存在非法取得被害人陈述、证人证言的现象，是否存在鉴定过程违规的现象，等等，对于控辩双方有异议的书面证言法官应当召开庭前会议予以重点解决。另一方面，明确宣读方式举证的限制条件。英美法系国家对传闻证据也并非一律严格排除，对于符合"可信性的情况保障"和"必要性"条件的传闻证据也可以在庭审中出示，大陆法系国家对于书面证言的使用也规定了例外情况。不能因为我国被害人、证人不愿意出庭而放任宣读书面证言的现象，对于控辩双方对书面证言存在异议的案件，对于有对定案起着关键作用的证人证言的案件及只有"一对一"证据的刑事案件而言，被害人、证人的出庭对案件定罪证据的确定和案件真相的查明有着决定性的意义。因此，笔者建议控辩双方对"书面证言"有异议的或定案的关键证据，需要被害人、证人出庭接受询问的，被害人、证人及鉴定人必须出庭作证，否则不得以宣读书面证言的方式举证并接受质证。

（二）出庭

我国言词证据的提供者主要有被告人、被害人、证人和鉴定人，这四类人理应出庭证明自己庭前的供述、证词等是否真实并对案件事实所切身经历、感知的部分作出陈述，这是符合司法证明规律的一种举证方式。我国刑事审判要求被告人必须到庭，实践中存在大量被告人因出庭而翻供以及被害人、证人和鉴定人不出庭的司法现状。由于被害人出庭问题是参照审查核实证人出庭相关规定进行的，不单独对此探讨，笔者仅就被告人当庭翻供、证人和鉴定人出庭三个方面的内容进行阐述、分析并提出相应的完善建议。

1. 被告人当庭翻供

（1）被告人当庭翻供现象分析。翻供，是指犯罪嫌疑人、被告人对犯罪事实做了有罪供述后又全部或部分推翻，不包括犯罪嫌疑人、被告人在认罪情况下，对法律适用理解的差异。翻供，庭审前后都有可能发生，分为犯罪嫌疑人庭前翻供和被告人当庭翻供，而当庭翻供又分为被告人庭前供述全部为有罪供述被当庭全部或部分推翻和被告人庭前有部分有罪供述被当庭推翻两种情形。对于第二种当庭翻供，主要是指被告人在侦查阶段做了多份口供，既有有罪供述也有无罪供述，被告人庭前多份不一的口供表明其认罪态度不稳定，没有形成一致的认罪或不认罪讯问笔录，庭审中公诉人常常只宣读指控犯罪的有罪供述部分。从我国目前的司法实践来看，被告人当庭翻供的现象很普遍，笔者经过调研发现，被告人当庭翻供频率较高的案件主要有以下几种。一是"一对一"证据的案件。"一对一"证据是指在案件证据方面，被告人供述与被害人陈述、证人证言（包括侦查人员当场抓获犯罪嫌疑人所做的证言）是一对一的证据关系，多集中在盗窃案件、强奸案件、毒品类案件和职务类犯罪案件中。如上海市第二中级人民法院审结的 32 起（2008～2010 年）受贿案件中，有 8 起案件被告人当庭翻供。二是几乎只有被告人供述的案件。这类案件的直接证据仅有被告人供述，且由于案件证据收集过程中存在瑕疵，导致间接证据既不能对被告人供述进行补强，也不能形成完整的证据链，多集中在故意杀人案件中。如呼格案和聂树斌案，两被告人均当庭翻供，但定案的依据可以说只是被告人的庭前供述。三是共同犯罪的案件。在共同犯罪的案件中，各被告人之间容易形成攻守同盟或相互指证，各被告人供述复杂多变，在其他证据不充分的情况下，被告人会当庭推翻全部或部分罪行。如笔者曾经参与审理的张某某、王某、张某和刘某跨省盗窃抢劫案中，被告人张某当庭对自己参与抢劫的 2 起犯罪事实予以推翻，且同案的其他三名被告人也佐证被告人张某没有参与。

（2）被告人当庭翻供的原因。从被告人当庭翻供的案件中可以分析归纳出翻供的主要原因有二：一是被告人在侦查阶段受到刑讯逼供、诱供、威胁等非法取证手段而被迫认罪，这也是被告人当庭翻供中提出最多的理由。郑高键教授曾对 1997~2004 年甘肃省部分法院的 42 起被告人翻供案件中的 69 位被告人翻供理由进行了分析，发现其中有 31 位被告人提出在侦查机关取证阶段受到过不同程度的刑讯逼供、诱供、威胁等。[1] 到目前为止，刑事庭审中被告人当庭翻供的理由仍以侦查阶段被告人受到刑讯逼供、诱供、威胁居多。二是"一对一"证据的案件中，被告人多以被害人陈述、证人证言不真实，或要求证人出庭当庭对质不能实现为由翻供。笔者参与审判的许某强奸案中，被告人当庭改变口供，表示其与被害人之间发生的性关系是在两人商量完价钱之后进行的，不是强奸，而在此案中被害人没有出庭；再如，毒品案件的被告人当庭翻供，要求抓获其的警察（作为证人）出庭对质，但警察没有出庭。

（3）被告人当庭翻供的结果。被告人供述作为直接证据的一种，其本身所具有的证明力在案件事实认定中起着重要的作用，也是我国庭审证据审查核实的重要证据之一，而被告人当庭翻供会直接影响法官对被告人庭前供述的证据资格的认定。自古以来，我国刑事审判对被告人供述情有独钟，而被告人供述又是主观性比较强的证据。非法取证的现象一直存在，因刑讯逼供造成的冤假错案也常常发生。被告人当庭翻供，实际上是对被告人庭前有罪供述的彻底否定，从而直接影响法官对被告人供述的证据资格的认定。此外，《排除非法证据规程》第 1 条第 2 款有关被告人重复性供述的规定对当庭翻供的法庭认定提供了法律依据，笔者将在非法程序排除规则中具体阐述。

（4）被告人当庭翻供与侦查人员出庭。被告人当庭翻供的最主要原因在于侦查人员的刑讯逼供，非法证据排除规则是对侦查人员违法取证行为的一种程序性制裁，法官审查核实被告人供述是否具有证据资格，是在非法证据

---

〔1〕　郑高键："对被告人翻供案件证据认定的调查与思考"，载《甘肃政法学院学报》2009 年第 3 期。

排除程序中实现的。在非法证据排除程序中，控方承担对被告人供述是合法取得的证明责任，其证明途径有三种，即提供讯问笔录、羁押记录、出入看守所的体检记录、侦查机关对侦查讯问过程合法性的说明等，播放侦查讯问录音、录像以及必要时侦查人员出庭。因此，侦查人员出庭是非法证据排除程序中证明侦查人员获取的被告人供述是否具有合法性的一种更为有效的方式，《法庭调查规程》第 13 条第 3 款的规定也肯定了侦查人员出庭的必要性，即控辩双方若对侦破经过、证据来源、证据真实性或者证据收集合法性等方面存在异议的，可以申请侦查人员出庭。侦查人员实际出庭证明取证的合法性，能够使控辩双方对侦查人员的取证过程直接询问，详细了解侦查人员取证的方式、手段，这是书面证据不能替代的。侦查人员出庭解决被告人供述的合法性问题，有助于法官对刑讯逼供等非法取证行为作出客观判断，准确认定被告人供述的证据资格。然而，实践中侦查人员出庭作证的情况并不理想，具体体现在以下两个方面。

一是侦查人员出庭率比较低。笔者跟随陈光中教授到黑龙江省高级人民法院调研时了解到，每年黑龙江省各级法院一审、二审刑事案件数在三万件左右，而侦查人员出庭的案件数量从 2013 年到 2015 年（上半年）分别是 28 人、52 人和 45 人，虽然侦查人员出庭的人数在逐年增加，但与案件总数相比，出庭比率相当低。从司法实践调研中获悉，侦查人员不愿意出庭主要有两方面原因。其一是侦查人员存在心理抵触。如侦查人员在法庭中接受控辩双方询问时情感上难以接受、害怕打击报复，办案压力大不愿意增加出庭的额外工作量等。其二是法律知识与业务经验水平有限。侦查人员法律专业知识水平有限，面对控辩双方的询问难免会暴露出瑕疵，而且实践中存在相当一批侦查人员办案经验缺乏的现状，若其出庭作证容易暴露侦查取证中的瑕疵。此外，法律将"必要时"解释为人民检察院可以提请或人民法院决定侦查人员出庭的前提是其认为现有证据材料不能证明证据收集的合法性，使得实践中人民检察院和人民法院对该条适用"弹性"较大。这也是造成侦查人员不出庭的又一重要原因。

二是"情况说明"替代侦查人员实际出庭的现象严重。实践中控方在证明侦查机关不存在刑讯逼供等非法取证行为时，往往是以宣读侦查机关制作的一份不存在刑讯逼供的"情况说明"代替出庭。"情况说明"并不是随着我国非法证据排除程序的确立而产生的。一直以来我国司法实践中就大量存在"情况说明"，内容涉及刑事案件的各个方面，如犯罪嫌疑人到案说明、拘捕说明、犯罪嫌疑人年龄的说明等方面。"情况说明"是刑事审判实践的产物，学界对于作为非专门法律术语的"情况说明"争议较大。争议的焦点集中在其是否属于证据方面，主要存在完全否定说、大部分否定说和大部分肯定说三种观点。但不可否认的是大部分的"情况说明"在司法实践中是被认可、采纳的。毫无疑问，有关侦查人员取证手段合法的"情况说明"在证明被告人庭前供述的证据资格方面存在很大的隐患和风险，不能保证非法取得的被告人供述可以被有效排除。"情况说明"是侦查机关对其取证行为具有合法性的一种"书面证明"材料——完全是在侦查机关掌控的范围内"制作"出来的，无法客观地、真实地保证取证行为的合法性，而且该"书面证明"材料在庭审审查核实中通常由公诉人予以宣读，对于像刑讯逼供等残忍、不人道的行为，宣读的方式远远不及"被告人与侦查人员"当面对质是否有刑讯逼供等行为更具有形象感、鲜活感和真实感，更令人信服。应当说，"情况说明"的大量使用，实际上影响了非法证据排除规则的功能发挥，导致非法证据不能被有效排除，而且宣读"情况说明"这一合法形式无形中掩盖了非法取证行为的发生，滋生了侦查人员以非法方式获取被告人供述的滥用。

此外，《法庭调查规程》第 13 条第 3 款有关法院审查认为有必要时侦查人员方可出庭的内容，在一定程度上大大限制了侦查人员出庭的比率。尽管如此，不可否认侦查人员实际出庭的方式优于另外两种证明途径。针对我国当前刑事案件审判中侦查人员出庭动力不足且侦查人员不出庭立法也没有相关的制裁措施的现状而言，侦查人员出庭率的提高难度不容小觑。但值得肯定的是，《法庭调查规程》第 14 条规定，侦查人员因身患严重疾病等客观原因确实无法出庭的，允许通过视频等方式作证，该规定在降低"情况说明"使用率方面大有裨益。笔者认为，在侦查人员出庭的条件方面应结合我国司法审判的实际，一方面，明确若控辩双方均对侦查人员取证的合法性存在异议且该被告人的有罪供述对案件定罪量刑有重大影响的案件无须受到人民法院"认为有必要"这一条件的限制。另一方面，若侦查人员应当出庭但无正当理由拒绝出庭的，可以参照《刑事诉讼法》关于强制证人出庭的规定进行处理。

2. 证人出庭问题

证人证言是我国法定证据的一种，庭审中的证人证言是指刑事诉讼当事人以外的第三人就自己所感知的事实所作的客观陈述。我国《刑事诉讼法》第 62 条明确规定了除特殊情况的人不能作证外，凡是知道案情的人都有作证的义务；第 63 条、第 64 条规定了对证人的保护措施；第 65 条规定了证人作证的经济补偿；第 193 条规定了除被告人配偶、父母、子女外应当出庭作证而不出庭的，法院可以强制证人出庭等内容。

（1）证人证言庭审调查现状与问题：证人出庭难。我国《刑事诉讼法》第 192 条和第 195 条分别规定了证人证言调查的两种方式，即证人出庭作证和宣读证人证言。但由于各方面原因，我国司法实践中证人出庭的比率非常低，因此实践中我国刑事庭审对证人证言的调查主要是以宣读侦查阶段询问证人而形成的作证笔录来进行的。2014 年叶青教授曾对 S 省三家法院一审普通程序的证人出庭情况做过统计，统计得出 Y 中级人民法院结案 252 件，出庭证人 3 人；Q 区人民法院结案 2325 件，出庭证人 8 人；J 区人民法院结案 1249 件，出庭证人 5 人。[1]笔者曾对北京 X 区人民法院 2012～2014 年刑事一审普通程序中证人出庭数做过统计，[2]具体如表 6-1 所示。

表 6-1　2012～2014 年北京 X 区人民法院刑事一审普通程序中证人出庭情况

年度	案件数（件）	实际出庭的证人数（人）	证人出庭比率（%）
2012 年	435	16	3.68
2013 年	289	4	1.38
2014 年	381	3	0.79

由上述两组数据可以看出，一是我国证人出庭的比率非常低。虽然法律规定了证人作证的义务，但是庭审调查证人证言，基本上全部是通过控辩双方宣读证人证言的笔录的方式进行的。毫不夸张地说，我国庭审宣读证人证言的笔录的比率几乎不低于 95%，证人在我国的刑事庭审中以不出庭为常态。二是我国证人出庭的比率在 2012 年《刑事诉讼法》修改后更低。为提高证人出庭作证的比率，2012 年《刑事诉讼法》修改的重要内容之一就是有关证人

---

〔1〕　叶青："构建刑事诉讼证人、鉴定人出庭作证保障机制的思考"，载《中国司法鉴定》2015 年第 2 期。

〔2〕　该数据是笔者参与陈光中教授主持的"以审判为中心，证人、鉴定人出庭"课题时所做的相关数据的统计。

出庭的问题。然而 2012 年《刑事诉讼法》第 187 条的规定使得证人出庭的条件受到三个条件的限制，尤其是"人民法院认为证人有必要出庭"的条件对证人出庭的限制最大，证人是否需要出庭必须由法官综合全案考虑作出决定。这也就意味着，法官如果认为证人没必要出庭的，控辩双方无论如何是没有办法让证人出庭的。而法官的"有必要"属于法官自由裁量的内容，实践中法官多以"没必要"拒绝控辩双方申请证人出庭的请求。令人遗憾的是，2018 年《刑事诉讼法》也未对此条款进行修订。

（2）证人出庭的必要性分析。"在和检察官同等条件下传唤和获得证人出庭并予讯问的权利是'诉讼手段平等'原则，因而也是公正审判的一个基本要素。"[1] 而我国当前的刑事庭审有关证人证言的调查核实呈现出"怪诞"，即证人本应接受控辩双方的充分询问以便确定证言的真实性及其证明力大小，但因证人不出庭作证，法庭对证人证言的检验程序演变为控辩双方宣读完证人证言笔录后，询问被告人对该证言是否有异议的确认程序。在不存在证人证言是通过暴力、威胁等非法方法取得的情况下，若被告人无异议，该证据便成为"免检"证据，直接作为定罪量刑的依据；若被告人有异议，控辩双方则需要按照证人出庭的法律要求申请证人出庭作证，但从实践中证人出庭的比率非常低的情况来看，被告人的异议实际上没有任何价值。落实直接言词原则在刑事庭审证据调查环节的体现，就是证人出庭作证制度的完善。我国《刑事诉讼法》虽然没有规定直接言词原则，但证人出庭作证的相关条文已经体现了直接言词原则的精神。因此，证人出庭在庭审证据调查环节的必要性体现在以下两个方面。

一是确定证人证言的证据资格和证明力。证人证言作为主观性很强的一类言词证据，很容易形成虚假证言，证人只有出庭接受控辩双方的质询，才能真实地反映出庭前证人所作的笔录是不是在"压力"之下作出的，如周文斌案件庭审中，公诉人出示了证人胡某某行贿的书面证言，因胡某某的出庭而发生了彻底的改变，胡某某当庭陈述了改变证言的原因，从而，法庭对定案起着关键作用的行贿证据的证据资格的认定因证人实际出庭而发生了改变。因此，证人出庭，一方面能够使法官、公诉人和被告人及其辩护人直接接触

---

〔1〕　[奥] 曼弗雷德·诺瓦克：《〈公民权利和政治权利国际公约〉评注》，孙世彦、毕小青译，生活·读书·新知三联书店 2008 年版，第 356 页。

"鲜活的证词"，能够发现证人是否有虚假陈述、作伪证的嫌疑，为法官审查核实证言提供直接的亲历感，能够较为准确地确定证人证言的证据资格；另一方面，证人以言词的方式证明案件事实，使得存在争议、疑问的证据在控辩双方询问与反复询问中得以清晰，证言的可靠性与真实性也得到检验，增强了证人证言的证明力。

二是保证控辩双方质证权的行使。若从发现案件真实的角度分析，书面的证人证言是侦查人员于案发后第一时间获取的。相对于证人出庭作证来讲，第一时间的书面证言的客观性、准确性、清晰性都比较高，这也就意味着书面的证人证言在发现案件真相方面并不比证人出庭的效果差。然而，在人权保障理念逐渐提升到与惩罚犯罪并重的地位和"以审判为中心，庭审实质化"的司法改革背景下，我们必须重新审视证人出庭作证的问题，证人只有出庭才能进行交叉询问，直接言词原则才有意义。因此，在刑事审判被赋予更多责任和意义的今天，证人出庭不仅是对证人证言真实性的确定，而且是更有益于控辩双方质证权的实现，尤其是在保障被告人与证人之间对质的权利实现方面。我国《刑事诉讼法》第 61 条[1]明确规定了定案的依据必须是经过质证的证人证言，而质证的对象是"证人证言"还是"作证言的证人"一直存在争议，但司法实务中通常将其理解为证人的证言，这是和我国刑事审判证人不出庭为常态密切相关的。杨宇冠教授指出，对证人证言的质证是通过对出庭的证人进行询问而实现的。[2]因此，笔者也赞同该观点，证人出庭才能实现控辩双方对证人证言的充分质证，防止对书面证言的简单确认造成庭审虚化的现象，有利于案件证据的争议的澄清。一方面，控辩双方质证权的实现依赖于证人的实际出庭。交叉询问是发现真相的最有效途径，只有证人出庭，控辩双方才能够对各方证人进行询问，才能够帮助法官检验证人证言的客观性、关联性和合法性，发现案件真相。另一方面，证人出庭是对被告人质证权实现的程序保障。我国《刑事诉讼法》第 194 条的规定实际上就涉及被告人与证人之间的对质，是被告人质证权在我国《刑事诉讼法》中的体现。也就是说，证人只有真正出庭，才能使被告人的质证权有实现的可能和

---

〔1〕《刑事诉讼法》第 61 条规定："证人证言必须在法庭上经过公诉人、被害人和被告人、辩护人双方质证并且查实以后，才能作为定案的根据。"

〔2〕杨宇冠、刘曹祯："以审判为中心的诉讼制度改革与质证制度之完善"，载《法律适用》2016年第 1 期。

意义，而并不是被告人当庭对书面证言的简单确认。

（3）落实证人出庭作证的建议。党的十八届四中全会通过的《决定》在推进严格司法部分提出了完善证人出庭作证制度的要求；2016 年"两高三部"《改革意见》再次提出落实证人出庭制度，并提高出庭作证率的要求；2017 年最高人民法院《实施意见》明确了证人出庭作证是核实证据的关键，提出要努力提高证人出庭率；《法庭调查规程》第 13 条关于人民法院根据控辩双方的申请，审查后认为证人证言对案件定罪量刑有重大影响的应当通知证人出庭作证的规定表明证人出庭作证的案件范围目前限于证人证言对定罪量刑有重大影响的案件。毋庸置疑，当前完善证人出庭作证制度是我国"以审判为中心，庭审实质化"司法改革的重点内容之一，刑事诉讼法学专家、学者奔赴各地方法院进行调研、数据统计、提出问题，并与刑事法官开展座谈研讨，切实把握证人出庭作证的情况、困难并竭力提出改革建议。笔者有幸参与陈光中教授主持的"以审判为中心，完善证人、鉴定人出庭"的课题中，对证人出庭作证问题的研究有了实质性的认识和体会，结合课题组的建议，提出以下主张。

一是再次明确证人应当出庭作证的案件范围。证人出庭难是我国刑事庭审证据调查的"顽疾"，原则上对于被告人认罪，控辩双方对证人证言也没有异议的简易程序、速裁程序及认罪认罚从宽程序，证人是不需要出庭的。进一步而言，若要求刑事案件普通程序审理的相关证人都出庭，既不现实，也不可能。但不可否认的是，现有规定中证人证言有"重大影响"的表达过于模糊、操作弹性过大，加之法院认为"有必要"又大大增加了控辩双方申请证人出庭的难度。因此，为了坚决落实证人出庭制度，笔者认为证人出庭作证的案件范围应包括两类，即重大案件的重要证人和一般案件的关键证人。具体说来，重大案件是指可能判处死刑的案件和具有重大社会影响的案件；重要证人是指对案件定罪量刑有重大影响的证人，即使控辩双方对该证人证言没有异议，但考虑其证言的重要性，证人应当出庭作证。重要证人的出庭，一般由公诉人主动提出要求，法官决定证人出庭，也可以由法官依职权直接决定该证人出庭。而关键证人是就一般刑事案件而言的，控辩双方若对证人证言有异议且该证言对案件定罪量刑有重大影响的，该证人应当出庭。

二是再次修改我国立法规定。我国《刑事诉讼法》第 192 条"法院认为有必要"与第 195 条"宣读未到庭的证人的证言笔录"的规定，实际上是造成我国刑事案件证人出庭比率再次降低的主要原因，适用该规定意味着庭审对证人的调查仍旧围绕书面的证言展开，其架空了证人出庭作证的制度。陈光中教授课题组在"完善刑事庭审证人出庭制度研讨会"中提出："建议删除现行《刑事诉讼法》第 195 条，同时参照第 192 条第 3 款的规定，明确规定经人民法院通知，证人拒不出庭的，不得在法庭上宣读其证言笔录，该证人证言不能作为定案的依据。"[1]

三是明确证人应当出庭而不出庭的程序性制裁措施。重大案件的重要证人及一般案件的关键证人不出庭，会导致控辩双方不能进行充分质证，从而影响法官对证人证言真实性、可靠性的确信程度。因此，除特殊情况外，证人应当出庭而拒绝出庭的，对该证人证言应当予以排除，不能作为定案依据。

3. 鉴定人出庭问题

鉴定意见是一种间接证据，是指为了查明案件的真实情况，由具有专门知识的人对案件中某些专门问题所出具的专门性见解。我国将鉴定视为一种侦查行为，侦查机关将需要鉴定的事项委托给专门的鉴定机构进行鉴定，最终由鉴定机构出具鉴定意见。比较其他言词证据，鉴定意见是专门人员依照科学规律、科学技术手段、设备及专业的方法完成的，其稳定性和可靠性较强，是一种较为客观的证据。鉴定意见应当在庭审证据调查程序中予以提出，鉴定意见展示的方式也有两种，和证人证言出示方式一致。我国《刑事诉讼法》第 192 条第 3 款规定控辩双方对鉴定意见有异议的，人民法院认为鉴定人有出庭的必要的，鉴定人应当出庭作证；第 195 条规定对于未到庭的鉴定人的鉴定意见，要经过宣读的形式予以展示，控辩双方对鉴定意见的内容可以发表意见。我国鉴定人出庭作证的要求基本上无异于证人出庭作证的要求，但对鉴定人不出庭规定了严格的程序性制裁措施，即鉴定人应当出庭而拒绝出庭作证的，鉴定意见不得作为定案的根据。

（1）鉴定意见庭审调查现状与问题：鉴定人出庭率有待提高。鉴定人出庭是我国刑事庭审证据调查中对鉴定意见审查核实的重要方式。随着刑事审判中鉴定人出庭意识的增强，我国庭审鉴定人出庭比率有所提高，但仍不乐

---

〔1〕 陈光中教授主持的"以审判为中心，完善证人、鉴定人出庭"课题总结——"完善刑事庭审的证人出庭制度研讨会综述"材料，张益南、兰哲整理，载《人民法院报》2016 年 10 月 26 日，第 6 版。

138

观。笔者曾参与座谈证人、鉴定人出庭情况研讨会，了解到 H 省 Q 市中级人民法院 2013~2015 年鉴定人出庭人数分别为 2 人、7 人和 6 人，该省 T 县人民法院 2013~2015 年鉴定人出庭人数分别为 1 人、0 人和 1 人。此外，笔者对北京 X 区人民法院 2012~2014 年刑事一审普通程序中鉴定人出庭情况也做过统计，[1]具体如表 6-2 所示。

表 6-2　2012~2014 年北京 X 区人民法院刑事一审普通程序中鉴定人出庭情况

年度	普通案件数（件）	实际出庭的鉴定人数（人）	鉴定人出庭比率（%）	有鉴定意见的案件数（件）	鉴定意见份数（份）	有鉴定意见的案件比率（%）
2012 年	435	1	0.23	267	469	61.4
2013 年	289	2	0.69	200	440	69.2
2014 年	381	1	0.26	244	489	64

由上述统计可以看出，我国鉴定人出庭的比率非常低，不论各地方经济情况如何，每年刑事普通一审案件鉴定人出庭的人数均以个数为单位。而从北京 X 区人民法院有鉴定意见的案件数量占每年普通刑事案件数量的 60% 以上的比率可以看出，我国侦查机关在收集、固定证据时越来越重视鉴定意见的使用，鉴定意见的种类也非常多，涉及刑事案件的各个方面，如伤残鉴定、精神病鉴定、价格鉴定、毒品鉴定、指纹鉴定、文书检验鉴定、林木鉴定、枪支弹药鉴定，等等。

（2）鉴定人出庭的必要性。大陆法系国家对鉴定意见比较重视，如《德国刑事诉讼法典》规定鉴定人为作出鉴定意见享有优于一般证人的权利，即查阅案卷，参与询问证人或被告的权利。鉴定意见本身所具有的科学性和专业性因素为公安司法人员所青睐，超过一半的普通刑事案件证据中至少有一份鉴定意见，甚至更多。美国学者米尔建·R. 达马斯卡指出："站在 20 世纪末思考证据法的未来，很大程度上就是要探讨正在演进的事实认定科学化的问题。"[2]鉴定意见虽然是间接证据，但是其建立在一定科学知识的基础之上

---

〔1〕　该统计是笔者参与陈光中教授主持的"以审判为中心，证人、鉴定人出庭"课题时所做的相关数据的统计。

〔2〕　[美]米尔建·R. 达马斯卡：《漂移的证据法》，李学军等译，中国政法大学出版社 2003 年版，第 200 页。

且涉及的领域非常广泛、精细，在解决刑事案件证据的专门性问题方面尤其重要。然而，科学性、专业性的鉴定意见依赖于鉴定人出庭为法庭作出解释，因此，在刑事庭审证据调查环节鉴定人出庭十分有必要，其必要性体现在以下几个方面。

一是帮助法庭合理评价鉴定意见的证明力。鉴定意见作为一种对专门性问题作出鉴别和判断的科学性极强的书面证据，其功用体现在庭审证据调查中能否对案件事实起到证明的效力，也就意味着帮助法庭作出是否采信该证据的认定。由于鉴定意见专业性比较强，如果在刑事庭审证据调查程序中仅仅宣读鉴定意见，控辩双方以及法官只能对最终的结论性部分予以"一揽子接受"，控辩双方，以及法官由于专业知识的欠缺，对鉴定人如何得出该结论性意见的过程与理由无法获悉，对专业术语的解释更难以理解，如病理反应、药物对人体的影响、艺术品的真伪及价值，等等。"只有对鉴定意见的科学性应有正确认识，即对司法鉴定所依据的科学理论与技术方法应有正确认识，才能正确判断鉴定意见的证明力"，[1]然而，法庭对鉴定意见的科学认识是需要通过鉴定人的语言表达帮助实现的，书面的鉴定意见或许难以对科学理论与技术方法解释清楚，更不能"回答"被告人及其辩护人对鉴定意见的疑问与不解。因此，鉴定人出庭对专业性知识予以解释，接受控辩双方的质询，将有利于法庭对鉴定意见的证明力作出正确判断。例如，在林某某投毒案件中鉴定人就"有关N-二甲基亚硝胺中毒致急性肝坏死引起急性肝衰竭"的鉴定意见出庭接受质询，为控辩双方及法庭解释了黄某死亡与N-二甲基亚硝胺中毒致急性肝坏死引起急性肝衰竭之间的关系。

二是保证控辩双方对鉴定意见的有效质证。我国刑事审判实践中，鉴定人出庭的比率极低，有些地区的法院的鉴定人出庭情况几乎为零。那么，面对鉴定意见在刑事案件中的比重日益加大，控辩双方如何对这份专业性强、证明力大、鉴定类型多样、精细的鉴定意见进行质证呢？鉴定人出庭是保证控辩双方质证的最佳方式。英美法系国家将鉴定人视为专家证人，在传闻证据规则的要求下，鉴定人必须出庭接受控辩双方的质证，专家证言的采纳与否完全是通过控辩双方当事人的询问和质证实现的。而大陆法系国家法官作

---

〔1〕 拜荣静："论刑事鉴定意见证明力的评价"，载《贵州大学学报（社会科学版）》2013年第5期。

为审查核实证据的唯一主体，因受被鉴定事项专业知识的影响，鉴定人必须出庭接受法官的询问（控辩双方也可以提问），帮助法官判断鉴定意见的证明力。根据我国《刑事诉讼法》第192条的规定鉴定人在必要的情况下是需要出庭接受质证的，如果鉴定人不出庭，对书面的鉴定意见的质证完全是被告人对其意见表态的过程，不是真正意义上的"质证"。鉴定人出庭的任务就是"力求在法庭上通过质询来证明鉴定意见的合法性、客观性和科学性等"。[1]因此，鉴定人出庭接受质证，有助于书面鉴定意见中的专业知识更容易被控辩双方理解、接受，更有利于法官从控辩双方言词的质证中更加清晰、明白地把握鉴定意见的证明力。

（3）完善鉴定人出庭的具体措施。罗马法谚云，"鉴定人是关于事实的法官"，鉴定人出庭皆被认为是审查核实鉴定意见的重要途径，因此，完善鉴定人出庭作证制度对庭审证据调查程序的运行和结果的保障有着重要的意义。

一是强化鉴定人出庭作证的意识。随着我国鉴定设备和水平的不断提升，科学性、专业性的鉴定意见越来越被公安司法机关及当事人接受和认可，也是与其他证据之间形成完整证据链的重要证据。因此，鉴定人出庭接受质证将成为我国刑事庭审证据调查程序的重要内容。提高鉴定人出庭作证的比率，首先要让法院和控辩双方均有要求鉴定人出庭作证的意识，鉴定人实际出庭能够帮助控辩双方对鉴定意见存在的困惑或争议提出在法庭、解决在法庭；鉴定人出庭接受法官的询问，能够帮助法官确定鉴定意见的证明力。

二是限制法官自由裁量权。我国《刑事诉讼法》第192条规定的鉴定人出庭的条件，即人民法院认为"有必要"，再次为法官自由裁量鉴定人是否出庭开了"绿灯"，使其绝对性地掌握了鉴定人能否出庭的话语权，使控辩双方虽对鉴定意见存在争议或疑惑却因法官认为没有必要而彻底失去获得庭审询问的机会。不可否认，司法实践中鉴定人出庭会造成法官难以控制的局面，如被告人及辩护人对鉴定人如何作出最终结果的过程"抓住不放"，或者询问的问题超出鉴定意见本身，或者被告人若对鉴定人的解释不理解、不满意甚至认为鉴定意见有问题，要求重新鉴定，等等。相当一批法官认为公诉人直

〔1〕　程军伟："论司法鉴定人出庭作证的任务、证言规则及要求"，载《铁道警察学院学报》2016年第4期。

接宣读鉴定意见能减少质证的环节，从而避免因鉴定人的出庭而加重庭审的负担，法官往往不愿意鉴定人出庭。因此，建议以鉴定人出庭为原则，不出庭为例外，删去法院认为有必要时鉴定人才能出庭的限制条件，提高鉴定人的出庭比率。

三是严格落实鉴定意见的程序性制裁措施。英美法系国家依据传闻证据规则，专家证人不出庭的，其书面证言因不具有可采性而被排除，大陆法系国家虽然没有明确规定鉴定人不出庭，法院能否将鉴定意见予以排除，但是在法官职权主义审判模式和法律规定的直接言词原则下，鉴定人的出庭更被认为是一种法定义务。根据我国《刑事诉讼法》第 192 条第 3 款的规定，鉴定意见程序性"无效"是由于鉴定人应当出庭不出庭，这也是我国刑事庭审证据调查中除非法证据排除之外的第二个程序性制裁措施。然而《刑诉法解释》第 86 条规定鉴定人因为不可抗力或其他正当理由无法出庭的，人民法院并没有绝对地排除鉴定意见的权力，而是需要采用延期审理或重新鉴定的方式予以"回转"，即回转到没有对鉴定意见进行制裁的状态，而非将鉴定意见予以排除。但《法庭调查规程》第 14 条明确了对于应当出庭的鉴定人，因庭审期间身患严重疾病等客观原因无法出庭的，可以通过视频等方式作证的内容，这在一定程度上限制了通过"回转"方式放任了鉴定人不出庭的情形，值得肯定。因此，笔者建议司法机关应当进一步对"客观原因"作出司法解释，严格限制"客观原因"的范围，如鉴定人死亡、鉴定人失去民事行为能力或者鉴定人患有严重疾病不能出庭等事项。此外，鉴定人不是不可替代的，若法院审前得知鉴定人有正当理由的，可以建议鉴定机构安排其他鉴定人员代替出庭（鉴定意见一般需要有资质的三位鉴定人共同作出）。鉴定人没有正当理由拒绝出庭作证的，人民法院要坚决排除该份鉴定意见。

三、我国言词证据的质证问题

质证，是审查核实言词证据的证据资格和证明力的重要方式。查阅我国《刑事诉讼法》的条文发现只有第 61 条在控辩双方核实证人证言方面提到了"质证"二字。那么"质证"一词是什么意思呢？《古今汉语词典》将"质证"界定为"对质证据、质疑论证和核实验证"；[1]在《汉语大辞典》中

---

〔1〕 商务印书馆辞书研究中心：《古今汉语词典（大字本）》，商务印书馆 2002 年版，第 1889 页。

"质证"包括"凭据、证据，质疑论证，对质证明和核实验证"等四个具体含义。就质证而言，首先需要明确对谁进行质证的问题，学界对此认识不一，如曾庆敏主编的《法学大辞典》认为质证仅限于对证人证言的质证，[1]又如刘金友教授主张质证的对象是当事人双方提供的证据，[2]景汉朝教授将质证的对象表达为一切证据。[3]我国刑事诉讼活动中的质证特指控辩双方对证据的质疑与质问，根据司法解释[4]和大多数学者的观点，笔者认为，质证的对象应为控辩双方所提出的证据，不限于证人证言。然而，就我国目前庭审实践来看，质证更多地被理解为对言词证据提供者的质疑或询问，笔者认为言词证据的质证方式主要有交叉询问、对质询问和法庭询问三种方式。

（一）交叉询问

交叉询问作为对抗式审判的标志，是当事人主义国家刑事审判运行的主轴，被誉为发现案件真相的重要法律装备，但不限于只在英美法系国家适用。我国刑事审判吸收了当事人主义诉讼模式的对抗性因素，刑事庭审证据调查程序中控辩双方享有举证、质证的权利，以协助法官调查核实证据。在我国刑事审判方式改革如火如荼，证人、鉴定人出庭率略有改善的现状下，由书面的言词证据调查方式转向人证调查方式成为刑事审判改革的重要内容，研究交叉询问制度是推进我国对抗制审判改革的必要课题。

1. 交叉询问的域外考察、立法体现及评价

交叉询问起源于英国。在都铎王朝建立以前，英国的证据调查采用双方当事人控诉式调查模式，原告、被告陈述之前均需要发誓，证人作证也需要发誓，发誓的方式在一定程度上保证了供述、证词的真实性，该时期是不存在交叉询问的调查方式的。在都铎王朝时期，英国实行纠问式的审判模式，法官通过讯问被告人的方式审查证据，对于证人而言，"按照当时法学家的理

---

〔1〕"质证，刑事诉讼中指对证人证言提出疑问，要求证人作进一步陈述，以解除疑义，确认证言的作用"，参见曾庆敏主编：《法学大辞典》，上海辞书出版社1998年版，第1029页。

〔2〕"质证是当事人在法庭调查过程中，对对方当事人或者其他诉讼参加人提供的证据进行公开的、直接的辩论和质疑，进而对证据的真实性、合法性和关联性予以确认的或否认的一项制度"，参见刘金友主编：《证据法学》，中国政法大学出版社2001年版，第450页。

〔3〕"质证是指在法官的主持下，由当事人双方对法庭上出示的各种证据材料及证人证言等进行对质核实的活动"。参见景汉朝、卢子娟："经济审判方式改革若干问题研究"，载《法学研究》1997年第5期。

〔4〕《刑诉法解释》，第78条、第107条、第220条。

解，秘密讯问证人是发现真实最理想的方式"。[1]直至 16 世纪，证人才出现在法庭之上，向陪审团陈述作证，但此时证人出庭并非基于保障被告人权利的考虑。在 16 世纪晚期至 17 世纪，由于施行"禁止辩护律师"的规则，整个庭审证据调查通过各种方式使被告人对指控和证据进行陈述，被告与对其不利的证人进行当面对质常常来自法官的安排。1603 年英国雷利夫爵士（Sir Walter Raleigh）[2]叛国罪案件被视为被告人享有对质权的标志性案件。被告人 Raleigh 要求与指控其犯有叛国罪的重要证人对质，应该说此时被告人所主张的对质权并不包含反询问的内容。该事件引起了当地民众的抗议并引发了大规模的骚动，结果在 1650 年被告与证人对质的性质由要求转变为权利。也就是说，在 17 世纪中叶，被告人的对质的权利才在刑事审判中得到保障。直至 1696 年《英国叛逆罪审判法》的颁布——也被认为是对抗式审判的起源——才正式确立被告人对质权，该法规定叛逆罪的被告在审判前后有权获得律师帮助，被告人与证人对质的权利在叛逆罪中由辩护律师行使，"1730 年以后，英国司法实践中已经完全准许被告律师在审判时对证人进行询问和交叉询问"，[3]自 18 世纪起交叉询问被作为发现案件真实的最伟大的方式一直沿用至今。随着英国殖民扩张，被告人对质的权利也被传播到美国，1776 年美国弗吉尼亚州《权利宣言》第 8 条对此予以规定；1791 年美国将交叉询问明确为宪法性权利，将其规定在宪法第六修正案中，即被告享有与不利己的证人对质的权利；从 1974 年 Davis v. Alasdka 一案的判决可见，对质的根本目的是要确保辩方有反对询问的机会。美国法院通过一系列判例及《美国联邦证据规则》的立法规定明确了较完备的交叉询问的适用目的、范围、方式和顺序等内容，将交叉询问发展至顶峰。第二次世界大战后，大陆法系开始注重被告人的权利保障，吸收对抗式审判中交叉询问的调查方法以帮助法官查

---

〔1〕 Frank R. Hermann, S. J., Brownlow M. Speer, "Facing The Accuser: Ancient and Medieval Precursors of the Confrontation Clause", *Virginia Journal of International Law*, Vol. 34, 1994, pp. 515-516.

〔2〕 在 1603 年秋季，雷利夫爵士（Sir Walter Raleigh）被指控犯叛国罪，罪状是：他和科巴姆勋爵（Lord Cobhalan）一起策划一项旨在使斯图尔特（Arbella Stuart）成为英格兰的王后，而阻止詹姆士一世（James 1）的加冕礼。科巴姆勋爵在拷问下"供认"雷利夫犯了叛国罪。然而，他后来在信中又否认他的"供认"。在审判过程中，当科巴姆的自白作为指控雷利夫的证据被提出时，雷利夫要求法庭传科巴姆出庭接受他的询问。但是法官害怕科巴姆当庭否认他的自白，就驳回了雷利夫的请求。最后，雷利夫被判叛国罪，15 年后被执行死刑。

〔3〕 陈永生："论辩护方当庭质证的权利"，载《法商研究》2005 年第 5 期。

明案件事实，如《德国刑事诉讼法典》第 239 条规定，审理时采取主询问和反询问结合的方式。然而在实践操作中，德国法官依职权调查核实证据的职责感使其对交叉询问这种外来物非常排斥，因此该条款一直没有被"激活"。

　　根据《美国联邦证据规则》第 611 条的规定和联邦最高法院的判例，典型的交叉询问主要包含以下六个方面的内容。其一，交叉询问的主体。当事人主义国家的交叉询问的主体只能是控辩双方的律师，被告人可以通过辩护律师行使交叉询问的权利，法官的询问属于直接审问，不是交叉询问。其二，交叉询问的对象。刑事庭审证据调查围绕控辩双方律师对人证进行交叉询问展开，人证包括放弃沉默权的被告人、被害人、一般证人、专家证人等。实物证据也是通过询问侦查人员、专家证人的方式进行的。其三，交叉询问的顺序及目的。一般来说，交叉询问是按照举证方直接询问、对方反询问、举证方再次直接询问和对方再次反询问的顺序进行的。举证方直接询问的目的是通过直接询问证人说服法官或陪审团相信某种事实的存在，且直接询问禁止提出诱导性问题；对方反询问的目的是检验言词证据是否合理、真实，以打击直接询问中证人或证词的可信度，引出对己方有利的证词，反询问是允许诱导性提问的；举证方再次直接询问的目的是针对反询问暴露出来的问题进行补充性询问，以维护己方证人证词的证明力；对方再次反询问的目的是针对证人的再次主询问作出解释或回应质疑。其四，交叉询问的范围。不同于英国的开放性询问规则，美国采用限制性询问方式对交叉询问的范围予以限制。1942 年戈德曼诉美国案（Goldman v. United States）确立了"一审法院对交叉询问的内容所作的限制应当不影响对案件的重要事实或者其他重要因素的判断"。[1]具体来说，《美国联邦证据规则》将这种限制性的标准确立为交叉询问的内容应当限于主询问的事项和可以影响证人可信性两方面内容。其五，交叉询问的方式与规则。交叉询问采取一问一答的方式，并有着严格的限制规则，如禁止诱导性规则、不得质疑己方证人规则，等等。其六，违反交叉询问的救济。在庭审过程中，对于不当的交叉询问，主要有四种救济方式：（1）删除不当询问的动议。控辩双方在交叉询问中，任何一方认为他方违反交叉询问规则所提的问题或所作的回答或两者都包含时，均有权利提出

---

　　[1]　齐树洁主编：《美国证据法专论》，厦门大学出版社 2011 年版，第 288 页。

反对意见要求法庭删除该询问记录，最终是否删除该记录由法官裁决。（2）法官的警告。如果删除的动议成立，法官要警告陪审团不能将该问题作为判决的依据；如果证人以不当的方式回答问题或自动陈述不应当回答的问题时，法官应对证人予以警告。（3）宣告无效判决。对于交叉询问严重影响程序公正或者法律伦理时，应当宣告判决无效，如证人故意或无意谈到被告人的前科记录，证据在庭前被告知不准在庭审中提出而被证人当庭提出，等等。（4）引起上诉审查。如果对于不当的交叉讯问提出抗议，且抗议成立，那么该抗议裁定可以作为上诉的依据，如反询问超过主询问的范围而被抗议，错误引述证据或证词，等等。

应该说，英美法系国家的交叉询问是伴随被告人对质权的确立而逐渐产生完善的。"在法律的历史上，还没有任何一种制度比交叉询问更有助于我们发现案件事实。"[1]传统观点认为英美法系国家的交叉询问是对抗制庭审证据调查中发现真实的最重要的法律机制，只有庭审中进行交叉询问，才能发现证人的证词是否真实，才能够使证人的证言准确且具有可靠性。但是，不可否认的是，交叉询问是富有技巧的操作，其致命性就是"会使诚实但是腼腆的证人比那些恶棍更容易在交叉询问的攻击面前倒下"。[2]由于交叉询问的技巧性运用，使得一些律师更愿意通过这些技巧来获得胜诉，而忽视案件的真实面目。但美国法院至今没有放弃其对询问证人的方式和顺序的控制权，法官对对抗制的有效运行承担最终的责任。但是，不管怎么说，自交叉询问实施两个多世纪以来，并没有离开过英美法系国家的审判体系，而且该制度被许多大陆法系国家借鉴、学习，通过公平竞争发现案件真实、尊重被告人诉讼地位及限制法官权力为交叉询问制度的生存提供了坚实的理论基础。

2. 我国"交叉询问"的立法体现及评价

交叉询问是庭审质证的一种重要方式，在我国《刑事诉讼法》中并没有"交叉询问"的字眼。我国《刑事诉讼法》第 61 条规定了证人证言必须经过质证才能作为定案的依据；第 194 条规定了控辩双方询问出庭证人要受到与案件事实相关问题询问规则的限制；第 195 条规定了控辩双方有权对证据提

〔1〕 J. A. Jolowicz, *Adbersarial and Inquisitorial Models of Civil Procedure*, in *International and Comparative Law Quarterly*, Vol. 52, 2003.

〔2〕 ［美］约翰·W. 斯特龙主编：《麦考密克论证据》，汤维建等译，中国政法大学出版社 2004 年版，第 62 页。

出意见。《刑诉法解释》第212条、第213条，最高人民检察院颁布的《刑诉规则》第406条分别规定了询问证人、鉴定人的顺序及讯问被告人、询问证人、鉴定人、对证人发问的方式等内容；《刑诉法解释》第213条、《法庭调查规程》第20条规定了向证人发问应遵守的规则；《刑诉法解释》第214条、《法庭调查规程》第21条规定了对控辩双方不当的讯问、发问的救济措施。从目前的立法规定和司法解释来看，我国"交叉询问"涉及四个方面的内容：一是询问（讯问）的主体。控辩双方是讯问或询问的主体。在庭审证据调查中控辩双方享有讯问被告人、向证人、鉴定人等发问的权利。二是询问（讯问）的顺序。庭审证据调查程序中，控方先举出被告人的有罪供述，讯问被告人按照先控方后辩方的顺序进行；询问证人、鉴定人等，由提请通知作证的一方先发问，发问完毕后由对方发问；允许公诉人在辩方发问完毕后根据证人的回答情况再次发问，但需经审判长许可。三是询问的方式和规则。规定了询问证人、鉴定人等应当采取一问一答的方式，且需要遵循一定的发问规则，如禁止诱导性发问规则、不得威胁证人规则、相关性规则、不得损害证人人格尊严规则。四是询问（讯问）的救济。控辩一方可以提出异议，法官也可以依职权或依申请进行制止。

　　严格来说，我国对言词证据提供者进行询问的方式并不是英美法系的交叉询问。首先，在我国庭审证据调查环节中，控辩双方可以向被告人发起两轮讯问或发问。第一轮，控辩双方围绕案件事实讯问或发问被告人。在控辩双方举证之前，审判长就公诉机关宣读的起诉书与被告人核对完之后，控辩双方就案件事实可以向被告人讯问、发问。讯问、发问的重点是围绕争议事实进行的，审判长会提醒控辩双方对与案件无关的事实不要发问、重复的问题不要发问，不要进行诱导性的发问等事项。第一轮控辩双方讯问或发问被告人在刑事庭审证据调查中是初始、独立的环节，被告人仅就案件事实本身作出回答。第二轮，控辩双方围绕被告人庭前有罪供述讯问或发问被告人。在刑事庭审中，控方负有指控被告人有罪的举证责任，公诉人在举证时首先宣读被告人庭前的有罪供述，被告人在审判长的主持下接受控辩双方的第二轮讯问，对该供述内容是否具有真实性作出回答。第二轮控辩双方讯问或发问被告人围绕被告人庭前有罪供述的笔录展开质证，被告人应当对控辩双方的质问或质疑作出回答。从上述两轮控辩双方的讯问或发问可以看出，我国对被告人的交叉询问是分两次进行的，因为我国被告人在庭审中不享有沉默权，被告人应当如实回答讯问或发问的内容。其次，我国有关交叉询问规则的法律规定比较"初级"。在我国举证、质证阶段，控辩双方对言词证据提供者的询问根据证据的"三性"向言词证据的提供者进行询问，其"初级"表现在三个方面：一是控辩双方对被告人的讯问及证人、鉴定人等的询问只规定到了直接询问和反询问的层面，并不存在典型交叉询问中直接询问、反询问、再直接询问、再反询问的控辩双方来回交锋的布局。二是我国法律并没有规定直接询问的要求和反询问的限制范围。虽然我国控辩双方对被告人、被害人及证人、鉴定人等的讯问、询问的内容仅受与案件事实相关规则的限制，但控辩双方的发问是开放式的，这使得庭审证据调查中控辩双方的讯问或询问基本上表现为控辩双方轮流询问各方需要问的问题的模式，对抗性不强。三是交叉询问规则过于简单，可操作性不强。我国《刑事诉讼法》第194条规定了控辩双方要依据与案件内容相关问题进行询问的一般规则，《刑诉法解释》第213条及《法庭调查规程》第20条均规定了禁止诱导性询问规则。总体来说，我国法律对交叉询问的规定过于简单，缺乏涉及交叉询问运行的其他规则，如弹劾证人可信性规则、意见证据排除规则，等等；禁止诱导性询问规则过于原则化，缺乏可操作性，后两个法律条文没有对禁止诱导性询问适用的直接询问和反询问予以明确规定，也没有禁止诱导性询问的具体适用规则，司法实践中难以操作。最后，法官主导讯问或询问的过程。就讯问被告人、询问被害人而言，法官在控辩双方讯问完被告人和询问被害人之后，可以根据讯问或询问的情况补充讯问或询问；就询问证人、鉴定人等人证而言，控辩双方对于证人证言、鉴定意见有异议的需要证人、鉴定人出庭的，必须由审判长决定，证人和鉴定人才能出庭，而非控辩双方能够自主决定证人、鉴定人出庭；对证人、鉴定人的发问是在审判长的许可下进行的。我国法官在控辩双方询问证人、鉴定人方面具有单方的控制权，不能为交叉询问提供有效运行的空间。

笔者认为"中国特色控辩式"的审判方式决定了我国不能形成典型的交叉询问。由于缺少典型交叉询问制度的某些重要特征，加之我国控辩双方第一轮讯问或发问被告人是独立于庭审证据调查举证环节的，因此，我国"交叉询问"的适用范围更广，包括控辩双方对被告人的交叉讯问和对其他言词证据提供者的交叉询问两种形式。我国刑事审判已经初步形成了控辩质询的基本格局，是具有中国特色的交叉询问，笔者赞成龙宗智教授将我国对言词证据提供者的质证方式称作"控辩询问"。

典型的交叉询问模型　　　　　　　我国的"交叉询问"模型

3. 改良我国"交叉询问"的有利因素及具体建议

随着我国刑事审判改革的不断深入，庭审中仅对书面笔录性证据进行审查核实的方式已经不能满足庭审实质化改革的需要，也不能真正地检验一份书面证词或鉴定意见的真伪。交叉询问规则是控辩双方对出庭证人、鉴定人等如何进行询问的一项基本法则，是规范控辩双方有效质证的重要保障。那么，改良我国现有的"交叉询问"规则有何有利条件呢？

一是我国现有的法律及司法解释规定的内容符合交叉询问的基本模式。一方面，控辩双方分别询问在形式上符合交叉询问调查主体双方性的特点。对抗性是保障交叉询问效果的最直接因素，我国《刑事诉讼法》三次修改已将控辩双方对抗性因素引入刑事审判中并固定了下来。刑事庭审证据调查中控辩双方负有举证、质证的责任，不再由审判法官单独地直接讯问被告人、询问证人、鉴定人等，而是控辩双方分别对言词证据的提供者进行直接询问和反询问，符合交叉询问中直接询问和反询问交叉进行的基本格局。另一方面，我国立法和司法解释规定的询问的顺序及禁止性规则体现了交叉询问的技术方法。传唤证人的一方先进行询问，再由另一方进行询问，禁止诱导性询问及有损证人、鉴定人等人格尊严的发问规则，符合交叉询问技术方面的基本特征。

二是"以审判为中心，庭审实质化"改革的具体要求为改良我国的"交叉询问"制度提供了动力。党的十八届四中全会以来，我国对刑事审判方式进行了大刀阔斧的改革，落实直接言词原则，完善证人、鉴定人的出庭作证制度等做法为改良我国的"交叉询问"提供了动力和条件。司法实践中，我国法官及控辩双方要求证人、鉴定人出庭作证的意识逐渐增强，各地方法院正积极探索强制证人出庭作证的制度。就目前证人出庭作证的试点情况来看，证人出庭效果得到明显改善，如 2015 年温州市中级人民法院在完善证人出庭的试点工作中，积极探索证人出庭的实施细则及各项保障措施。据统计，2015 年到 2016 年 6 月，温州市中级人民法院和瑞安、平阳法院三家证人出庭试点法院共在 218 起刑事案件中通知 429 人出庭，占全部非简易程序开庭案件的 11.92%；实际有 97 起案件 145 人出庭作证，实际到庭率为 33.8%。[1] 可见，在庭审实质化改革的要求下，我国证人、鉴定人出庭作证的比率将有大幅提高，而如何在刑事庭审证据调查中核实证人证言、鉴定意见的证据资格及证明力将成为质证的关键，对此，"交叉询问"首当其冲。正如陈学权教授指出："在我国未来的刑事法庭上，交叉询问能否成为常态，应当成为衡量'推进以审判为中心的诉讼制度改革'成败的重要标志。"[2]

三是我国司法实践案例中的交叉询问的运用取得了良好的质证效果。在周文斌案件中，胡某某在一审庭审中两次出庭作证，作证的内容却截然相反。受贿案件的主要争议焦点是行贿人有无真正的行贿，周文斌案件中胡某某就其是否行贿于周文斌的事实出庭作证。尽管胡某某的证词呈现出两个版本，但是在证据调查环节控辩双方对胡某某的交叉询问反映了证人迫于外界压力反复改变证词的缘由。如果没有胡某某出庭接受质证，"纸面证词"可能永远无法提供给控辩双方询问证词的机会，无法让法官看到"纸面证词"的真实性，证人出庭在实际上能够降低或摧毁对方证人的可信度及证词的证明力，为法官依证据裁判案件提供有效的证据保障。

交叉询问对于发现案件真相和保持控辩双方平等对抗有着重要的理论价值。在"中国特色控辩式"审判中，交叉询问在控辩双方协助法官审查核实证据资格和证明力方面有着重要的地位。根据我国刑事庭审证据调查的实际情况，控辩双方对言词类证据的提供者展开询问是交叉询问制度的重要内容。因此，在明确我国"交叉询问"对象为被害人、证人、鉴定人、侦查人员和有专门知识的人的前提下，把握上述改良我国"交叉询问"的有利条件，笔者建议从以下三个方面完善我国的"交叉询问"制度。

首先，确定询问言词证据提供者的顺序。关于询问言词证据提供者的顺序，《刑诉法解释》第 212 条规定对证人、鉴定人的发问顺序依照提请通知的

---

[1] 徐建新、吴程远："以审判为中心的诉讼制度改革的温州实践"，载《人民司法（应用）》2016 年第 25 期。

[2] 陈学权："以审判为中心呼唤科学的交叉询问规则"，载《证据科学》2016 年第 3 期。

一方先发问原则进行，而《法庭调查规程》第 19 条第 1 款对发问顺序进行了修改，即证人出庭后，以"先陈述，后发问"的方式进行，具体发问的顺序原则上由"先举证方"进行发问，若案件审理有需要，也可以由"申请方"发问，对被害人、鉴定人、侦查人员、有专门知识的人的发问参照证人发问的规定执行，由此可见，《刑诉法解释》与《法庭调查规程》规定有所差异。事实上，就《刑诉法解释》的规定而言，对于证人、鉴定人、侦查人员及有专门知识的人而言，基本上可以明确将其划分为控方证人或辩方证人，但是在司法实践中存在一种矛盾的现象，即提请证人出庭的一方并非己方证人，那么就存在己方对对方证人先发问的情形。如周文斌案，对控方证人胡某某的发问是由辩方先提出的，这和典型的交叉询问的顺序不相符。而对于被害人的发问，因诉讼角色的问题而不能明显将其归为控方证人或辩方证人，立法上也没有关于控辩双方对被告人和被害人讯问或发问顺序的规定。因此，笔者认为《法庭调查规程》的规定比较符合法律思维的逻辑，建议《刑诉法解释》再修改时予以采纳，但对于被害人的发问，建议遵循司法惯例按照"先控方后辩方"的询问顺序进行。

其次，控辩双方发问的内容应当以"与案件事实和证据有关"为原则。我国控辩双方"发问的内容应当与本案事实有关"的规则适用于直接询问和反询问，但在反询问方面这种规则不利于降低或摧毁证言的可信度或发现出庭作证证人、鉴定人等证言方面存在瑕疵的质证效果。然而我国控辩双方帮助法官调查核实证据的对抗性表现得不是很激烈。而《美国联邦证据规则》第 611 条（b）款的规定，即"反询问的范围应当限定在直接询问的主要事项和影响证人可信性的事项范围之内"，不适合直接照搬到我国刑事审判中。因此，笔者建议将控辩双方发问的范围稍作扩大，即"发问的内容应当与本案的事实和证据有关"，对方对证词的关键部分在直接询问中无法确定证据资格或证明力的，也就是说仍存在疑问且有继续质证的必要的应当在反询问中体现。

最后，询问方法采取陈述式与问答式相结合的方式。《刑诉规则》第 406 条第 1 款、第 4 款规定了我国发问的方式是陈述式和问答式相结合的，鉴于我国控辩双方对抗性加强的背景，笔者认为应严格按照《法庭调查规程》第 19 条第 1 款的规定进行询问，在保持询问方法采取陈述式与问答式相结合的现有模式下，强调询问操作上的清晰度，即直接询问时，允许证人首先根据案件的事实和证据予以概括式陈述，然后由直接询问人根据情况进行重点询问；反询问时应当按照一问一答的方式进行，有利于直击证词的疑点、关键。

此外，交叉询问的有效运行依赖于证人、鉴定人的实际出庭，也依赖于控辩双方对交叉询问技巧的掌握以及法官驾驭庭审讯问、询问的能力。为了"以审判为中心，庭审实质化"改革目标的实现，改良我国"交叉询问"的相关内容及规则势在必行。

（二）对质询问

对质，也可被称为"对质询问"或"对质诘问"（我国台湾地区学者常称"对质诘问"），是指两人同时在场面对面互为质问，包括面对面和询问两点要素。对质在日常生活中也比较常见，如学生之间的试卷雷同，老师要求学生互相对质；同事之间互相推诿责任，领导要求双方互相对质，等等。生活中的对质比较随意，而刑事庭审中的对质有着严格的法律要求。

1. 对质询问的基本模式

据史料可查，大约在 12 世纪中叶纠问式诉讼模式时期，刑事审判中要求被告人与证人当面对质的制度就已萌芽，但被告人会面证人需要具备两个条件。[1]可以说，当时被告人对质证人只是法官的一种要求，并非被告人的权利。目前来说，世界各国将被告人与证人对质的研究视角分职权对质和权利对质两大模式。英美法系国家将对质询问作为被告人的权利，推动对质制度的运行，其中包括被告人和不利证人之间的当面对质以及对证人进行交叉询问，因此对质询问和交叉询问会有重合。美国将被告人的对质权规定为一项宪法权利，其包括两个要素，即"面对面"和"互为质问"。"面对面"被解释为：（1）被告人在审判中在场目视证人的权利（1990 年 Maryland v. Craig案）；（2）美国联邦最高法院法官确立了被告人有使证人目视自己的权利

---

〔1〕 两个条件：（1）当法官对控方证言的可信性发生怀疑时，法官有权要求被告人对证人进行质证；（2）为迫使拒绝承认有罪的被告人供述，法官有权要求被告与其不利的证人面对面。参见Frank R. Herrmann, S. J., Brownlow M. Speer, Facing the Accuser: Ancient and Medieval Precursors of the Confrontation Clause, *Virginia Journal of International Law*, Vol. 34, 1994, P. 573.

（1988 年 Coy v. Iowa 案）。[1] 互为质问在美国刑事审判中表现为一种单向性的询问，即被告人作为对质权利人询问不利证言作出者的询问。而大陆法系国家的对质询问更侧重于通过辨别矛盾而查明案件事实。直接言词原则为被告人与其不利证人之间的对质提供了保证。《法国刑事诉讼法》第 338 条也规定了审判长可以根据被告人的要求安排其与证人对质。从目前我国的立法规定和司法实践来看，被告人与同案被告人、证人的对质和证人出庭作为两种制度被分别规定，证人出庭作为审查核实言词证据的重要方式已在交叉询问中予以介绍，本书的对质询问仅指被告人与同案被告人、证人对质。

2. 我国对质询问的立法规定及评价

我国法律规定了被告人与同案被告人、证人之间的当庭对质的内容，具体体现在《刑诉法解释》第 199 条，该条规定在刑事庭审证据调查中，若对同一事实的陈述存在矛盾，需要对质的情况下，被告人可以与同案被告人当庭对质，而《刑诉规则》第 402 条第 4 款规定："被告人、证人、被害人对同一事实的陈述存在矛盾的，公诉人可以建议法庭传唤有关被告人、通知有关证人同时到庭对质，必要时可以建议法庭询问被害人。"从上述司法解释可以看出，法官对被告人与同案被告人的对质享有当然的决定权，而被告人与证人的对质需要公诉人的建议。由于最高人民法院和最高人民检察院的司法解释规定有所差异，学界对被告人对质的对象能否包括证人有所争议。笔者认为，与被告人对质的主体应当为共同犯罪的被告人和不利于己的证人，原因有两点：其一，司法实践的操作默认了被告人对质的主体包括证人。公诉人出于指控犯罪的需要，若建议法庭传唤证人到庭与被告人当庭对质，法院往往不会拒绝。如周文斌案中，被告人周文斌与证人胡某某的对质，等等，都说明了被告人与对己不利证人之间的对质成了庭审证据调查的重要方面。也就是说，将我国与被告人对质的主体解释为同案犯被告人和不利于被告人的证人更符合我国司法现状的需求。其二，最高人民法院和最高人民检察院的司法解释的效力等级相同。相比较最高人民法院的规定，最高人民检察院的

---

[1] Maryland v. Craig 案，性侵案，证人为小女孩。证人看到被告会激动而无法陈述，因此法院采用电视视频的方式作证，被告人能目视到证人。Coy v. Iowa 案，证人为两位 13 岁女性性侵犯被害者，州法律规定此种证人作证应在被告与证人之间设置屏障，被告人能目视证人，但是证人看不到被告人。美国联邦最高法院认为该规定违反"被告享有与证人面对面的基本权利"，而且在该案中没有必要在被告与证人之间设置屏障。

司法解释将被告人对质的主体扩大到证人，从查明案件真相和有利于被告人原则的角度出发，最高人民检察院的解释也是有效的对质规范，并将被告人对质的主体扩大到证人是符合法理基础的。值得欣慰的是，最高人民法院《法庭调查规程》第 8 条第 3 款审判长可以安排被告人与证人、被害人对质的规定，表明了最高人民法院和最高人民检察院在被告人对质主体的范围上已达成共识，趋于一致，期待最高人民法院尽快修订司法解释。

3. 对质询问对我国庭审言词证据调查必要性分析

任何一位刑事审判的被告人都有与不利于己的证人面对面对质的本能欲望，笔者认为将其理解为被告人的一项宪法权利更符合保障人权的理念。在我国法治全面化的进程中，对抗性因素不断强化，将被告人对质作为一种权利似乎是我国审判方式改革必不可少的一项内容。2017 年 2 月，最高人民法院颁布的《实施意见》已经将质证作为被告人的权利提出，证人出庭作证是以维护被告人的质证权为出发点展开的证据调查，因此，被告人与同案犯被告人及证人对质是被告人质证权的应有之义。

就刑事庭审证据调查程序而言，其必要性体现在以下两个方面。一方面，对质询问有利于法官辨别同案被告人供述、证人证言的真伪。"谎言最害怕直接的面对"，被告人直接与同案犯、证人当庭对质，能够使法官亲自观察被告人、证人的神情语态，双方的言词对质暴露出案件的问题与矛盾，从而有利于法官辨别、判断同案犯供词与证人证言的真伪。笔者曾亲历过一件 4 名被告人涉嫌共同抢劫、盗窃的案件，法庭分别讯问四位被告时，被告人张某推翻庭前供述，只承认自己帮朋友开车，当庭表示并不知情其他三人抢劫的目的且自己没有参与抢劫。由于该供述涉及罪与非罪的问题，法官当庭决定让另外三名被告与其当庭对质，另外三名同案犯当庭对被告人张某所做的事情（开车）、与其他三名被告交流的内容以及最后对分赃的认同情况进行了交代且供述基本一致。其中就分赃的细节，法官让张某与另外三名被告人直接对质，庭审法官针对口供的矛盾对各被告人进行质询，由此暴露了被告人张某供述的不真实性。另一方面，对质询问有利于法官在有限的庭审中最大可能地查明案件真相。被告人供述与证人证言在所有的言词证据中是具有较强证明力的证据，对定案起着直接效果。我国台湾地区学者王梅英在《证据能力与严格证明之研究》中提到，"职司审判之人对判决结果并不具有利害关系，而判决结果对当事人则有利害关系，故当事人自己来推敲证据、诘问证人，当事人将尽其所能，最为尽力，对此发现真实有莫大之帮助"。被告人与同案犯被告人、证人当场进行对质，能够帮助法官通过对质的方式暴露问题，使得法官在庭审中有效地辨别供述或证言的真伪，为法官作出公正的判决提供可靠的依据。除此之外，被告人与同案犯、证人的当庭对质，不仅使得被告人与同案犯、证人共同参与证据调查核实的过程，增加庭审调查的公开性、透明性；而且被告人能够亲眼看见法官对同案犯供词、证人证言审查核实的过程，可以增强被告人对法官确定证据资格和证明力的信服度。

4. 完善我国对质询问的具体建议

对质询问作为发现真相的一种有效装置，在庭审证据调查环节中对帮助法官辨别供述和证人证言的真伪有着"试金石"的作用。强调被告人与同案犯被告人、证人的当庭对质，对我国对抗性审判改革有着巨大的推动作用。笔者认为应当从以下两个方面完善对质询问制度。一是立法方面，将对质询问制度在《刑事诉讼法》中予以明确规定。目前我国对质询问规定在司法解释中，笔者建议通过再次修订刑事诉讼法将被告人与同案犯、证人的对质询问内容规定其中。二是具体操作方面，在现行制度框架内确定操作规范。目前我国司法解释有关对质询问的具体操作性规定几乎没有，不利于对质询问的有效进行。鉴于此，首先应当规定对质询问适用的情形。除同案犯的被告必须到庭接受审判外，我国面临着证人出庭难的现实问题，大面积地展开对质询问在现阶段不容易实现，因此，应按照《法庭调查规程》第 8 条第 2 款有关"实质性差异"的规定，传唤有关被告人到庭对质，具体来说，对于同案被告而言，只有在个别询问和质证不能解决供述之间的矛盾时或被告人供述之间影响定罪量刑时才能适用对质。此外，对于证人证言而言，只有在证人证言对定案起决定性作用，而被告人坚决不认罪且坚持与证人对质的情况下，应当要求证人出庭进行对质，可将其规制于《法庭调查规程》第 8 条第 3 款"案件审理需要"的合理解释范围。其次，规定法官为对质询问主持者。在被告人与同案犯、证人当庭对质的过程中，考虑到直接对质容易造成双方情绪激动、所质问题偏离对质目的等情况，建议由法官针对口供或证词的矛盾对各被告人、证人进行询问，必要时也可以由被告人与同案犯、证人直接对质。对于控辩双方能否参与被告人与同案犯、证人的对质中的问题，笔者认为应当在被告人与同案犯、证人对质结束后，经审判长的允许，控辩双方就对质的问题不清楚或存在的矛盾之处进行补充发问。最后，对质的方式。

"面对面"进行对质是最佳的对质方式，然而由于案件性质或证人自身的原因可能会顾虑要不要当面对质的问题，美国联邦最高法院在 1990 年的 Maryland v. Craig 案中已经表明因案件的特殊性，如性侵案件，证人会因直接面对被告人而情绪激动无法完成对质，因此美国联邦最高法院决定对于某些特殊案件可以限制被告人与证人面对面对质的权利，对此可以通过视频方式进行对质。我国法律将被害人列为单独的诉讼当事人，被害人不具有证人身份，但是这种通过视频、音频传输的方式进行被告人与证人之间的对质，在某些特殊案件中也是可取的，尤其是在"一对一"证据案件中，如被告人与抓捕其的警察之间的对质。值得一提的是，我国对质询问可以将对质主体扩大到被害人，对被告人供述与被害人陈述不一致的，可以通过视频、音频的方式对强奸、猥亵类案件进行言词证据的固定，可以帮助法官审查核实证据，查清案件事实。

(三) 法庭询问

法庭询问，也称"法官询问"，主要是指庭审法官根据控辩双方讯问、询问的情况进行补充询问的一种质证方式。法庭询问是大陆法系国家法官审查核实证据的最主要方式，在 1979 年"法官强权式调查"模式下，法官询问是我国庭审证据调查的唯一方式，法官直接讯问被告人、询问证人。随着我国对抗性刑事审判方式改革的深入，控辩双方作为证据调查的主动者、积极者，主要通过交叉询问和对质询问方式质疑、质问言词证据，而法官只在必要时才对被告人、被害人、证人、鉴定人进行补充讯问或询问。

1. 我国法庭询问的立法规定

我国《刑事诉讼法》第 191 条、第 194 条规定了审判人员可以讯问被告人，询问证人、鉴定人的内容，《刑诉法解释》第 201 条、第 215 条同样规定了审判人员讯问被告人，必要时审判人员询问被害人、证人和鉴定人的内容。从上述规定可以看出，我国法律规定的法庭询问的适用是有条件的：其一，审判人员"可以"讯问或询问。"可以"二字表现出法庭询问不是必须要进行的，法官在决定是否需要讯问或询问方面享有自由裁量权，这也和弱化法官积极主动调查核实证据的刑事审判改革的精神相一致。其二，审判人员讯问或询问应当在"必要性"的前提下进行。刑事审判方式改革强化了控辩双方对抗性的色彩，但法庭并非将讯问和询问的权利完全交给了控辩双方，法官主持庭审证据调查的功能之一就是补充讯问和询问的权力。但法官补充讯问和询问的权力需要在"必要时"才能行使，关于必要性的界定笔者已经在前一章节的改革法官"主持"庭审证据调查的具体建议中予以阐述。

2. 我国法庭询问的必要性

法庭询问作为法官补充讯问或询问审查核实言词证据的方式，在我国目前的审判理念与庭审证据调查模式下仍然是有必要的。一方面，我国法官负有查明案件事实真相的责任。虽然说我国刑事审判方式经历了由"审问式"到"中国特色的控辩式"的转变，逐渐弱化了法官调查核实证据的主动性、积极性，但是法官查明案件真相的责任没有改变，仍肩负着主持庭审证据调查的任务。即使是典型控辩式审判的英美法系国家，其法官也并不是完全消极的，法官认为有必要讯问或询问时仍旧会行使自己的权力。故而，为查明案件真相，法庭询问仍是言词证据质证的一种有益方式。另一方面，法庭询问是"法官主持，控辩双方参与调查"模式的应有之义。法官"主持"调查意味着法官是庭审证据调查的指挥者，只是将实际执行调查核实证据的权力交给了控辩双方行使，控辩双方积极、主动进行的举证、质证实际上是法官调查核实证据的"另一只手"所为。也就是说，由控辩双方具体操作，执行举证、质证的过程，是法官站在更高的视角来审视、审查证据调查的过程。当然，法官在控辩双方讯问、询问不能更好地确定言词证据的证据资格和证明力的情况下，应当再主动介入证据调查。

第二节　实物证据的庭审调查方法

一、我国实物证据的特点

实物证据是以物品、痕迹或书面文件等作为表现形式的证据，其客观地记录了发生的事实，有的学者根据实物证据诉讼证明的特点，将其称为"展示性证据"。[1]学理上，将我国《刑事诉讼法》规定的八种法定证据中的物证、书证，勘验、检查、辨认、侦查实验等笔录以及视听资料、电子数据等四种证据归为实物证据。具体来说，我国实物证据主要有以下三个方面的特点。

---

〔1〕　张保生主编：《证据法学》，中国政法大学出版社 2009 年版，第 188 页。

其一，实物证据客观性比较强，不容易改变。相对于言词证据而言，实物证据一般直接来源于案发现场或者是依据案发现场的情况作出的客观记录，以其外部特征或展示的内容呈现在法庭中，不因人的感知、记忆、表述等主观因素的影响而改变。实物证据的客观性特征，使其具有了定案证据所需的优秀品质，即"稳定性"和"可靠性"。

其二，实物证据是一种被动性证据。实物证据不会主动地传达其所包含的证据信息，它需要特定人或媒介的介入帮助其展示证据内容。一方面，实物证据需要侦查人员严格规范地收集、固定、提取和保管，否则实物证据的真实性及证明力大小将受到质疑，这会导致其所包含的证据信息出现错误。而且，有些实物证据需要借助特定的检验、鉴定方法才能够被获悉证据信息，如指纹鉴定、枪弹痕迹鉴定等。另一方面，实物证据在庭审中需要通过法官或控辩双方的出示、宣读或播放行为才能够展示其所包含的证据信息，实物证据本身无法主动完成上述行为。

其三，实物证据一般是间接证据，其证明作用的发挥需要借助其他同案证据。实物证据通常只能证明案件事实某个方面的情况，如犯罪现场留下的作案工具、指纹、血迹，等等，需要与其他证据结合在一起才能够证明案件事实。但是，对于视听资料、电子数据而言，其可能包含全面的、完整的证据信息，直接证明案件的主要事实，如监控录像中被告人实施犯罪的全过程。

二、我国实物证据的举证问题

（一）我国实物证据的举证方式

我国《刑事诉讼法》第 195 条规定了实物证据展示的两种基本方式，即出示物证和宣读书证（勘验检查等笔录），《刑诉规则》第 398 条规定对视听资料、电子数据的展示方式为播放。因此，从我国法律及司法解释中有关实物证据的举证方式可以看出，庭审中实物证据的展示需要借助相关人员或特定载体予以表达其证据信息，其展示的内容主要包括三个方面。一是物证本身。如犯罪工具、犯罪现场遗留的被告人物品，等等。二是书证、各类笔录所记载的内容。各类笔录记载的内容如案发现场实际勘验的情况，尸体、作案工具等摆放的位置，现场所提取的物品、痕迹等记录，绘制的现场方位图，等等。三是视频资料、电子数据记载的内容。如通过录音带、录像带、电影胶片、电子计算机或电子磁盘等媒介播放其所存储的信息。

（二）我国实物证据庭审举证中存在的问题

我国刑事庭审证据调查中，有关实物证据举证中存在的突出问题有：一是物证常以宣读笔录记载或出示"物证照片"的方式展示。物证是以外部特征、存在状态、物质属性等完成证明事项的，除《刑诉法解释》第70条规定的四种特殊情况外，物证应当以原物的形态呈现在法庭上。四种特殊情况是指：原物不便搬运，不易保存，依法应当由有关部门保管、处理的，依法应当返还的。而实践中，法官对认定该特殊情况的自由裁量权较大，可以自行决定哪些物证出示在法庭，法官常常因为某些物证比较大、多，或涉毒等不愿意其被带到法庭或有选择地带到法庭，这使得公诉机关在举证时往往通过宣读提取笔录、出示拍摄的物证照片等代替物证本身实际出示。也就是说，这种以出示"纸面记载"，固定、描述物证的方式实际上剥夺了出示物证本身所带来的直观印象。二是书证以复印件或其他证明形式代替原件的现象严重。《刑诉法解释》第71条规定，出示书证应当以出示原件为原则，特殊情况除外。通常来看，原始书证的证明力高于其替代物证，然而庭审中公诉机关所出示的书证不乏"非原件"的，如有些原始书证丢失，侦查机关以原先保留的复印件或相关机关出具说明、证明的方式代替原始书证装入案卷中，如在聂树斌案中重要考勤表的原始书证就没有入卷，而将聂树斌单位出具的出勤证明收入卷中。三是大量勘验、检查、辨认、侦查实验等笔录只宣读"名头"，不宣读内容。实践中，公诉机关对勘验、检察、辨认、侦查实验的笔录进行展示时，只宣读该笔录的名称，不对该笔录记载的内容进行宣读。如公诉人在出示相关笔录证据时常说："指控被告人某某罪的证据有公安机关在犯罪现场勘查的笔录"，"有被告人某某辨认被害人的笔录"等。四是不播放或选择性地播放视频资料或电子数据。实践中，公诉机关出示指控被告人有罪的视频资料或电子数据时，多以宣读证据条目为主，即宣读"有某某监控录像或录音资料、视频资料"的方式代替视频资料或电子数据的实际播放。法庭没有播放设备确实是一些偏远地区、经济条件不好的地方法院不予当庭播放的理由。但是笔者在调研中发现硬件设备不具备导致的不当庭播放并不是主要原因，许多公诉人和法官认为当庭播放视频或电子数据比较浪费时间，而且认为这些视频或电子资料庭前已经审阅过，没有必要再当庭播放，只需要"宣读"该证据种类就足以代替其所记载的内容。笔者在挂职期间审理的"张某故意伤害案"的二审庭审证据调查中，上诉人张某认为其没有故意拽倒被害人徐某，始终坚持徐某是在推自己的过程中摔倒的。公诉人在提出监控录像这一证据时，法官讯问被告人是否在一审中看过监控录像，上诉人表示没有看过。于是公诉人当庭播放了该监控录像，视频显示上诉人张某拖拽被害人徐某，由于张某用力过猛且后脚跟被绊倒先摔倒在地，上诉人张某摔倒在地时手一直拽着被害人徐某的上衣，使得被害人徐某因为拉力和惯性扑倒在地上，造成右胳膊骨折。播放结束后，上诉人张某当庭表示认罪。从该案可以看出，如果一审法院当庭播放了该视频资料，那么被告人也就不会上诉了。

（三）完善我国实物证据举证方式的必要性及建议

刑事庭审证据调查中，控辩双方以当庭出示、宣读和播放的方式出示实物证据，能够最大化地展现"哑巴证据"所包含的证据信息，保证质证的效果。我国最高人民法院的司法解释已明确规定实物证据展示的要求，然而司法实践中法官对当庭展示实物证据的替代品、复印件以及不播放视频资料、电子数据的态度"比较宽容"，主要原因有两点。一是"供"比"物"证明力大。我国刑事审判中法官注重被告人口供的办案思维仍旧根深蒂固，大多数法官认为只要获得了被告人的有罪供述，实物证据只能发挥其印证作用，对原物、原件的要求便没有那么苛刻了。二是法院、检察院对侦查机关提供的相关材料"比较信任"。公检法三机关都是公权力机关，法院、检察院对侦查机关所收集、固定、提取的证据以及制作的相关笔录"比较信任"——相信物证、书证收集、提取仔细、规范，勘验检查等笔录制作也是合法、规范的以及各种"复制品""复印件"出现在卷宗中也是有理有据的。

因此，笔者建议控辩双方展示实物证据应坚持三个原则：一是坚持原物、原始证据优先原则。除司法解释规定的特殊情况外，法官在刑事庭审证据调查中应严格要求控辩双方出示物证、书证的原物或原件，同时法官本人也不能将公诉机关已经移送的物证有选择性地带到法庭中。若控辩双方展示的是物证、书证的照片、复制品或复印件等，应当首先说明情况。二是坚持笔录宣读"点面结合"原则。控方在宣读侦查机关制作的各种勘验检查等笔录时，应当将该笔录记载的内容概括性地予以提出，如辨认笔录的宣读应当对辨认的主体、对象、内容及程序进行阐述，而不能仅宣读笔录的"名头"。三是坚持视频资料、电子数据当庭播放原则。在有条件的庭审现场，应当当庭播放视频资料、电子数据，而不能以节约庭审时间为由，由庭前法官、检察官观看或庭后让被告人再看的方式代替当庭的播放。

三、我国实物证据的质证问题

（一）我国实物证据质证的内容

《刑诉法解释》规定的庭审证据调查程序对实物证据着重审查的事项，也是控辩双方对实物证据进行质证的内容根据，如《刑诉法解释》第 69 条规定的有关物证、书证是否为原物、原件；物证、书证收集程序、方法是否合法、规范；物证、书证收集、保管、鉴定的过程是否受损或改变；物证、书证是否与案件具有关联性。《刑诉法解释》第 88 条规定的勘验、检查笔录制作是否合法、规范，记录是否全面（勘验、检查的时间、地点、在场人员、现场方位等），补充勘验、检查的理由及结论等内容。《刑诉法解释》第 89 条、第 90 条规定的辨认、侦查实验的过程、方法以及笔录的制作是否符合规定的内容。《刑诉法解释》第 92 条、第 93 条规定的视听资料提取过程、来源的合法性；是否为原件；制作过程是否存在威胁、引诱当事人等情况；制作过程是否规范；制作内容、过程是否真实；视听资料的内容是否与案件有关联的内容等。

从上述司法解释的规定以及司法实践的情况可以看出，我国庭审证据调查中控辩双方对实物证据的质证集中于三个方面的内容，这三个方面的内容也是司法实践中有关实物证据的质证中最容易出问题的地方，但却是确定实物证据是否具有证据资格和证明力的关键所在。一是实物证据的真实性。庭审证据调查对物证、书证以及视频资料、电子数据的首要质证内容是其真实性，对于控辩双方提供的"复制品""复印件"等以及书证、视频资料、电子数据内容被删减、增改的迹象、痕迹要作出合理解释。如果这些替代品经鉴定为不真实的，那么其不能作为定案的依据。二是实物证据的关联性。所谓实物证据的关联性质证是指控辩双方在法庭上展示的实物证据是否与案件事实有关联。由于大部分实物证据是一种间接证据，侦查人员在犯罪现场收集、固定、提取的物证、书证以及视听资料、电子数据等是否与案件有关联，是确定该实物证据是否具备证据资格的前提要件。笔者亲历的一起"李某杀人案"中，公诉机关当庭出示了侦查人员提取的犯罪现场留下的一枚"血鞋印"的证据，然而侦查人员并没有对该枚"血鞋印"与被告人所有的鞋子进行同一性鉴定。但是若侦查人员有证据证明这枚"血鞋印"与案件本身不具有关联性，则这枚"血鞋印"不具有证据资格，不能作为定案的依据。三是实物证据来源的可靠性。实物证据提取、固定、笔录制作等具体程序与方法的合法性、规范性是确定实物证据来源具有可靠性的重要标准，也是庭审证据，即调查中控辩双方质证的重点。美国辛普森案件因为关键证据，即血迹在检验过程中受到污染、处理不当使得该证据的证明力大打折扣；我国聂树斌案中侦查人员现场勘查笔录显示没有见证人参与，侦查人员安排聂树斌对作案工具"花上衣"的辨认过程不规范等问题导致现场勘查和辨认笔录缺乏证明力等，都对实物证据来源可靠性方面提出了疑问。因此，实物证据提取、固定以及笔录制作等具体程序与方法的合法性、规范性是确定证据证明力的重要保障。

(二) 实物证据质证方式及存在的问题

我国刑事庭审证据调查中实物证据是通过出示或宣读或播放的方式提出的，《刑诉规则》第 409 条规定了公诉人在阐明所举物证、书证的主要特征后，需要经当事人、证人的当庭辨认的内容。也就是说，我国对实物证据的质证方式有两种，一是辨认，二是控辩双方以言词的方式就实物证据的相关问题讯问被告人或询问其他人证等。实践中，有关实物证据的质证存在以下两个方面的问题。

一方面，"辨认"的效果受实物证据可靠性的影响。就实物证据质证的内容来看，物证、书证以及视听资料、电子数据的真实性与关联性问题可以通过辨认的方式予以确定，然而这种直观、简单的辨认过程在庭审证据调查中也存在不少问题。例如，被告人若对物证、书证的辨认是通过公诉人提出的"照片"或"复印件"或"复制品"进行的辨认，那么就涉及原物或原件与"照片""复印件"或"复制品"之间进行"核实无误"的质证问题；而如果不播放视频资料、电子数据就根本不存在被告人对视频中的"犯罪嫌疑人及犯罪行为"进行辨认的过程。再如聂树斌案中，公诉人宣读了聂树斌在侦查阶段的有关作案工具"花上衣"的辨认笔录，聂树斌当庭的承认或不承认都无法表明该辨认笔录本身缺乏证明力的事实，因为这份辨认笔录证明力的缺失并非基于聂树斌所辨认之物与原物是否具有同一性的问题，而是辨认过程不符合规范导致了该份辨认笔录的证明力缺失。

另一方面，实物证据因侦查人员不出庭，其证据资格和证明力无法得到有效质证，对实物证据真实性、关联性以及来源可靠性的质证依赖于相关侦查人员的出庭对其进行解释或说明。然而，我国法律及司法解释并没有要求侦查人员出庭对实物证据的相关问题接受质证的规定，仅在《刑诉规则》第413条规定，对于搜查、查封、扣押、冻结、勘验、检查、辨认、侦查实验等形成的笔录存在争议的，由侦查活动的见证人出庭，但司法实践中几乎没有见证人出庭。也就是说，侦查人员出庭接受对实物证据真实性、关联性以及来源可靠性的质询在实践中几乎不存在，大多数情况下是以公诉人宣读各种"纸面证据"的方式进行解释的，而这种解释具有一定的片面性、局限性。

(三) 实物证据质证的必要性

1. 确定实物证据的证据资格

在美国，确定实物证据的证据资格被界定为鉴真，是一种对实物证据的真实性与同一性加以验证的鉴别方法。美国将鉴真作为一项规则在《美国联邦证据规则》中予以规定，该规则的目的是"对实物证据的同一性进行鉴别"，[1]其具体方法体现在"独特性确认"，即当庭进行辨认和"保管链条的证明"，即对实物证据进行保管、记录、检验的人员出庭证明其保管、记录、检验实物证据的情况，这两种方式说明保障实物证据客观真实性可以准确确定证据资格。我国刑事庭审证据调查虽然没有规定鉴真规则，但有关实物证据质证内容和方法的法律规定已经体现了鉴真规则的精神，也就是说我国实物证据的质证方式已具有鉴别实物证据真实性、可靠性的功能，具体体现为两个方面。其一，被告人当庭对实物证据的辨认。在刑事庭审证据调查中，被告人需要当庭对控方所举的物证、书证进行辨认，以确定所出示的证据是否与指控主张的证据一致；被告人对视频资料、电子数据的播放内容进行辨认，以确定所播放的内容真实、准确记录了被告人所实施的犯罪行为。其二，控辩双方对实物证据的质证内容。在刑事庭审证据调查中，控辩双方围绕实

─────────

〔1〕　孙锐："实物证据庭审质证规则研究——以美国鉴真规则的借鉴为视角"，载《安徽大学学报（哲学社会科学版）》2016年第4期。

物证据的真实性、关联性和合法性进行质证，如有关物证、书证提取是否为原物，侦查人员制作的勘验检查笔录等是否规范、合法，等等，以帮助法官准确确定实物证据的证据资格。

2. 确定实物证据的证明力

我国刑事庭审证据调查中对实物证据的质证不仅涉及实物证据的证据资格，还包括对实物证据证明力的确定。由于我国在庭审证据调查过程中对证据的证据资格和证明力一并进行审查核实，实践中法官往往对实物证据的证据资格的态度比较宽容，担心如果严格地排除非法实物证据，将很有可能不利于控方指控。因此，与实物证据的证据资格相比，法官更注重实物证据证明力方面的审查核实，控辩双方通过对实物证据取证不规范、勘验检查违反规定等方面进行质询、质疑，来削弱该实物证据的证明力，以帮助法官合理评价证据证明力。

（四）完善我国实物证据质证的建议

实物证据作为"哑巴证据"，其证据资格和证明力的确定依赖于"人"或特定媒介的介入，质证的重点在于侦查人员取证行为的规范性、合法性，以保障所质询的证据是真实的、可靠的。由于言词证据主观性较强，侦查人员容易采用刑讯逼供、暴力、威胁等方式获得被告人供述、被害人陈述和证人证言，而我国冤假错案的背后无一不与侦查人员非法取证有关。随着我国侦技手段和科技设备的日益提高，公安司法人员逐渐重视实物证据的证据资格和证明力。2010年最高人民法院颁布的两个"证据规定"确立了大量的实物证据的审查核实规则，其中非法证据排除规则在物证、书证方面的运用便是我国刑事庭审证据调查程序的一个巨大进步。2013年最高人民法院颁布的《关于建立健全防范刑事冤假错案工作机制的意见》第7条规定："重证据，重调查研究，切实改变'口供至上'的观念和做法，注重实物证据的审查和运用。"要求司法实务部门要更加注重实物证据的审查。因此，在注重实物证据的观念下，完善实物证据的质证方式，是我国刑事庭审证据调查程序又一重要内容。

具体建议为：首先，强调对原物、原件的辨认。侦查人员收集的物证、书证，一般是提取的原物、原件，在庭审证据调查中，控辩双方出示的实物证据也应当是原物、原件。在无法律规定的例外情况下，控辩双方不能以展示复制品、复印品、照片等方式要求被告人辨认。其次，要求侦查人员、见证人出庭作证。这里侦查人员出庭作证是指实际负责收集、固定证据，作出勘验检查等笔录的人，见证人是在侦查人员实施侦查行为时在场予以见证的现场人员。我国刑事庭审中对实物证据的质证，只限于控方对侦查人员制作的笔录材料予以宣读，并没有实际收集、固定、检验等侦查人员出庭来证明该证据的真实性，更没有见证人出庭。侦查人员出庭来接受控辩双方对该实物证据取得、保管、检验、辨认等过程的质询，或见证人出庭对现场勘查、搜查、查封、扣押等侦查情况予以当庭陈述，将有利于法官准确确定实物证据的证明力。对控辩双方对实物证据的取得、固定及制作过程的规范性有异议的关键证据，确立侦查人员和见证人应当出庭制度。最后，落实非法实物证据排除规则。不可否认，我国法官对非法实物证据排除的担心和顾虑在所难免，实践中如果因为实物证据存在瑕疵且不能作出合理解释或说明，一律予以排除的话，则会增加定罪的难度。但是，我国《刑事诉讼法》已经明确规定了非法实物证据排除制度，因为侦查人员违法取证而导致该实物证据不具有证据资格的，应当予以排除，这也是查明案件真相在证据调查方面的程序保障。

第三节　刑事庭审证据调查程序的异议问题

一、刑事庭审证据调查程序异议的概述

刑事庭审证据调查程序异议，也被称为诉讼异议、法庭异议、声明异议，是指在庭审证据调查中控辩一方对对方的发问认为不当，而向法庭提出异议，由法庭确定支持或反对发问的诉讼活动。庭审证据调查异议体现了控辩双方对刑事庭审证据调查程序的参与性，是控辩式审判方式的重要特征。刑事庭审证据调查异议的目的是阻止不合适的质询或质疑，可以说，是一种特殊的证据调查方式，具有彻底否定不当发问的作用。

二、刑事庭审证据调查程序异议的域外考察

庭审证据调查中的异议被认为是英美法系国家刑事审判运行不可或缺的一项机制，它是在控辩双方负有查明案件事实的责任的背景下产生的，也符

刑事庭审证据调查程序研究

合控辩一方对证人等询问的权利和另一方对此提出异议的权利之平等对抗理论的精神。美国有关证据调查中的异议制度相当完备，其规定了异议的类型、提出异议的方式、异议的根据、异议的救济等方面的内容。[1]《日本刑事诉讼法典》第309条明确规定控辩双方对证据的调查有声明异议的权利，第205条具体规定了声明异议的理由、时间、裁判、效力等内容，需要说明的是《日本刑事诉讼法》规定对控辩双方证据调查行为声明异议的理由既可以是违反法令，也可以是"不恰当"。我国台湾地区"刑事诉讼法"第167条之一至之七都是有关声明异议的规定，其分别对声明异议的主体（当事人、代理人及辩护人）、声明异议的对象（证人、鉴定人）、声明异议提出的理由以及法官对声明异议的处理结果和救济等作出了详细规定，形成了完整的证据调查异议程序。传统的大陆法系国家所规定的证据调查中的异议制度较为粗简，庭审证据调查的异议是在法官的要求下进行的，这和大陆法系职权主义诉讼模式是分不开的，如《德国刑事诉讼法典》第257条第a款"对程序问题的书面申请和提议"的规定，便是法院依职权要求诉讼参与人提出异议的体现，但德国没有对该异议的理由、时间等内容作出明确规定。

三、我国刑事庭审证据调查程序异议的立法规定

1996年《刑事诉讼法》修改以前，我国的刑事审判是以"法官强权调查"的模式进行庭审证据调查的，法官享有对证据调查程序完全的控制权和决定权，因此不存在庭审证据调查中的异议制度。1996年《刑事诉讼法》修改虽然引入了对抗制因素，但是并没有关于证据调查中的异议的规定。而1998年最高人民法院颁布的《关于执行〈中华人民共和国刑事诉讼法〉若干问题的解释》第136条第2款和第147条第2款[2]的规定被认为表明我国首次确立了庭审证据调查中的异议制度。2012年《刑事诉讼法》修改后，《刑

---

〔1〕 刘国庆："刑事诉讼中的异议权问题研究"，载《中国刑事法杂志》2010年第2期。

〔2〕 1998年最高人民法院颁布的《关于执行〈中华人民共和国刑事诉讼法〉若干问题的解释》第136条第2款规定："对于控辩双方认为对方讯问或者发问的内容与本案无关或者讯问、发问的方式不当并提出异议的，审判长应当判明情况予以支持或者驳回。"第147条第2款规定："对于控辩双方认为对方发问的内容与本案无关或者发问的方式不当并提出异议的，审判长应当判明情况予以支持或者驳回。"

诉法解释》第 203 条和第 214 条〔1〕分别规定了控辩一方认为对方提出的证据与案件无关或者明显重复、不必要的和控辩一方认为对方发问不当的有权提出异议。

从上述我国的相关规定可以看出，我国的庭审证据调查异议制度包括以下四个方面的内容。一是庭审证据调查异议提出的主体。有权提出证据调查中的异议的只有控辩双方，法官如果认为控辩一方讯问或发问不当，可以直接予以纠正，不需要经过证据调查中的异议程序。二是庭审证据调查异议提出的理由。"一个异议必须伴随对其法律根据的合理且具体的说明"。〔2〕根据我国司法解释的规定，庭审证据调查中异议的理由主要涉及两个方面的内容：（1）讯问、发问的质证方式不当；（2）提出的证据或讯问、发问的内容与案件无关、重复或没有必要。三是庭审证据调查中异议提出的时间。我国控辩双方提出庭审证据调查中的异议的时间应在刑事庭审证据调查中，也就是举证、质证的过程中。四是庭审证据调查中异议的决定结果。法官对庭审证据调查中的异议情况，可以作出支持或驳回两种决定结果，这种结果往往由法官在庭审证据调查中以口头的方式作出。

四、我国刑事庭审证据调查程序异议的功能

我国刑事审判中控辩双方对抗的色彩逐渐浓重，只有从各个角度去寻求对方的破绽，才能够帮助法官揭示案件的真相。正如我国台湾地区学者所评价的那样，"强调对立辩证，借由利害对立之双方互相质疑、挑剔，排除各当事人尚存疑义之立论，攻击、防卫之最后记过，期待达致发现真实之目的"。〔3〕因此，这种对抗性为刑事庭审证据调查异议有效运行提供了"动力"。从司法解释中可以推断出我国已经确立了庭审证据调查异议制度，体现

---

〔1〕《刑诉法解释》第 203 条规定："控辩双方申请证人出庭作证，出示证据，应当说明证据的名称、来源和拟证明的事实。法庭认为有必要的，应当准许；对方提出异议，认为有关证据与案件无关或者明显重复、不必要，法庭经审查异议成立的，可以不予准许。"《刑诉法解释》第 214 条规定："控辩双方的讯问、发问方式不当或者内容与本案无关的，对方可以提出异议，申请审判长制止，审判长应当判明情况予以支持或者驳回。"

〔2〕［美］乔恩·R. 华尔兹：《刑事证据大全》，何家弘、王若阳等译，中国人民公安大学出版社 2004 年版，第 57 页。

〔3〕陈佑治："刑事诉讼与证据法系列之四——异议及异议之处理"，载《法令月刊》第 59 卷第 9 期。

了对控辩双方程序参与权的尊重。那么，我国刑事庭审证据调查异议具有以下两个功能。

第一，纠正功能。在刑事庭审证据调查中，控辩一方认为另一方质证方式不对或者提出的证据、发问的内容与案件无关、重复等，有权利及时提出异议，这可被认为是控辩双方对证据调查方式或内容不妥、偏离的及时纠正功能的体现。当然，这种纠正功能的实现需要法官最终决定。

第二，维护功能。在刑事庭审证据调查中，控辩双方提出本方证据，合理、有效的质证能够准确确定证据的证据资格和证明力。庭审证据调查异议，能够防止控辩一方因为讯问、发问的方式或内容不当而干扰证据资格和证明力的确定，从而影响法官及时查明案件真相。在一定程度上，刑事庭审证据调查异议可以防止不当干扰，为法官心证的正确作出提供程序保障。

第七章
我国刑事庭审证据调查程序的结果

刑事庭审证据调查程序是法庭查明定案证据是否具有证据资格以及证据证明力大小的关键环节，直接决定法官对证据认定的结果。法官的认证是在举证、质证的基础上进行的。一方面，没有庭审中的举证和质证，法官便无法直接地接触到证据材料，难以辨别证据的真伪；另一方面，认证的结果形成于庭审的举证、质证过程。因此，认证是刑事庭审证据调查程序在证据法意义上的结果表达。

第一节　刑事认证与庭审证据调查程序

根据《布莱克法律词典》的解释，"认证"是指"在证据法上，对某项法规、记录或其他文书资料、经核准的副本等给予的权威性的或确实性的证据，以便能被合法地采纳为证据的行为或方式"。[1]在我国认证适用的范围比较广，如领事认证、质量认证、司法认证，等等。简言之，认证是有权机关给予有关文书权威性或真实性的行为。司法认证主要存在于三大诉讼程序中，法官对诉讼证据作出是否具有证据资格以及评价证明力的判定活动，即认定证据。就司法认证而言，认证并不是我国诉讼立法中的专有术语，而是在我国审判方式改革过程中逐步提出来的。自1994年以来，最高人民法院领导在审判方式改革会议上多次运用"认定证据"的概念，1997年4月20日最高人民法院副院长李国光在全国民事审判会议中使用了"认证"一词，后来"认证"被学者们认可，并应用于三大诉讼法的理论与司法实践中，是具有中国特色的法律概念。因此，在庭审证据调查研究范畴内，刑事认证应被理解为法官对控辩双方提出并经过质证的各种证据的证据资格和证明力作出判定的

---

[1]　See *Black's Law Dictionary*, Abridged 6th Ed, West Group, 1991, p. 89.

一种诉讼行为，具有庭审证据调查结果上的意义。

一、我国刑事认证的基本范畴

在刑事审判中，证据认定直接决定案件的最终处理结果，而刑事认证的特点和模式又是刑事认证的重要内容，能够直接反映我国当前刑事认证的样态。

（一）我国刑事认证的特点

刑事认证作为一种重要的诉讼行为，其特点包括以下四个方面。

1. 刑事认证的主体是法官

"认证的过程，实质上就是审判人员通过理性思维，确定证据材料能否作为证据使用以及证明力大小的过程，亦即对证据材料进行去伪存真的过程。"[1] 刑事认证的主体是法官，这意味着其他诉讼参与人不具有认定证据的资格，只有法官享有依法认定证据的权力，法官在庭审中的裁判活动都是围绕证据展开的，法官通过认证的方式确定案件证据的证据资格及其证明力大小，根据认证的结果作出裁判。需要指出的是，刑事审判中的认证主体包括独任庭和合议庭的专业法官及人民陪审员。那么，审判委员会能否作为认证主体呢？该问题在我国学界争论较大，其原因在于审判委员会审理案件的非亲历性。我国审判委员会审理案件采取听取汇报的方式，具有书面审理的特点，因此，审判委员会成员作出证据认定可能会违背直接言词原则的精神，存在不能准确认定证据的风险。严格地说，只有直接参与案件审理的审判委员会成员才具有认证的主体资格，但疑难、复杂、重大案件的讨论仍是其职责内容之一，如何改革我国审判委员会审理案件的方式是新一轮审判方式改革的重要内容。2006 年 11 月，最高人民法院肖扬在第五次全国刑事审判工作会议中曾提出要求审判委员会成员原则上应当聆听庭审。十余年来，各地方法院积极探索审判委员会成员通过旁听的方式参与案件审理的机制，使得审判委员会成员对案件事实、双方当事人的意见及证据的证明力有了更为直观清晰的把握，有利于证据的认定和裁判结果的作出。

---

〔1〕 何家弘、南英主编：《刑事证据制度改革研究》，法律出版社 2003 年版，第 483 页。

2. 刑事认证的对象是经过庭审证据调查的证据

证据是裁判的依据，而认定证据则是法官确定诉讼证据是否具有证据资格和证明力大小的过程。然而，该证据需要具备两个条件才能够成为刑事认证的对象。一是形式条件，证据需要出示在法庭。根据我国《刑事诉讼法》的规定，证据是通过控辩双方举证和法官出示依职权调取的证据等两种方式展现在法庭上的。二是实质条件，证据需要经过法庭质证。证据是认定案件事实的依据，庭审质证是控辩双方积极参与法庭质证的过程，将证据真伪和证明力大小展现在法庭，是帮助法官确定证据资格和证明力的最佳手段，未经质证的证据不得作为法官认定案件的依据。我国从三个层面展开刑事认证，即对单个证据的证据资格的认定、对单个证据的证明力的认定和对全案证据的综合认定，而认定单个证据的证据资格是确定证据证明力的前提要件，具有证据资格和证明力的证据是全案证据综合认定的基础。此外，对于某些司法认知的事实、推定的事实、免证的事实等，法官可以根据法律规定直接认定。

3. 刑事认证的内容是对证据的证据资格和证明力的认定

刑事认证的内容，简言之，就是法官要认证什么。刑事认证自 1996 年推行刑事审判改革以来受到学者颇多争论，关于认证目前主要有四种学说：一是"证据资格说"，二是"证明力说"，三是"证据'三性'说"，四是"证据资格和证明力说"。笔者认为，第一种和第二种学说过于片面，有失偏颇；第三种学说是根据我国证据属性作出的界定，较为全面，但作为认证的内容在实践中往往不容易操作。虽然证据的"三性"实际上就是证据资格和证明力问题，但按照证据资格和证明力来研究刑事认证问题，法律逻辑更为清晰。因此，笔者赞同第四种学说，理由如下：一是认证的内容应当体现其层次性。一方面，法官在认证环节应首先确定某个证据是否具有证据资格，在此基础上再确定证据证明力的有无及大小，不具有证据资格的证据，即使法官认为其证明力非常强，也不得作为定案的依据。若依据证据"三性"进行认证，无法体现出证据资格是确定证据证明力大小的前提要件，而且"三性"的认证内容在庭审过程中不容易体现出证据资格和证明力认定方式、规则的不同。另一方面，法官只有将证据的证据资格和证明力相互结合加以认证，才能完整地评判某项证据在诉讼中的作用，这是"三性"认证内容无法清晰体现的。二是认证的要求能够为法官所把握。证据资格的认定主要是围绕证据是否符合法律规定而展开的，更多体现在对证据合法性的认定上。因此，法官在证据资格认定方面，其心证自由会大大受到限制，法官需要严格按照法律规定对证据资格加以判断。而法官对证明力的认定主要是围绕具有证据资格的证据在案件中所起的证明作用大小而展开的，自由裁量的权力较大。

4. 刑事认证方式的多样性

由于法官认证的时间和场合的不同，我国刑事认证通常包括两种方式，即当庭认证和庭后认证。当庭认证是在 1996 年推行的刑事审判方式改革中针对庭后认证的概念提出的，即在开庭审理过程中，法官对证据是否具有证据资格进行认证的诉讼行为，当庭认证往往直接对控辩双方无异议的证据作出认证，并关注证据的合法性问题。庭后认证也被称为裁判认证，主要是指法官不直接面对控辩双方作出证据认定而是在裁判文书中将认证结果予以表达，即在裁判文书中说明证据是否为法庭所采纳。庭后认证方式体现了认证的秘密性和庭后认证的特点，其主要适用于证据证明力评价方面。

（二）我国刑事认证模式的选择

刑事认证模式的选择，关系到庭审证据调查方式价值目标和功能的实现。从世界范围证据认证的有关资料考察发现，笔者认为认证模式有两种基本划分方法。其一，根据证据制度发展的历史轨迹来看，世界范围内的认证方式经历了神示认证、法定认证和自由认证三种模式。神示认证是以神的意旨判断案件证据的制度，该认证模式产生于生产力水平极其低下的初民社会，神的启示被视为毋庸置疑的"证据"，即使其与案件事实毫不相干。法定认证是法律事先对证据的证明力大小作出规定的认证制度，法官无权自由选择，证据认定类似数学公式的套用。自由认证是指法官根据所调查的证据情况，本着理性和良知评价证据并作出内心确信无疑的裁判的认证制度。其二，根据两大法系的不同诉讼构造，刑事审判的认证模式可被分为自由裁量主义模式和严格规则主义模式两种。在大陆法系国家"审问式"的庭审模式中，法官庭前实质性阅卷，使得法官更注重庭审证据审查核实的过程，往往对经过质证的证据不公开进行认定，采取的是一种典型的庭后认证方式。大陆法系国家在否定法定认证模式后，采用自由裁量主义模式，即法官对证据的证据资格和证明力可以自由裁量。由于陪审团负责案件事实部分的审理，英美法系国家的庭审严格禁止不具有证据资格的证据进入法庭，从而大量的证据规则在庭前得以发挥作用，法官需要遵循证据规则对证据是否具有证据资格进行判断，因此该种方式被称为严格规则主义认证模式。需要指出的是，英美法系严格规则主义认证模式与欧洲大陆中世纪的法定认证模式有着本质的区别，其原因有两点，一是认证的对象不同。英美法系的严格规则主义认证模式主要是对证据资格的严格规范，而对证据的证明力评价并无严格规则的约束，裁判者对证据的证明力采取自由评价的模式。法定认证作为欧洲中世纪神示证据制度向法定证据制度转变的产物，法官需要根据法律预设的证据证明力，对证据进行机械的评价。严格来说，英美法系严格规则主义认证模式是对证据资格而言的。二是法官自由裁量的权力不同。法定认证模式中，法官对证据的证据资格和证明力的判定完全依据法律的预先规定作出，毫无自由裁量之说。英美法系国家虽然没有自由心证制度，但事实裁判者对证据的证明力的裁定采取的是一种自由认证的模式。下文所提到的法定认证，并非欧洲中世纪的法定认证模式，仅是为了研究的方便，提出了与法官自由心证相对的概念，下文中的法定认证实际上就是严格规则认证方式。

　　1996 年《刑事诉讼法》修改后开启了我国学者对认证模式的探讨。该词最早规定在 1999 年最高人民法院颁布的《人民法院五年改革纲要》中。我国学者有关认证模式的学说的研究主要集中在两次《刑事诉讼法》修改期间，认证模式的探讨也是对我国认证方式在实践中的运行情况和学者期望的概括。根据认证空间和认证权力与内容结合之不同的标准，可分为两种认证学说：一是"认证时空说"。有的学者根据法官认证作出的时间或空间的不同，将认证分为庭审认证和裁判认证两种模式，并将庭审认证进一步划分为"当庭认证和延迟认证"。[1]沈德咏教授称其为"当庭认证和庭后认证"。[2]再如胡锡庆教授将"庭审认证和裁判认证"对应称为"应然认证和实然认证"。[3]二是"认证权力说"。该学说根据法官认证权力的不同将认证方式分为"完全自由认证""法定认证为主，自由认证为辅"及"法定认证与自由认证并重"三种方式。（1）"完全自由认证"。"完全自由认证"方式是学者根据我国刑事审判中认证的实际情况提出的，法官在认证过程中享有很大的自由裁量权，

---

　　〔1〕　陈伶俐、陈杰："《刑事诉讼法》修正后审判认证方式探讨"，载《法学杂志》2012 年第 11 期。

　　〔2〕　沈德咏主编：《严格司法与诉讼制度改革》，法律出版社 2017 年版，第 295 页。

　　〔3〕　胡锡庆、张少林："刑事庭审认证规则研究"，载《法学研究》2001 年第 4 期。

几乎处于完全自由认证的状态。肖良平教授在 2009 年《试论我国刑事审判认证模式》一文中指出，在 1996 年《刑事诉讼法》修改后，我国刑事审判实践中法官一直处于完全自由认证的状态，法官在认证工作中"随心所欲"。而这种完全自由认证的模式导致法官在认定证据时缺乏必要的约束，控辩双方对抗虚化，进而影响了审判的公正性，难以树立司法权威。（2）"法定认证为主，自由认证为辅"。"法定认证为主，自由认证为辅"方式是我国学者根据我国法官整体素质有限的现实情况而提出的，何家弘教授认为"在证据制度的大部分内容上采用法定证明模式，仅在证据力的评断上采用自由证明模式"，该模式主张在证据认证方面应以法定认证为主、自由认证为辅。[1]（3）"法定认证与自由认证并重"。该方式是针对实践中认证的情况而提出的，主张"在证据能力的认定上，以法定认证为主；在证明力的认定上，以自由认证为主，两者不分主次轻重"，[2]并重说实际上是根据认证的内容的不同，采取不同的认证方式而提出的，认证方式不同不存在主次、轻重之分，但认证方式的不同也反映了法官在认证过程中的权力大小。

笔者认为，对于我国刑事认证模式的探讨，应当从两个层面上予以把握。一方面，在当庭认证和庭后认证层面上，应当强调当庭认证。其理由是当庭认证能够提高法庭证据调查过程的透明度，是程序公正的必然要求。庭审认证的直接性、公开性对庭审实质化改革更具有推动性和实际意义。当庭认证有助于控辩双方及时对法官认证结果提出意见。但也要注意防止当庭认证的机械化，法官要根据案件证据的具体情况，在符合认识规律的条件下作出判断。另一方面，在法定认证和自由认证的层面上，应当坚持法定认证与自由认证并重的方式。法定认证和自由认证并重意味着根据认证内容的不同而采用不同的认证方式，认证方式并无主次之分。在我国刑事审判中，法定认证主要是指法官严格遵循一些证据规则确定证据是否具有证据资格，而自由认证则侧重于对证据证明力有无或大小的评价，是法官享有自由裁量权的展现，但二者之间这种区分并非完全绝对。证据认定并非意味着法官运用数学公式对证据进行机械的评价，亦非法官对证据的一切效力都以自由心证的方式进

---

〔1〕 何家弘、刘品新:《证据法学》，法律出版社 2004 年版，第 93 页。
〔2〕 沈德咏、江显和:"在严格规则和自由裁量之间——我国刑事证明的模式选择"，载《人民司法》2007 年第 21 期。

行确定。在证据调查程序中需要法官本着逻辑、理性、经验、良知和一定的规则对证据进行客观评价，法定和自由结合的认证模式恰恰体现了这点。在我国当前刑事认证的司法实践中，既要在一定程度上约束法官对证据资格认证的自由裁量权，又要赋予法官对证据证明力认定方面的自由裁量权，有规则但不失灵活性，有利于法官作出客观的认定结果。

（三）当庭认证问题

由于本书研究的对象是庭审证据调查的相关问题，当庭认证问题更切实体现着对庭审证据调查结果的认证，因此本书仅仅对当庭认证进行研究，不再探讨庭后认证问题。

1. 当庭认证的基本内容

当庭认证，是指法官对控辩双方所举的证据，经过质证后，主要对该证据是否具有证据资格在法庭上予以确认的活动。《刑事诉讼法》第 55 条、第 61 条及第 191 ~ 197 条属于与中国特色控辩式审判方式相关的内容，也规定了法官对案件证据进行审查核实的方法，体现了法律对法官当庭认证的要求。

从当前《刑事诉讼法》的立法规定可以看出，我国当庭认证的基本内容涉及三点。一是当庭认证的主体。法官作为刑事庭审证据调查程序的主持者、指挥者，其负有审查核实证据的责任，是认证的当然主体。当庭认证的主体只能是庭审法官，既可以是独任庭法官，也可以是合议庭的法官（包括陪审员）。对于当庭认证而言，审判委员会成员若不能作为审判人员实际参与庭审，是不能作为该案当庭认证主体的。但在我国目前刑事审判实践中，审判委员会成员往往是庭后认证的主体。二是当庭认证的内容。当庭认证的内容仅限于对证据资格的认证，不包括对证据证明力的认证。对没有证据资格的证据是不能进行证明力方面的认证的，从而应当首先确定证据的证据资格。现代法治原则要求法官对证据的合法性予以关注，可以说当庭认证主要是对证据的合法性方面进行的认证。法官对证据证明力的认识是以该证据具有证据资格为前提的，须通过该证据所体现的信息量、与所证明案件事实之间的关联程度以及与其他证据相结合、权衡之后再加以判断。当庭认证证据的证明力，不仅违背法官的认知规律，强人所难，而且会给法庭最终的公正裁判带来一定的危险。而事实上，法官庭审中对证据资格和证明力的评价通常会杂糅一起，法官在认定证据客观性和关联性的时候，往往内心已经形成了对证据证明力的初步认识，但一般不需要及时、当庭作出证明力评价。三是当庭认证的时间。当庭认证，原则上是在质证结束后，也可以在法庭辩论终结后进行，但应当将认证的时间限定于庭审中。由于案件证据的复杂程度不同，要求所有证据在质证完毕后被直接认定，难免有些过于机械，也有违认知规律。

2. 当庭认证观点之争

当庭认证是伴随我国审判方式改革而产生的新问题，我国学者及司法实务界对当庭认证争议颇多，学界主要存在三种观点。

第一，"当庭当即认证"说，主张法官应当在法庭上当即认证，"主持审判的法官对于一方诉讼当事人举出并经过对方质证的"。李颖学者曾提出："在控辩双方举证质证后当庭认证，既体现了人权保障的诉讼价值观，又完成了庭审方式的根本转变，也是法官角色从控审一体到中立、处断的定位要求。"[1]还有的学者提出应当确立当庭认证原则，并指出"当庭认证具有审判原则的地位，是开庭审理中必不可少的诉讼行为，正确的当庭认证能够体现诉讼的民主性，保证审判结果的公正性"。[2]

第二，"合议认证"说，认为当庭当即认证是不符合审判实际，正如何家弘教授指出，"从人的认识规律及目前法官的素质来看，要求法官对经过质证的证据当即作出认证是不现实的"，"当庭认证既不宜在法庭调查阶段进行，也不宜在法庭辩论阶段进行，而宜在休庭合议时进行，在复庭后以口头或书面形式作出宣告"。[3]也就是说，案件证据的认定往往需要法官在证据调查结束后，根据证据与证据之间的关联程度、是否存在矛盾等，经过充分的思考、讨论（合议庭共同讨论）才能作出认定，而当庭认证在实践中往往会导致对证据证明力的认证缺乏程序性保障，无法保障证据认证质量。

第三，"折中"说，主张当庭当即认证是有必要的，但是在某些情况下可以采取灵活方式，如当庭认证与合议认证的结合。龙宗智教授主张当庭认证在某些情况下是确有必要的，如涉及证据的可采性问题。但认证是一个复杂的过程，应区别认证的要求与内容，分情况处理。

---

〔1〕 李颖："试论现行刑事证据制度的立法缺陷及完善——兼论现行庭审方式改革对证据制度的要求"，载《法律科学》1999年第1期。

〔2〕 胡锡庆：《刑事审判方式改革》，中国法制出版社2001年版，第120页。

〔3〕 何家弘、南英主编：《刑事证据制度改革研究》，法律出版社2003年版，第492页、第493页。

3. 当庭认证的必要性

（1）"中国特色控辩式"审判方式实质运行的要求。当庭认证的确立、强化与我国审判方式的改革过程密切相关。1979 年《刑事诉讼法》庭审证据调查的法律规定体现了我国采用传统的"审问式"审判方式，这种方式实际上是裁判认证，其决定了法官依职权审判案件时完全不需要当庭认证。1996 年《刑事诉讼法》修改之际，我国当庭认证制度便已经确立，时任最高人民法院副院长刘家琛曾指出，"经过当庭质证和辩论，法官要当场确认证据"，曾担任最高人民法院院长的肖扬在 1999 年最高人民法院政府工作报告中明确指出，法官开庭审理案件实行当庭举证、质证和认证。1999 年最高人民法院颁布的《关于严格执行公开审判制度的若干规定》也明确提出了法院如果能当庭认证的应当进行当庭认证的要求。应当说，为了改革传统的"审问式"审判方式，我国在 1996 年实行刑事审判方式改革之际便已经确立了当庭认证的制度。2014 年 11 月 14 日，最高人民法院院长周强在《推进严格司法》一文中也再次提出"认证在法庭"的要求。

然而，笔者认为不能对"认证在法庭"予以简单、机械的理解，应当强调认证的规范性，本着对证据资格应当当庭认证和对证据证明力庭后认证为原则完善我国的刑事认证制度。我国刑事审判经过《刑事诉讼法》的三次修改之后，对抗性因素在我国庭审证据调查程序中已经固定，逐渐形成了控辩双方参与举证、质证的证据调查模式。"中国特色控辩式"审判方式决定了法庭是审判的重心，控辩双方负有举证的责任和质证的权利，且控辩双方都期望法官能够当庭对证据进行认定并说明理由，尤其是对证据的证据资格认定问题进行说理。审判经验告诉我们，法官对证据资格的当庭认定是对抗性审判本身的要求，法官需要对控辩双方举证、质证的结果作出证据资格的认定。

（2）当庭认证体现审判公开的要求，有助于树立司法权威。当庭认证，其根本目的在于防止法官"暗箱操作"的行为，让法官证据资格认定的行为展现在法庭，使控辩双方参与裁判结果的制作过程。我国当庭认证主要是对证据是否具有证据资格进行认定，尤其重视证据的合法性问题，其积极意义体现在两个方面。一是能够增强法官心证的透明度，使得控辩双方对案件证据的分歧通过法官当庭认证、释明解决在法庭上，这正是审判公开的应有之义；二是能够使控辩双方监督法官当庭认证的过程，增强对法官认证结果的可接受性，树立司法权威。当然，当庭认证也要根据控辩双方当庭举证、质证的情况，结合案件事实进行认证，切不能将当庭认证认为是对每一个提出的且经过质证的单个或一组证据进行立即认证，但法官应当具有当庭认证的意识。换句话说，涉及证据资格的认定时，能够当庭认证的应当当庭认证，如非法证据的问题、证人是否具有作证资格的问题，等等。

4. 当庭认证的适用范围

自1996年刑事审判方式改革以来，当庭认证已成为我国审判实践中确定证据是否具有证据资格的重要方式。当庭认证兼具法官认证公开透明和控辩双方参与认证的优点，但由于当庭认证在庭审证据调查结果的确认方面仍存在一定风险，大部分法官对当庭认证仍比较慎重，有的法官甚至反对当庭认证。目前我国当庭认证的情形集中体现在以下两个方面。

一是法官侧重于对无争议的证据当庭认证。一般来说，我国司法实践中当庭认证的情况首先表现为法官倾向于对控辩双方无争议的证据当庭认证，对于控辩双方有争议或有疑问的证据不予当庭认证。某学者曾经在2009年上半年对30起当庭认证案件的对象进行统计发现，其中有29起案件的法官当庭认证的是公诉人所举出的而辩方没有提出异议的证据。[1]法官对举证、质证环节的庭审情况进行小结时，往往对控辩双方没有争议的证据当即认证，如公诉人宣读证人证言，法官会先后询问被告人、辩护人对该证言是否有异议，被告人及辩护人表示无异议的，法官通常按照"一证一举一质一认"的方式进行直接认证。而对于控辩双方有争议的证据，法官不会当庭表态。

二是法官侧重于对证据资格进行当庭认证。就证据的证据资格和证明力而言，法官的当庭认证似乎更偏向确定证据资格，而且在证据合法性方面的认证尤为突出。对于证明力问题，法官往往很难当庭认证，除非法官认为庭审证据调查中证据的证明力情况非常清晰、明显，才会作出当庭认证，如控方所提出的被告人在侦查阶段的辨认笔录，法官经审查认为侦查机关所作的辨认笔录不符合规定，则会作出该辨认笔录缺乏证明力的认定结果。所以，不能机械理解当庭认证，认为当庭认证是对证据的证明力予以确认，这是非常危险的观点。当庭认证的目的在于刑事认证的公开、透明性，只要庭审证据调查中举证、质证的过程是公开的，即使庭后法官对庭审中所调查的证据进行证据的证明力认定，同样也能体现审判公开性的要求。

---

〔1〕 梁坤、陶树声："刑事审判当庭认证实证研究"，载《人民司法》2010年第15期。

此外，由于对某些案件证据的证据资格，经控辩双方举证、质证之后法官并不能够立即作出认定，往往需要经过合议庭的讨论才能确定证据资格。继而如何解决当庭合议认证，是当庭认证司法实践的难点问题，也是强调当庭认证必须要解决的问题。证据资格是法官认定证据证明力的前提和基础，当庭对证据是否具有证据资格，尤其是证据的合法性问题进行认证，不仅有助于控辩双方及时对法官认定的结果提出异议，而且可以防止不具有证据资格的证据扰乱法官对定案根据证明力的评价和全案证据的综合认定。因此，笔者建议，原则上，对于证据资格问题能够当庭认定的，要当庭认定；对于需要合议确定证据资格的，应当休庭及时合议且应将合议结果当庭告知控辩双方，以便控辩双方当庭对认证结果提出异议。

二、刑事认证与庭审证据调查程序之关系

严格地说，刑事认证的空间和时间不具有明显的阶段性，既可以在法庭调查环节结束后进行，也可以在法庭辩论之后的休庭环节进行，还可以在判决宣告前进行或者在裁判文书中予以体现。刑事庭审证据调查的主要任务是控辩双方对所举证据，围绕证据的"三性"进行质证，而刑事认证则是法官根据证据调查的情况作出的认定结果，是法官对定案证据是否予以采用的释明。因此，就刑事审判程序而言，刑事认证是法官对庭审证据调查结果的一种评判；就证据制度本身而言，刑事认证是法官对庭审证据调查对象进行确定的行为。

一是庭审证据调查与刑事认证是方式与目的的关系。从整个刑事庭审证据调查的过程来看，二者是方式与目的的关系。刑事庭审证据调查是法庭展现证据的客观性、关联性和合法性的过程，其目的是帮助法官审查核实该证据是否具有证据资格和证明力，也就是说刑事庭审证据调查中举证、质证的作用和效果最终都要通过刑事认证的方式予以体现。因此，刑事认证是庭审证据调查的目的和归宿，是法官确定定案依据和解决控辩双方争议的基础和关键。

二是庭审证据调查与刑事认证是服务与被服务的关系。刑事认证贯穿于整个庭审过程中，并没有体现阶段性，而证据调查的最终结果取决于法官在庭审中对控辩双方举证、质证所做的检验与审查。具体而言，刑事认证是要求法官在审判过程中对控辩双方所提供的证据进行判断，而刑事庭审证据调

查则是法官审查核实证据的过程，为实现法官准确认定案件证据的目的服务。

第二节　刑事庭审证据调查程序认证的具体问题

庭审证据调查结束后，由于案件证据的复杂性、特殊性，法官并不能够对所有证据的证据资格和证明力直接作出认定。法官根据庭审中控辩双方的举证、质证情况，对单个证据的证据资格问题予以及时认定，继而对证据的证明力以及对全案证据进行综合认定的结果形成于庭审证据调查程序中。庭审证据调查对刑事认证各个层次所起到的作用不同，笔者将据此对刑事认证的具体内容分三个层次进行分析。

一、单个证据的证据资格认证问题

证据资格，也被称为证据能力，是指证据材料需具备何种条件才能成为法官认定案件的证据，在英美法系中被称为证据的可采性，我国台湾地区将其称为证据的容许性。英美法系和大陆法系国家对证据资格的认证模式不一，前者依据证据可采性理论，为防止进入庭审的证据因不具有可采性而影响法官或陪审团对该证据的认识，从而对证据是否具有可采性规定了详细的证据规则，也就是所谓的严格规则主义的认证模式；后者采取法官依职权对证据进行审查判断的方式，更加注重证据的真实性，在证据资格方面的认定是以自由认证的模式进行的。不同于传统的刑事审判模式，对抗性因素在庭审证据调查环节被不断强化。因此，我国法官对单个证据资格的认定采取了较为严格的法定认证模式。

（一）单个证据的证据资格认证的内容与方式

1. 单个证据的证据资格认证的内容

在我国刑事庭审证据调查中，举证和质证之后，法官往往可以直接对单个证据的证据资格作出认定，可以说是刑事庭审证据调查对法官认定证据的证据资格有着直接的制约与决定作用。法官对单个证据的证据资格的认定主要是对证据适格方面的确定，包括证据的关联性、证据的合法性、证人的适格问题等内容。此外，没有经过法庭举证、质证的证据，绝对不具有证据资格，这是法官认定单个证据是否具有证据资格的程序要求。笔者根据言词证据和实物证据的证据资格认证的具体内容的不同，对两者分别进行阐述。

（1）言词证据的证据资格认证。相比实物证据而言，言词证据因受言词陈述者认知水平、趋利避害心理等因素的影响，证据资格认证难度较大。根据不同言词证据种类，法官可从以下三个方面内容考虑言词证据的证据资格。其一，被告人供述和辩解。作为刑事被追诉的对象，被告人在我国刑事审判中是具有诉讼主体地位的重要当事人，其对案件情况的了解更为清楚。对于被告人的口供，应着重审查口供取得方式是否合法，侦查人员取证过程有无刑讯或变相刑讯等行为，该行为将直接导致被告人庭前所作供述的真实性。其二，证人证言等的证据资格认证。证人证言作为另外一种非常重要的言词证据，应着重审查证人有无作证的资格，即证人生理上和精神上的状态和证人认知能力及表达能力等；取得证人证言的方式是否合法，证人是否是在威胁、暴力等状态下作出的证言等。被害人陈述的证据资格的认证同证人证言的认证基本一致，但与本案没有关联的言词证据和与被害人有关的品格证据、犯罪前科等言词证据不具有证据资格。其三，鉴定意见。鉴定意见在刑事审判中所起的证明效力日渐突出，对鉴定意见是否具有证据资格的评价也显得尤为重要，鉴定意见是否具有证据资格应着重审查作出鉴定意见的机构与鉴定人是否具有鉴定资质，鉴定程序是否合法，等等。

（2）实物证据的证据资格认证。实物证据属于客观性较强的一类证据，对其证据资格的认定主要体现在对实物证据取得来源的真实性、可靠性以及合法性方面的审查核实，如物证、书证是否是原物、原件，取得来源是否合法，视频资料是否被篡改、删减，等等。需要指出的是，虽然2012年《刑事诉讼法》修改已经增加了非法实物证据的排除规定，2018年《刑事诉讼法》依旧对此予以保留，但实践中对于非法收集的物证、书证的态度较为宽容，即使有瑕疵，若经过补正或作出合理解释的，法庭依然可以肯定其证据资格。

2. 单个证据的证据资格的认证方式

我国刑事审判中，法官对单个证据的证据资格的认证多采用当庭认证的方式，具体理由有二：其一，证据资格作为确定证据证明力的先决条件，要求法官当庭予以认证。证据材料作为法官认定的对象，首先需要具备证据资格。我国刑事审判没有庭前确定证据是否具有可采性的程序，只要是控辩双方认为需要在庭审中举证、质证的证据，一律都可以直接提交到法庭。然而，我国庭审并不对证据的证据资格和证明力分别予以举证、质证，而是由控辩双方一并举证或质证。如果证据不具有证据资格，如非法取得的证据、没有证人资格的证人出庭作证等，那么法官对该证据的证明力及全案证据的认定是没有任何意义的。反而会造成法官对该证据证明力的误认或对整个案件证据的错误认定，也会影响诉讼效率，造成司法不公的现象。因此，法官在庭审证据调查结束后，首先需要对证据的证据资格进行认证，而法官对证据的证据资格的认定主要是对证据合法性及适格性的认定，采取当庭认定方式为最佳。其二，举证、质证的实质化推动当庭认证的践行。对抗性庭审模式已经在我国刑事庭审证据调查程序中予以固定，控辩双方作为证据调查的参与者，主动、积极地进行举证、质证。在控辩双方实际举证、质证后，任何一方都期望法官能够当庭对证据进行认定并说明理由。因此，举证在法庭、质证在法庭的审判理念在一定程度上促进了"法官认证在法庭"这一责任的履行。然而，若要法官当庭认证所有证据既是强人所难，也不符合法官的法律思维。但是，对于单个证据的证据资格当庭认定是有必要的，否则控辩双方对不具有证据资格的证据进行质询、反驳又有何意义呢？审判经验告诉我们，控辩双方对单个证据的合法性、适格性方面的认定，可以依据我国现有的法律规定予以严格把握，当庭对这些证据的证据资格作出评判。

（二）单个证据的证据资格认定规则

1. 非法证据排除规则

非法证据排除规则，是指因不合法取证手段导致所取证据丧失证据资格而不能将其作为定案根据，是对证据是否具有合法性的一项法定认证规则。也就是说，证据必须符合法律规定才能被采纳，法官根据非法证据排除规则确定证据是否具有证据资格是严格规则认证模式的体现。非法证据排除规则作为当代法治国家刑事证据法中普遍认可的一项证据规则，对规范庭审被调查证据的证据资格和防止刑讯逼供等非法取证现象的发生有着重要的作用。

（1）非法证据排除规则的历史溯源。非法证据排除规则最早起源于英国，发展于美国。早在17世纪，由于受到本国政治、法律、宗教、经济等方面的影响，欧洲大量移民为寻求自由而涌入北美洲，他们对非法的迫害行为有着切肤之痛，更愿意关注刑事诉讼的合法性问题。英国殖民统治时期，英国官员以查私为借口擅自搜查美国公民的住处或人身激起了民愤，被认为是英国政府无视英国法律给予美国公民不公正的待遇的表现。为了保障公民的权利和自由，1791 年的美国联邦宪法十条修正案应运而生，而且其中的五条与刑事司法密切相关。1914 年美国联邦最高法院在威克斯诉合众国一案（Weeks v. Unites States）中首先采用了非法证据排除规则，该规则是指实物证据违反美国宪法第四修正案[1]的应当被排除，且此时该规则的适用范围仅限于美国联邦系统的法院。1960 年"银盘理论"[2]的禁止和 1961 年马普案的发生，使得非法证据排除规则在美国联邦和各州法院统一适用的局面得以确立。1966 年米兰达诉亚利桑那案创建了"米兰达警告"，[3]确认了非法证据排除规则适用于非法取得言词证据，即违反美国联邦宪法第五修正案的内容。

（2）我国非法证据排除规则的立法体现及具体内容。1979 年《刑事诉讼法》第 32 条和 1996 年《刑事诉讼法》第 43 条就已明文禁止以刑讯逼供等非法方式收集证据，但"查证确实"的排除标准实践中难以达到，故而基本上等同于虚设。面对"亡者归来"的佘祥林案、赵作海案，"真凶再现"的呼格吉勒图案、聂树斌案，我们不只是叹息，我们更为震惊的是导致这些冤假错案最直接的共同原因是我国侦查机关非法取证的残酷事实，这使得立法机关不得不认真考虑非法证据排除规则的适用，否则，将难以推进我国刑事司法民主化、法治化的改革进程。值得欣慰的是，2010 年"两高三部"颁布的《关于办理刑事案件排除非法证据若干问题的规定》首先在司法实践层面确立了非法证据排除规则，对非法证据排除的范围和举证责任作了明确规定；2012 年《刑事诉讼法》修改将非法证据排除规则纳入了国家法律的层面，对其适用范围、程序启动、证明责任分配及证明标准等内容予以规定；2013 年

---

　　[1]　美国联邦宪法第四修正案规定："人民的人身、住宅、文件和财产不受无理搜查和扣押的权利，不得侵犯。除依据可能成立的理由，以宣誓或代宣誓言保证，并详细说明搜查地点和扣押的人或物，不得发出搜查和扣押状。"

　　[2]　"银盘理论"是指在西方国家，服务人员向被服务者传递钱物和账单时常用银盘托着，此处用以比喻州警察向联邦警察传递非法证据。参见杨宇冠：《非法证据排除规则研究》，中国人民公安大学出版社 2002 年版，第 25 页。

　　[3]　"米兰达警告"的内容：（1）你有权保持沉默；（2）如果你选择回答，那么你所说的一切都可能会被用作对你不利的证据；（3）你有权在审讯时有律师在场；（4）如果你没有钱请律师，法庭有义务为你指定律师。参见杨宇冠：《非法证据排除规则研究》，中国人民公安大学出版社 2002 年版，第 29 页。

最高人民法院《关于建立健全防范刑事冤假错案工作机制的意见》第 8 条[1]对非法方式予以进一步明确；2014 年党的十八届四中全会《决定》提出落实非法证据排除规则的适用及加强对刑讯逼供和非法取证源头预防的要求；2016 年"两高三部"联合颁布的《改革意见》再次强调了侦查机关取证手段的合法性；2017 年 2 月最高人民法院颁布的《实施意见》、2017 年 6 月"两部三高"颁布实施的《严格排非规定》及 2018 年 1 月最高人民法院实施的《排除非法证据规程》对关于非法证据的范围、重复性自白等问题再次予以明确。从上述一系列党中央文件和法律法规可以看出，非法证据排除规则的法律规定愈发细致且其可操作性逐渐增强，可见，非法证据排除的制度构建在我国法治化建设的进程中正以积极、正向的方式推进。

根据我国《刑事诉讼法》的规定，非法证据排除规则包括以下五个方面的内容：一是非法证据排除的范围。《刑事诉讼法》第 56 条规定了应当排除的证据包括两类，即非法取得的言词证据[2]和因收集程序不合法且不能补正、作出合理解释的实物证据。根据非法证据排除范围的法律规定，笔者认为我国关于非法证据排除范围的规定有三大亮点。其一是对于非法取得的言词证据，我国法律采用开放的规定方式，并不仅限于"刑讯逼供"和"暴力、威胁"的手段。法律不可能穷尽所有的非法取证的手段，"等"字表明了我国立法机关对各种残酷、非人道的非法手段取得的言词证据坚决、一律排除的态度。其二是"采用暴力、威胁等非法方法取得的证人证言、被害人陈述"的排除规定，表明我国侦查机关对证人、被害人取证也应当采用合法的方式，这对保障证人和被害人合法作证的权利有着积极的推动意义。其三是对于非法实物证据的排除规定，我国并非秉承一律排除的态度。由于实物证据本是客观性较强的证据，取证程序的不合法对证据的可靠性程度影响不大，但确有瑕疵且可能严重影响司法公正的应当予以排除，但排除的前提是侦查人员无法补正或无法作出合理解释。二是检察机关的法律监督责任。《刑事诉讼法》第 57 条的规定表明人民检察院的三项权力体现了检察机关的监督职能，

---

[1] 最高人民法院《关于建立健全防范刑事冤假错案工作机制的意见》第 8 条规定，采用刑讯逼供或者冻、饿、晒、烤、疲劳审讯等非法方法收集的被告人供述，应当排除。

[2] 根据《刑事诉讼法》第 52 条、第 56 条的规定，非法取得的言词证据是指采用暴力、威胁等非法方法取得的犯罪嫌疑人、被告人供述和采用暴力、威胁等方法非法收集的证人证言、被害人陈述。

这三项权力包括对于侦查人员非法取证享有调查核实的权力，对于非法取证的行为有提出纠正意见的权力和对于非法取证的侦查人员本身有追究刑事责任的权力。三是非法证据排除的启动。我国法律明确规定侦查、起诉、审判阶段都可以排除非法证据，但审判是维护司法正义的最后一道防线，证据是定案的依据，因此，审判环节的非法证据排除程序的适用是为了排除不符合证据资格的证据。为了切实落实非法证据的排除，《刑事诉讼法》第58条专门规定了法院调查核实非法证据的具体规定，该程序是对证据收集的合法性进行专门调查的程序，可以称为"审中审"或"独立审查"。该条包括非法证据排除程序的两个要点：其一，启动时间是审判长宣布开庭后到法庭辩论终结前；其二，启动的条件是审判人员依职权或依申请认为存在第56条规定的情形的，且依申请要求排除非法证据的需要提供相关的线索或材料。[1]四是非法证据排除的证明责任。《刑事诉讼法》第59条规定了人民检察院的证明责任，[2]也规定了两种证明方式，即提供讯问笔录、讯问过程的录像、羁押记录、体检记录和有关侦查人员出庭说明情况。五是非法证据排除的证明标准。非法证据排除的标准，就是《刑事诉讼法》第60条规定的两种，即"确认"是第56条规定的情形的应当予以排除和"不能排除"存在第56条规定的情形的。但有的学者认为该种证明标准的表述是不合适的，原因是"确认"的证明标准容易将证明责任转嫁给辩方。[3]

（3）我国非法证据排除规则的实施情况。非法证据排除规则实施近十年来，其社会关注度很高，专家学者们专门对该问题的实施情况在全国范围内开展了实证调研，并形成了论文、专著，成果丰富。[4]客观地说，我国非法证据排除规则实施情况并不理想，庭审中非法证据排除程序的启动情况少而甚少，法院排除非法证据的案例更是屈指可数。笔者从杨宇冠教授对北京市人民法院排除非法证据的司法数据获知，2013～2014年共有29件（一审14件，二审15件）非法证据处理案件，31名被告人（上诉人）提出非法证据

---

〔1〕 线索或材料包括涉嫌非法取证的人员、时间、地点、方式、内容，等等。

〔2〕 检察院的证明责任包括证明被告人有罪的责任和证明证据具有合法性的责任。

〔3〕 郭志媛："非法证据排除规则实施研讨会综述"，载《人民法院报》2013年12月4日，第6版。

〔4〕 学者专著成果体现：陈光中教授主编的《非法证据排除规则实施问题研究》，卞建林、杨宇冠教授主编的《非法证据排除规则实证研究》，杨宇冠教授主编的《非法证据排除规则在中国的实施问题研究》，等等。

排除。其中，关于提出非法证据排除的时间的情况如下：一审中，庭前提出的有 3 件，庭审中提出的有 10 件，庭审前、庭审中均提出的有 1 件；二审中非法证据排除全部是作为上诉理由提出的。关于提出非法证据排除的类型主要有两类：一类是被告人申请排除有罪供述的（翻供）有 26 件，理由基本上全部都是刑讯逼供、诱供、骗供和程序违法。另一类是当事人申请排除证人证言的有 3 件，理由分别是暴力取证、证人有压力违心作证和没有具体理由。[1] 再看一组数据，笔者曾对江苏省某市中级人民法院有关 2012~2015 年一审毒品案件的非法证据排除程序启动和排除情况做过统计，详见表 7-1。

表 7-1　2012~2015 年江苏省某市中级人民法院一审毒品案件的
非法证据排除程序启动和排除情况

内容\年度	毒品案件一审数量（件）	被告人数（人）	提起非法证据排除的被告人数（人）	法院启动非法证据排除的案件数（件）	排除非法证据案件数（件）
2012 年	23	54	9	3	0
2013 年	16	63	12	3	0
2014 年	26	84	13	4	0
2015 年（1~5 月）	9	17	4	1	0

　　该组数据虽然仅是一个中级人民法院毒品案件刑事一审的非法证据排除情况统计，但可以看出被告人在庭审中提出排除非法证据申请的人数是逐年递增的，而该法院每年启动非法证据排除的案件数大约占提起人数的 1/3，但没有一件非法证据被排除的案件。而且，笔者也从相关办案法官处了解到，这些提起排除非法证据的被告人都作出当庭翻供，且理由全部都是刑讯逼供、诱供、威胁，有的被告人特别指出其在指定居所监视居住期间受到过刑讯逼供等非法取证行为。

　　基于上述两组数据有关庭审非法证据排除实施情况的统计，我们不难看

---

〔1〕 杨宇冠：《非法证据排除规则在中国的实施问题研究》，中国检察出版社 2015 年版，第 212~216 页。

出：首先，我国的非法证据排除程序启动比较难，而实际真正排除非法证据的案件数更少。其次，庭审非法证据排除的只有非法言词证据的排除，非法实物证据的排除非常鲜少。而非法言词证据的排除类型中绝大部分是排除被告人庭前的有罪供述，排除证人证言的数量甚少。最后，被告人申请排除有罪供述的理由几乎都是其在侦查阶段受到过刑讯逼供等而作出不真实的有罪供述。从当前司法实践来看，我国的非法证据排除规则主要是用来解决因被告人当庭翻供而产生的对被告人庭前供述是否具有证据资格的问题。

（4）非法证据排除规则在确定证据资格中的体现。从司法实践的适用情况看，非法证据排除规则在我国主要用来解决被告人当庭翻供问题，也是对被告人庭前供述是否有证据资格的认定问题。对被告人供述的审查核实最重要的是要对被告人庭前供述这一证据资格的确认，没有证据资格的被告人的庭前供述是不能作为定案依据的，应首先予以排除，而且越早排除越好，以防止干扰法官对案件其他证据和事实的客观认识。可以说，非法证据排除规则是审查核实被告人庭前供述有无证据资格的金科玉律，是对不具有证据资格的被告人庭前供述的一种程序性制裁。事实上，适用非法证据排除规则意在通过该程序来排除因严重违法而取得的被告人庭前口供从而遏制侦查人员违法取证行为，为被告人人身权利的维护提供救济。公诉人首先通过宣读被告人庭前的有罪供述笔录指控被告人犯罪事实，若被告人当庭推翻全部或部分有罪供述，表示自己的有罪供述是非法取得的且提供了相关的线索，人民法院该如何操作呢？《排除非法证据规程》第1条第2款对被告人因受刑讯逼供影响而重复性陈述问题予以了明确规定，被告人在庭审阶段因曾受到刑讯逼供而当庭翻供的，人民法院在审查过程中依据"在告知被告人权利的前提下，侦查阶段更换侦查人员后，被告人自愿供述且前后一致，不排除；审查逮捕、审查起诉与审判阶段，被告人自愿供述且前后一致，不排除"的规则处理。对于被告人因受到刑讯逼供以外的其他非法方式作出的供述，如冻、饿、晒、烤、疲劳审讯、非法拘禁等非法方式收集被告人供述的，在法庭审理中翻供的，目前法律规范没有规定，鉴于其他非法取证方式对被告人肉体上或精神上造成的痛苦程度并不亚于刑讯逼供方式，建议法官应当启动非法证据排除程序对该供述的合法性进行调查，对确定或不能排除采用非法方式取得被告人供述的要坚决予以排除。

（5）落实非法证据排除规则的建议。非法证据排除规则是确定被告人供述及其他言词证据证据资格的一项重要证据规则，有利于帮助法官正确认定单个证据的证据资格。因此，严格执行非法证据排除规则，是我国法治建设的重要之举。具体建议如下。

一是适当降低非法证据排除程序的启动标准。我国法律及司法解释要求当事人及其辩护人、诉讼代理人申请非法证据排除的，应当提供相关线索或者材料，包括非法取证的人员、时间、地点，等等。但是，实践中法官对"线索或材料"的理解与把握不一，加之有些法官主观上不愿意启动该程序，无形中提升了非法证据排除程序启动的难度，这也是实践中我国法院启动该程序数量不多的重要原因之一。不可否认的是，被告人的庭前供述往往是在被告人处于被羁押、人身自由受到限制的状态下作出的，从而被告人很难提出较为客观的证据表明自己受到刑讯逼供等的事实，除非身体有遭受刑讯的明显痕迹或生理反应，但目前享有侦查权的机关采用粗野、暴力的方式进行取证的现象已不多见。落实非法证据排除规则，首先就是要启动非法证据排除程序，若该程序的启动非常困难的话，谈何排除非法取得的证据呢？因此，"只要辩方提供的线索或材料引起法官的合理怀疑，也就是法官认为根据辩方提供的线索或者材料有可能存在非法取证的情形就可以启动非法证据排除程序"，[1]建议各地方法院参考司法机关颁布的非法证据排除的指导性案例，适当降低非法证据排除程序启动的标准。

二是坚决杜绝非法证据庭外排除的现象。当庭认证主要是针对证据合法性的有无展开的，我国非法证据排除一般是在刑事庭审证据调查阶段进行的，而司法实践中有不少法官对庭审中提出的非法证据并不当庭进行审查，而是进行庭外调查，有违审判公开的精神，也不符合《刑诉法解释》第100条[2]的规定。非法证据是根据侦查人员取证行为的不合法来予以界定的，只有在庭审证据调查中首先对其合法性进行解决，即通过控辩双方举证、质证的方式予以展现，才能确认该非法证据的合法性问题。若法官庭外调查非法证据，一方面，该证据无法接受控辩双方当庭的质证，不符合定罪量刑的证据必须经过质证的法律要求，即使合法也不能作为定案依据。另一方面，庭外调查

---

〔1〕 陈光中：《非法证据排除规则实施问题研究》，北京大学出版社2014年版，第43页。

〔2〕 《刑诉法解释》第100条规定："法庭审理过程中，当事人及其辩护人、诉讼代理人申请排除非法证据的，法庭应当进行审查。经审查，对证据收集的合法性有疑问的，应当进行调查；没有疑问的，应当当庭说明情况和理由，继续法庭审理。"

非法证据使得该证据的证据资格的认可度大打折扣。对于非法证据是否具有证据资格而言，在公开庭审中进行调查一定程度上能够提供程序上的保证，使得控辩双方对该证据的质疑、质问解决在法庭上，从而增加控辩双方对该证据是否具有合法性、真实性的接受程度。因此，要坚决杜绝非法证据庭外排除的现象。

2. 证人作证适格性规则

证人作证适格性，也被称为证人资格或证人能力，是指依据法律规定哪些证人可在法庭上出庭作证。证人只有具备作证资格才能在法庭上陈述证言。

（1）证人作证适格性的历史演变。证人作证适格性的历史考察，实际上就是对证人资格限制范围的研究。早在十六七世纪，英国对证人资格要求非常严格，其规定了八种证人不具有作证资格，这八种证人是有色人种、当事人亲属、破产人、利害关系人、被告人、精神障碍人、儿童和无宗教信仰的人，可以说，这些人由于与案件的结果存在利害关系或者本人品质或能力存在缺陷而不能作为证人在法庭上作证。不可否认，证人因不符合法律规定的作证资格而导致作证受限，使得审判中可用的证人证言数量减少，法官在确定证据资格和证明力方面步履维艰。意大利学者贝卡里亚在《论犯罪与刑罚》中指出，"一切有理智的人，也就是说，自己的思想有一定的连贯性，其感觉同其他人相一致的人，都可以作为证人"，[1]这无疑是对法律中证人作证资格限制过多的否认。因此，英国在18世纪已开始允许非基督教徒作证，被告人也有作证的资格。到19世纪，英美法系国家将证人的范围规定得更加宽泛，《美国联邦证据规则》第601条规定了在没有特别规定的情况下每个人都有资格作为证人，甚至没有对精神病人、儿童作证资格予以限制。而大陆法系国家法官认为证人本身所具有的不可替代性，若加以限制则会使很多案件得不到查清，加之法官认证是采取自由心证的模式，法律本身对证人作证资格限制条件较少。

从上述两大法系对证人作证资格的规定及历史发展演变来看，各国立法对证人作证资格的限制越来越少，其最大原因在于说明了证人仅需依其感知和记忆作证，不再因其身份或与案件存在利益关系而不能作证，法庭允许更

---

〔1〕 ［意］切萨雷·贝卡里亚：《论犯罪与刑罚》，黄风译，中国法制出版社2005年版，第26页。

多的证人进入庭审，有利于法官对证据进行评判。

（2）我国证人作证适格性规则的立法规定及存在的问题。我国《刑事诉讼法》第62条的规定被认为是证人作证适格性的一般规则，具体包含两个层面的内容。其一，证人必须是诉讼当事人以外知道案件情况的自然人。也就是说，凡是知道案件情况的并不都是证人，由于我国将被告人、被害人作为独立的证据种类，其供述或陈述不作为证人证言，而是以被告人供述或辩解、被害人陈述的方式展现在法庭。其二，不能辨别是非和不能正确表达的人不具有证人资格。不同于两大法系的规定和实践操作，我国该条法律规定对生理上、精神上有缺陷或者年幼，不能辨认是非、不能正确表达的人的作证资格予以限制。此外，《刑诉法解释》第75条规定了对证人资格可以进行审查的内容。《刑事诉讼法》第62条的规定被认为是我国证人作证适格性规则，但由于其规定过于粗简，造成了实践中对证人是否具有证人资格存有困惑，主要存在以下两个问题：其一，"年幼"认定的误区。我国《刑事诉讼法》并未对"年幼"作出明确规定，但实践中法官主要以是否已满10周岁作为能否作为证人的标准，而忽略了对年幼认知能力的评价，对"年幼"进行了简单化处理。事实上，我国刑事诉讼立法者没有规定"年幼"的具体年龄划分是有道理的。一方面，年幼的人并非不能辨别是非，只要其能够对其看到的情况进行正常认知，并能够正确表达出来，就可以作证。另一方面，"年幼"只是立法者对证人年龄的一种概说，其真实目的在于强调年幼人在认知能力和其年龄相匹配的情况下就可以作证，而无具体年龄的限制。其二，"集体讨论式"或"观摩式"证人作证资格问题。在某些案件中，案发现场群众较多，侦查人员在调取证人证言时，多采用集体讨论方式收集证据。再如笔者曾在某县人民法院审理的李某故意伤害一案中，证人旁听了案件证据调查的过程，继而在旁听席中发表了证人证言，等等，这些经过集体讨论式的证人，能够作为证人吗？答案显然是否定的，由于证人实际作证前，其认知情况受到了人为因素的干扰，其证言的真实性受到了质疑。

（3）我国证人作证适格性规则的改革建议。证人作证适格性规则是法官对出庭作证的证人明确其是否具有作证资格的一项认证规则。随着我国证人出庭制度的不断完善，法官对证人出庭问题十分重视，证人是否具有作证资格是法官在认定相关证据时应首先考虑的。因此，笔者认为我国法律既然明确规定了证人作证适格性规则，法官就应当严格遵循。一方面对《刑事诉讼法》第 62 条规定的理解不能过于简单、机械，比如针对年幼证人的年龄问题、间歇性精神病人的作证资格问题应综合把握这类证人的认知情况及案发时的精神状态，以便更多的证人能够客观陈述案件情况，帮助法官查明真相。另一方面，对于经过集体式讨论或观摩庭审现场后的证人出庭作证的，法官对其是否具有作证资格应当慎重，原则上应当限制这些证人的作证资格。

3. 最佳证据规则

最佳证据规则是英美法系最古老的一项证据规则，其规定之初仅适用于书证，也被学者称为"原始文书规则"。最佳证据规则是一项规范证据资格的规则，可以被认为是书证内容可采性的法则。

（1）最佳证据规则概述。最佳证据规则起源于英国，起源何时并不详。"最佳证据"一词最早源于 1700 年首席法官霍尔特在 Fodv. Hopkins 一案中提出"仅仅需要事物本身所能具有的最佳证据"，[1]也就意味着最为原始的证据就是最好的证据，最好的证据应当展现在法庭。而撒耶在 1898 年对"最佳证据"作出的解释是：如果你要证明文书的内容，就必须提供文书本身。据资料可查，最佳证据规则与英国古代司法证明中的"文书审"存在一定的关系。早在 16 世纪以前，英国在民事案件中就已有文书盖有当事人印章便具有证明效力的规则。"文书审"实际上是由法官裁定当事人的主张是否在所呈的文书中有依据所循，而要求当事人必须提供原始文书的证据这一规则被确立，随后逐渐演变为"最佳证据规则"。由于大陆法系国家注重实质真实，法官对书证的证据资格的认定依据自由心证原则，从而最佳证据规则在刑事诉讼中并没有得到体现。

传统的最佳证据规则的适用范围仅限于书证，《美国联邦证据规则》第 1001 条将最佳证据规则的适用范围扩大至录音、录像、摄影制品以及计算机的打印物或输出物。此外，《美国联邦证据规则》第 1003 条规定，在不具有法律规定的例外情况[2]下，复制件与原件具有同样的可采性。应该说，英美法系国家对最佳证据规则设置的若干例外，在一定程度上说明最佳证据规则的重要性有所减弱，某些情况下复制品在鉴别真实的情况下具有与原件同样

---

〔1〕　［美］约翰·W. 斯特龙主编：《麦考密克论证据》，邓维建等译，中国政法大学出版社 2004 年版，第 464 页。

〔2〕　例外情况：一是对原件的真实性产生了真诚的疑问；二是在有关情况下，采纳副本代替原件将会导致不公平。

的证明力。

（2）我国最佳证据规则的法律规定及存在的问题。我国《刑事诉讼法》中没有确立最佳证据规则，但最高人民法院和最高人民检察院的司法解释体现了最佳证据规则的精神。《刑诉法解释》第70条、第71条要求定案的物证、书证应当是原物、原件；原物、原件在法律规定的情况下难以取得或无法取得的，可以使用复制品或复印件等。笔者认为我国最佳证据规则具有两个层面的内容：一是物证、书证应当提供原物、原件。根据最佳证据规则的精神，只有原物、原件是展现案件情况的最好证据，保证所查证据的真实性。二是物证、书证的替代物采纳要有条件性。如果原物或原件由于特殊原因不能提供的，那么物证的照片、录像、复制品和书证的副本、复制件经与原物、原件核实无误或鉴定真实的可以采纳。虽然我国司法解释的规定体现了最佳证据规则的精神，但由于我国最佳证据规则规定得过于原则，立法中主要存在两个方面的问题：一方面，没有明确规定未提供原物、原件的法律后果。英美证据法规定控辩双方如果不能提供原件，又不能按照法律规定作出合理解释的，那么，非原件的文书不可采纳。而我国司法解释并没有对应当提供原物、原件且没有法律规定的理由而未提供的后果，仅是规定了在照片、复制品或复印件与原物、原件不符的情况下，复制类物证、书证不具有证据资格的内容。进一步说，恰恰因为我国法律没有严格的制裁后果，导致刑事审判中复制类物证、书证数量颇多。另一方面，复制类书证作为证据使用的条件规定得过于宽泛。我国司法解释仅规定了"取得原件确有困难的，可以使用副本、复制件"，该解释作为最佳证据规则的例外条件规定得过于笼统。比较《美国联邦证据规则》第1004条规定的四种情形，[1]英国证据法规定的六种情形，[2]我国最佳证据规定的例外显得相形见绌。由于司法解释规定得过于笼统且无具体规定，因此实践中法官对复制类书证审查不够严格，在一些案件中控辩双方明明可以取得原件但也只提供复印件。

---

〔1〕　四种情形：（1）所有原件均已遗失或者被毁损，且并非证据提供者恶意丢弃或者损毁了它们；（2）不能找到原件；（3）原件为对方所持有；（4）复制件与关键问题没有密切联系。参见王进喜：《美国〈联邦证据规则〉（2011年重塑版）条解》，中国法制出版社2012年版，第342页。

〔2〕　六种情形：（1）当事人无法开示或提交原件；（2）原件由诉讼外第三人占有且有合法理由拒绝提交；（3）原件已被毁损或被合理搜寻后无法取得；（4）所要提供的原件在客观上不可能或存在极大障碍；（5）政府文件；（6）银行账簿。参见沈志先：《刑事证据规则研究》，法律出版社2014年版，第123~124页。

（3）我国确立最佳证据规则的必要性及改革建议。最佳证据规则的本质在于为证明案件真相，应当选择最佳的证据予以证明。我国司法解释的规定吸收了最佳证据规则的精神，为法官衡量物证、书证的可靠性提供了标准，进而确保物证、书证的证明力价值。在大力推进我国刑事审判改革的进程中，确立最佳证据规则对证据制度的完善有着积极的现实意义。

第一，法官对客观性证据的重视度增加。传统的刑事审判中，法官对被告人的口供等言词证据非常依赖，但由于冤假错案等所暴露出的言词证据主观过强、易改变等问题，使得法官对言词证据的认定逐渐谨慎。刑事审判方式的改革已在法官认定证据从倚重被告人口供等言词证据转变到重视以物证、书证等客观性较强的证据方面产生了实质性影响。而物证、书证作为最为重要的客观性证据，其"原始性"要求无疑对证明案件真相提供了一种最佳的证据。因此，法庭对客观性证据的重视促使侦查人员在办案中尽量取得原始证据，以帮助法官衡量评定物证、书证的证据资格。

第二，复制类材料鉴真难度较大。由于现代科学技术手段比较发达，因此，原物、原件与复制类材料之间的差异很难被发现。复制类材料存在极大的被伪造、篡改、仿造的风险，比如物证照片的重新制作，书证复印件内容的改变，等等，增加了法官鉴别复制类材料真实性的难度，即使有较为专业的机构，其鉴定意见的准确性也难以得到百分之百的保证。因此，最佳证据规则对物证、书证证据资格的真实性判定具有重要的意义。

最佳证据规则在我国现有的法律规定中应加以完善，才能最大化地规范物证、书证等证据的证据资格以保障案件真相的查明。笔者认为，最佳证据规则应从以下四个方面予以完善。一是在我国《刑事诉讼法》中明确规定最佳证据规则。目前我国最佳证据规则精神主要体现在相应的司法解释中，但相关内容不够明确，使得实务中对该证据规则的适用比较随意。建议《刑事诉讼法》再次修改时明确规定最佳证据规则，以提高对最佳证据规则的立法位阶。二是将最佳证据规则的适用范围再次扩大。传统的最佳证据规则仅仅适用于书证的情况已不合时宜，我国现有规定将最佳证据规则适用范围已经扩大至物证。但随着视听资料、电子数据等作为又一重要法定证据在刑事审判中适用颇多，以发展的视角将最佳证据规则的适用范围再次扩展到视听资料、电子数据，是重新审视最佳证据规则的应有之义。值得肯定的是，我国《刑诉法解释》第 92 条和第 93 条的规定已经将法官审查、认定证据为"原物"的范围扩大至视听资料和电子数据。司法解释表述为法官审查、认定的视听资料"是否"为原件和电子数据等"是否"随原始存储介质移送，但当前司法解释关于视听资料、电子数据"原始性"的法官审查认定要求并没有体现，对最佳证据规则适用的程度不够强。笔者建议修改为"除非特殊情况外，视听资料、电子数据应当是原件或以原始存储介质的方式提交，才能作为定案依据"。三是明确无正当理由不提交原始性证据的制裁措施。我国司法解释仅规定了对控辩双方提供的复制类材料经鉴定与原物或原件不符的不得作为认定案件依据的内容，并没有对控辩双方无正当理由拒不提交证据原件的后果予以规定，从而造成诉讼中原物、原件提交存在人为的困难，也难以从根本上防止复制类材料进入法庭的情况。建议明确规定"控辩双方无正当理由不提交证据原物、原件的不得作为定案依据"这一程序性制裁内容。四是细化最佳证据规则的例外情况。复制类材料如果呈现在法庭中，会造成判决不公、侵犯被告人合法权益的危险，因此对于复制类材料适用的理由应当具体明确。笔者建议参照《美国联邦证据规则》及我国《最高人民法院关于民事诉讼证据的若干规定》的有关规定，将例外理由限制为：①原物、原件确已灭失、损毁，已无提交的可能（提供者故意造成的除外）；②原物、原件不宜搬运、保存的，如易燃易爆物品、易腐蚀物品等；③原物、原件属于官方保密资料不宜出示的；④控辩双方对使用复制件没有异议的。

二、单个证据的证明力认证问题

证明力，也被称为证据效力或证据价值，是指证据对案件事实是否具有证明作用或证明作用的大小。英美法系和大陆法系国家对证据的证明力的认定都采用法官自由认证的模式，赋予法官或陪审团自由裁量的权力。我国刑事审判中法官对证据证明力的认定也是属于自由认证的模式，法官根据庭审证据调查的情况对证据的证明力作出客观评价。

在我国刑事审判中，法官通过庭审证据调查的全部过程，对证据的证明力情况产生初步的认识，然而法官往往并不能对证据的证明力直接作出认定。法官需要在法庭辩论后，结合庭审证据调查的情况对证据的证明力作出进一步认定。也就是说，法官对单个证据的证明力认定，是在对证据调查的结果作出初步判断的基础上，再经法庭辩论后才可以进行认定。因此，庭审证据调查对单个证据的证明力认证起着重要的作用，只有通过庭审证据调查和法庭辩论，法官对单个证据的证明力才能够形成初步的判断。

（一）单个证据的证明力认证内容

1. 言词证据的证明力认定

关于言词证据的证明力认定，需要从以下几个方面把握。对于被告人口供的证明力认定应着重考虑，是否只有被告人口供而没有其他证据，被告人口供的具体内容是否符合逻辑，被告人前后供述是否一致等。对于证人证言的证明力认定需要了解，证人是否与案件有利害关系，证人是否亲自感知案件发生的经过，证人在法庭中前后证言是否一致等。对于鉴定意见需要重点审查，鉴定人是否独立作出鉴定，鉴定的过程和方法是否科学，鉴定人出庭能否对鉴定意见作出清晰、客观的解释且被法庭认知、理解。

2. 实物证据的证明力认定

物证、书证的证明力认证应着重审查物证、书证是否全面收集，物证、书证是否作同一认定，物证、书证的收集、保管过程是否受到"污染"，等等。勘验检查等笔录的证明力认定根据笔录的不同而不同，勘验笔录记载是否准确、翔实；检验笔录记载的内容是否与实物相符；人身检查笔录是否对人身特征、伤害情况、生理情况有客观记录；侦查实验笔录是否在与案件相同的条件下重演了事件过程。

（二）单个证据的证明力认证方式

单个证据的证明力认定方式主要是庭后认证。尽管单个证据的证明力认定的方式采用庭后认证的方式，但是需要法官通过裁判文书的形式将证据证明力的有无或大小予以公开确认并说明理由。由于单个证据的证明力认证过程的不公开，因此要对其严格规范，即将单个证据的证明力认证过程体现在规范法官自由裁量的权力和判决文书的说理之中。规范法官自由裁量权，包括两个层面的含义：一是法官对证据证明力的确认采用的是自由心证的方式，但法官自由心证的形成是需要经过规范的举证、质证程序，建立在对定罪量刑的证据客观认识的基础之上的。二是法官需要将心证的结果公开，即要求法官向控辩双方以及其他诉讼参与人告知其对所调查证据的证明力有无或大小的认识、评价和理由，而裁判文书说理正是心证结果公开的具体体现。在裁判文书中，法官应当对证据的证明力有无或大小逐一予以说明，尤其是控辩双方庭审中对某些证据的证明力存在疑问的，法官应阐明确认的结果及理由，增加当事人对证据证明力认定结果的可接受性，彰显司法权威。

（三）单个证据的证明力认证规则

1. 关联性规则

（1）关联性规则概述。关联性规则素有规范证据可采性的"黄金规则"之称，是英美法系证据法中一项重要规则。早在 1872 年，英国法官斯蒂芬在《印度证据法》中便对关联性[1]作了定义，19 世纪的美国法学家詹姆斯·B. 塞耶教授提出了证据之间因具有关联性而该证据具有证明力的观点，并总结出关联性规则的两条原则。[2]20 世纪 30 年代美国展开了有关证据关联性概念的讨论，米切尔学者从形式逻辑的角度提出了证据的关联性对待证事实有着直接或间接的证明力；学者约翰·H. 威格摩尔区分了逻辑上的关联和法律上的关联，并在法律关联中引入了最低限度证明力要求；美国证据法专家乔恩·R. 华尔兹在关联性的界定中引入了实质性和证明性两个因素。

我国传统证据法理论认为证据的关联性是由案件事实决定的，证据是案件事实的反映，证据与案件事实之间存在一种客观关联。而近些年的证据法学者们在吸收英美国家有关关联性的概念的基础上，更趋向于将关联性界定为诉讼证据对案件事实证明的能力。不管是关联性规则发源地的英美法系国家，还是秉承证据应当具有"三性"属性的我国，关联性规则是随着学者们的研究逐渐具体、深入的。

从上述关联性规则提出、发展的过程看，关联性规则不仅是从证据所具有的关联性本质属性中发展出的一项法律规则，着重体现其证明的作用，而且关联性规则对法官认定证明资格和证明力都有重要的意义。由于关联性规则的落脚点在于证据的证明力，即若证据具有关联性但不符合关联性规则的要求，如证明力相当弱，那么该证据由于不符合关联性规则的要求而不应被采纳。笔者认为，从诉讼证据对待证事实的实际证明力来看，诉讼证据与待

---

〔1〕《印度证据法》中所定义的关联性为"如果某一事实通过本法中关于事实的关联性之条款规定的任一方式与另一事实存在联系，则可以说该事实对另一事实具有关联性"。参见 Ratanlal Ranchhoddas, Dhirajlal Keshavlal Thakore, *The Law of Evidence* (*Act of* 1872), 23th ed. (2010) LexisNexis Butterworths Wadhwa Nagpur, p. 14。

〔2〕两个原则是指：其一，在逻辑上需要对证明的事项不具有证明价值的证据均不得采纳；其二，具有关联性的证据都应当准许在法庭上提出，除非由于某一明确的政策或者法律而排除了该证据。参见陈光中：《证据法学》，法律出版社 2011 年版，第 230 页。

证事实之间没有关联，则该证据不具有任何证明力，从而该证据不具有证据资格；诉讼证据与待证事实有关联，则该证据的关联性表现为对待证事实实际证明的能力。因此，笔者将关联性规则作为评价单个证据证明力有无或大小的一项基础规则，关联性规则的实质意义主要在于帮助法官正确评价证据的证明力。

（2）我国确立关联性规则的必要性体现。我国《刑事诉讼法》中并没有明确规定关联性规则。《刑诉法解释》第 203 条和第 214 条〔1〕的规定体现了法律要求控辩双方所举证据必须具有关联性；"两高三部"颁布的《关于办理死刑案件审查判断证据若干问题的规定》第 29 条、第 32 条也有类似规定。关联性规则在刑事庭审证据调查中对法官的认定起着基础性作用，是法官认定证据证明力有无及大小的根基性规则。

其一，限定庭审证据调查的范围。我国刑事审判模式已由传统的职权式转为中国特色的控辩式，控辩双方在法庭中提出证据，如果所提证据与案件没有关系，会增加庭审的诉累。我国《刑事诉讼法》规定控辩任何一方均可对他方所出示的证据因与案件不具有相关性，或某些证据具有相关性但对待证事实的证明力较弱提出异议，法官能够有效控制庭审证据调查的范围，保证证据调查的顺利进行。其二，防止无关证据对法官的误导。根据现代证据制度的要求，任何与案件无关的证据材料或主观臆断或证明力极弱的证据都不能作为认定案件事实的依据。而关联性规则的作用之一体现在对法官自由心证的约束力上，不具有关联性或具有关联性但证明力极弱的证据材料或证据应尽早予以排除，否则会影响或干扰法官对案件事实和其他证据的认定。其三，帮助法官正确评价各个证据的证明力。法官在认定单个证据的证明力时，根据关联性规则确定该证据与待证事实之间的客观联系，再根据联系程度合理评价该证据对待证事实有无证明力及证明力大小，以达到正确认定证据证明力的目的。

（3）完善我国关联性规则的建议。我国司法解释中已经体现了关联性规

---

〔1〕《刑诉法解释》第 203 条规定："控辩双方申请证人出庭作证，出示证据，应当说明证据的名称、来源和拟证明的事实。法庭认为有必要的，应当准许；对方提出异议，认为有关证据与案件无关或者明显重复、不必要，法庭经审查异议成立的，可以不予准许。"第 214 条规定："控辩双方的讯问、发问方式不当或者内容与本案无关的，对方可以提出异议，申请审判长制止，审判长应当判明情况予以支持或者驳回；对方未提出异议的，审判长也可以根据情况予以制止。"

则的精神，但并未形成完整的体系，完善关联性规则为我国法官认定证据的证明力提供了基础性的判断标准，具有重要的现实意义。

其一，全面理解关联性的含义。关联性规则具有两个层面的内涵：一方面，证据与案件事实本身具有关联的客观性。证据作为案件事实发生所留在客观世界的痕迹，本质上与案件事实存在客观上的联系。另一方面，证据与待证事实之间的关联应具有证明性。证明性应当体现在证据能否证明待证事实是否存在或对待证事实所起到的证明作用大小。根据《刑诉法解释》第203条、第214条的规定可以看出，我国现有司法解释更多的是强调关联的客观性，而庭审证据调查中控辩双方也更关注证据与案件事实之间的客观关联性，对关联性的核心——证明性关注较弱。随着我国学者对关联性规则研究逐渐深入，已经开始对关联的证明性含义予以研究。笔者认为，由于我国立法上并未对关联性的概念予以界定，但在实践中，公检法以及辩护律师均应在刑事庭审证据调查过程中对证据关联性的界定予以全面理解。

其二，立法中确立关联性规则。从证据对待证事实所起到的实际证明能力来看，关联性规则不仅能够起到帮助法官认定哪些证据具有证据资格，而且对法官认定单个证据的证明力大小起到衡量评价的作用。也就是说，关联性规则可以排除不具有客观关联性的证据进入证据调查的范围，也可以要求法官排除那些在法律、逻辑或经验上不能为理性判断提供帮助，或者与待证事实关系不明显的证据。因此，立法中明确确立关联性规则，通过借鉴《美国联邦证据规则》第402条的规定，笔者认为我国的关联性规则可以表述为"除本法另有规定外，诉讼中具有关联性的证据应当采纳，不具有关联性的证据不得采纳"。

其三，确立倾向性证据规则。英美国家证据法中将品格证据规则和类似事实证据规则作为与关联性问题相关的具体规则，通常将二者合并称为倾向性证据规则。[1]在刑事庭审证据调查中，控辩一方提出的被告人品格证据、前科证据以及曾有过与指控犯罪事实相似行为的证据，如控方或辩方提出被告人所在单位证明其品德如何的证据等，法官对这种具有倾向性的证据应如何采纳？事实上，这种品格证据和类似事实证据与法庭调查的事实不具有关

---

〔1〕 由于品格证据规则与类似事实证据规则实际上是一个问题的两个方面，因此笔者将其统一称为倾向性证据规则。

联性，但是关联性不能被简单化理解，这些证据是否具有关联性应当从其证明目的上予以考虑。我国司法实践中品格证据和类似事实证据使用颇多，法官根据案件情况自由裁量，并无统一做法。为了保证法律适用的统一性，笔者认为，应当借鉴英美证据法的有关规定，在我国明确确立倾向性证据规则。对于品格证据来说，其既与被告人犯罪行为有关，也能反映被告人的可信性，因此，从有利于被告人的角度看，被告人良好品格的证据不能被排除，而被告人不良品格的证据原则上应当予以排除（不论该不良好品格证据是否与犯罪行为有关联）。而对于类似事实证据，提出者试图暗示法官相似事实与庭审待证事实之间存在一种"超出表面"的联系，该种类似事实证据因与待证事实无关联应当予以排除。

2. 口供补强规则

口供补强是证据补强的重要内容，被告人口供是定罪量刑的关键证据但容易被非法取得，从而为防止不真实的被告人口供可能给法官带来的认定风险，在认定被告人口供证明力时应当有其他证据予以补强。

（1）口供补强证据规则概述。据资料记载，口供补强证据规则最早起源于英国。在欧洲中世纪纠问式审判时期，只要有被告人的有罪供述，无需其他证据，法官便可以定案。在17世纪下半叶，英国因一起盗窃杀人案件中的"被害人归来"，使法官意识到不能仅有被告人有罪供述，还要有被害人的尸体才能作出最终的有罪判决。该案被认为是口供补强证据规则开始萌芽的判例。随着资产阶级启蒙思想和人权保障意识的增强，反对刑讯逼供和仅依口供定罪的审判方式的声音高涨，继而口供补强规则在保障犯罪嫌疑人、被告人权利的法律机制中确立。英美法系国家在成文法和判例中明确规定了补强证据规则，其涉及的范围也比较广，对于被告人在法庭外所作的自白必须有其他证据予以补强，才可以在法庭上作为证据提出。此外，对其他某些言词证据也作了补强的规定，如英国规定了共犯口供的补强、性犯罪中受害人证言的补强、未成年人经过宣誓的证言补强，等等，美国规定叛逆罪、伪证罪、性犯罪、共同犯罪除主要证据证明外，还必须依靠其他证据补强。大陆法系国家对该规则的规定较为简单，甚至有些国家没有规定补强证据规则，如《德国刑事诉讼法典》没有明确规定何种情况下证据必须补强，但是德国是追求实体真实的国家，法官必须关注仅有被告人的口供是否可以保障证据的真实可靠。在混合诉讼模式的国家也有口供补强证据规则的规定，如日本，将口供补强作为被告人的一项宪法权利并在《日本刑事诉讼法》第 319 条第 2 款中予以明确规定。我国台湾地区也将口供补强规则规定于其"刑事诉讼法"第 156 条第 2 款中。总而言之，现代法治国家或地区的刑事审判定案不能仅依靠被告人供述，还需要其他证据予以补强，这种做法已成为共识。

（2）口供补强证据规则的立法体现、司法实践及发展。根据我国的法律规定，我国已经确立了口供补强证据规则，并对被告人当庭翻供造成庭审前、庭审中供述不一致的如何采信被告人口供作了详细规定；不仅涉及被告人口供补强，也包括对其他证据的补强规定，具体体现在《刑事诉讼法》第 55 条，《刑诉法解释》第 83 条和第 109 条中。[1] 在我国刑事庭审证据调查中，被告人供述对定罪量刑起着重要的作用，但是只有被告人口供，没有其他证据作证的，是不能将被告人供述作为定案依据的，也就是说要有其他证据，才能确定被告人供述的证明力。一般来说，我国口供补强证据规则在司法实践中的具体运用体现在以下四个方面：一是单一被告人供述证明力的补强；二是庭审前后被告人口供不一致的补强；三是共同犯罪案件被告人供述的补强；四是其他言词证据的补强。此外，从司法实践的具体操作看，我国当前口供补强证据规则的适用并不只限于言词证据，还包括实物证据，如江苏等省份的地方法院一般对于无法与原件、原物核对的复印品、复制品和没有其他证据印证并有疑点的视听资料均需要证据补强；湖北等省份的地方法院对于有瑕疵的实物证据，需要予以证据补强。

（3）完善口供补强证据规则的必要性分析。口供补强证据规则是约束法官自由心证的一项证据规则，其主要针对被告人口供的证明力问题，"不承认其对案件事实的独立和完全的证明力，禁止以被告人口供为有罪判决的唯一证据，而是要求提供其他证据予以补强"。[2] 第一，能够确定被告人供述的真实性。被告人供述对于法官定罪量刑有着直接的作用，但是被告人供述的易

---

〔1〕《刑事诉讼法》第 55 条规定："只有被告人供述，没有其他证据的，不能认定被告人有罪和处以刑罚。"《刑诉法解释》第 83 条规定："被告人庭审中翻供，但不能合理说明翻供原因或者其辩解与全案证据矛盾，而其庭前供述与其他证据相互印证的，可以采信其庭前供述。"《刑诉法解释》第 109 条规定："下列证据应当慎重使用，有其他证据印证的，可以采信：（一）生理上、精神上有缺陷，对案件事实的认知和表达存在一定困难，但尚未丧失正确认知、表达能力的被害人、证人和被告人所作的陈述、证言和供述；（二）与被告人有亲属关系或者其他密切关系的证人所作的有利被告人的证言，或者与被告人有利害冲突的证人所作的不利被告人的证言。"

〔2〕 沈志先：《刑事证据规则研究》，法律出版社 2014 年版，第 311 页。

变性、主观性，很难让法官对被告人供述的真实性作出准确判断。因此，口供补强证据规则有利于法官审查核实被告人供述的真实性，帮助法官准确评价被告人供述的证明力。第二，能够防止法官错误评价被告人供述的证明力。法官断案依据证据，被告人供述作为一种直接证据，具有很强的证明力。然而，被告人供述有可能是虚假的或是非法取得的，因此有必要依靠其他证据补强被告人供述，使得法官能够客观、正确评价被告人供述的证明力，防止因虚假供述导致错误认定和判决。

（4）完善我国口供补强证据规则的具体建议。由于我国证人、鉴定人以及侦查人员出庭比率较低，采取交叉询问进行审查核实言词证据真实性的方式在我国现阶段的刑事庭审证据调查阶段仍存在一定的适用难度。因此，完善口供补强证据规则并扩大补强证据规则适用的范围，对我国庭审证据调查法官认定证据的证明力有着重要意义。笔者建议可以参考《最高人民法院关于民事诉讼证据的若干规定》的相关内容，在法律现有的规定和实践需要下再将补强证据的范围扩大，如无正当理由不出庭的证人证言，无法与原件、原物核对的复印件、复制品及照片、存在疑点的视听资料、电子数据，等等。

三、全案证据的综合认证问题

（一）全案证据综合认证的要求

综合认证，是指对所有证据经过庭审调查、法庭辩论后，法官对其综合分析判断，作出最终认定结果的诉讼行为。相对于单一证据的证据资格和证明力认证而言，综合认证是一种更为全面、复杂、系统的认证，法官需要在综合认证过程中遵循法律逻辑推理、经验法则，并结合自身的法律修为、智慧等因素对案件证据作出客观认定。当然，法官对案件事实的认定依赖于对全案证据的审查判断，而全案证据认定的根基在于法官需要结合单个证据的证据资格和证明力，对全案证据予以综合考虑。当然，庭审证据调查对各个证据的举证、质证，是法官对全案证据作出综合判断的基础，就像建造一所大楼，经过举证、质证的证据是这所大楼的一砖一瓦。因此，笔者认为，法官对全案证据认定，需要坚持两个要求：一是坚持主观认证和客观调查相结合的要求。法官对全案证据的主观认定应当在客观证据调查的基础上进行，只有将法官主观认证与客观调查相结合，才能够查明案件真相，办案的结果才能符合实体公正。二是坚持证据数量与证据质量相结合的要求。证据数量要求法官认定案件事实的证据要达到一定数量，不仅只遵循被告人口供不能定案和孤证不能定案原则，而且定罪量刑都要有证据予以证明。而证据质量要求既包括法官需对证据的真实性予以查证，又需要所有证据接受严格的举证、质证，对关键证据的证人、鉴定人要求出庭，这样才能保证法官所认证证据的质量。可以说，法官认定证据坚持证据数量和质量相结合的要求，也是对庭审证据调查结果检验的要求。

（二）全案证据综合认证的标准

法官对全案证据进行综合认证所要达到的程度就是案件的证明标准问题。法官认证的标准和案件的证明标准是一个问题的两个方面，但因研究对象的不同，二者略有差异。法官认证标准的研究对象是证据，是法官对证据进行认证时所持的标尺；案件证明标准的研究对象是证明，是运用证据所要达到的程度。可以说，法官认定证据的标准包括对单个证据的认定，也包括对全案证据的综合认定，但是证明标准仅涉及对全案证据的综合认定。

英美法系国家由于秉承经验主义、怀疑主义的诉讼认识论，其将被告人有罪认定的证明标准规定为"排除合理怀疑"，显然该种证明标准只是最大限度地接近确定性，且"合理"一词的界定有着相当的主观性。大陆法系国家法官依职权查明案件真相，其对证据的证据资格和证明力的确定都遵循采取自由认证的模式，最终"心证"达到深信不疑的程度，从而"内心确信"是大陆法系国家的证明标准。"内心确信"也是一种主观性的证明标准，要求法官本着良知、经验以及一切认识方法对诉讼证据予以认识，形成具有高度盖然性的结论，这种高度的盖然性即被视为真实。英美法系"排除合理怀疑"和大陆法系"内心确信"实际上是对一个问题从正反两个方面予以表述的刑事证明标准，排除合理怀疑就意味着内心要达到确信的程度，反之亦然。我国诉讼认识论从传统的客观真实转向客观真实与法律真实相结合，被告人有罪判决的证明标准为"事实清楚，证据确实、充分"。该标准是一个主客观相结合的证明标准。法官对犯罪事实的主观认识需要根据确实充分的证据达到与客观事实相一致的程度，但不是绝对的。对于主要事实、关键证据应当坚持结论的唯一性，对于部分犯罪事实可以采取有确实证据的推定。

经过刑事庭审证据调查程序，法官在对单个证据的证据资格和证明力预先认定的基础上，需要对全案证据综合认定。依据"证据确实、充分"的认定标准，笔者认为应当从以下三个方面理解。一是全案证据综合认定中的证据是在法庭上举证、质证的证据。未经法庭举证、质证的，不能作为定罪量刑的根据。严格遵循庭审证据调查的程式和要求，对涉及被告人定罪量刑的证据举证、质证，这是法官对全案证据的综合认定达到标准的程序保障。二是全案证据综合认定的基础是法庭已经确定了单个证据的证据资格和证明力。法官对全案证据的综合认定达到"确实、充分"程度的前提是法庭已经对单个证据的证据资格予以确定，对单个证据的证明力有无或大小已有初步认识，这是法官对全案证据综合认定的前提条件。三是全案证据综合认定要求各个证据之间构成完整的证据链，对关键证据的证明要达到唯一性的标准。法官在对单个证据的证据资格和证明力认定的基础上，综合全案证据，运用印证法、矛盾排除法等将虚假的、不真实的证据予以排除，形成完整的证据链，对关键事实的证据必须达到确信无疑的程度。

第八章
特殊程序刑事庭审证据调查问题

第一节 特殊程序刑事庭审证据调查概述

一、特殊程序刑事庭审证据调查的域外国家及地区考察

（一）域外国家及地区特殊程序刑事庭审证据调查介绍

1. 英国治安法院简易审判中的证据调查

英国简易审判是在治安法院进行的，根据被告人是否作出有罪答辩，庭审证据调查也被分为两种情况。一是被告人作有罪答辩的，法庭不再进行证据调查，可直接予以量刑判决。二是被告人作无罪答辩的，治安法官要对控辩双方的举证进行听证，对控辩双方的证据进行调查，证据调查的方式基本为对控辩各方传唤的证人进行直接询问与交叉询问，法官根据案件证据情况进行提问。

英国的简易程序允许被告人缺席，但由于被告人缺席会给控方证据造成无人质证的局面，从而缺席审判被作为一种特殊情况予以适用。如在被告人有罪答辩的程序中，被告人被指控的最高刑期不超过 3 个月监禁的，可以通过邮件进行有罪答辩的程序，该种情况下控方也不出庭，法官根据控诉方的起诉书和被告人的有罪答辩直接进行量刑，这种方式类似于书面审理。

需要指出的是，被告人作无罪答辩的关于证据可采性的调查，辩方根据《英国警察与刑事证据法》第 76 条[1]提出控方证据是因"通过压迫获得或证据不可靠"的异议时，也就是说该证据可能是因为非法取得或其他原因而

---

[1] 《英国警察与刑事证据法》第 76 条规定："如果被告人的供述是通过以下方式获得的，实行自动排除：（1）对被告人采取压迫的手段；（2）实施在当时情况下可能导致被告人的供述不可靠的任何语言或行为。"

导致不可靠的，则法庭应启动"审判中的审判"程序对该控方证据的可采性进行审查判断。

2. 美国辩诉交易的证据调查

美国没有根据被告人罪行轻重或案件的繁简程度、影响力大小单独设立简易程序，其将刑事诉讼划分为审前、审理和审后三个阶段，而辩诉交易就是控辩双方审前达成"交易"的一种刑事案件审判的方式。美国的辩诉交易对所有类型的刑事案件都可以适用，严格地说，它并不是通常意义上的简易程序，而是控辩双方在庭外针对罪行指控、量刑进行的磋商和谈判，目的是换取被告人有罪答辩。从庭审证据调查程序的视角看，如果控辩双方达成交易，那么在法庭传讯被告人时，法官只需查明被告人作出有罪答辩的自愿性和明智性，法官不需要对案件证据再进行审查核实。事实上，辩方在与控方辩诉交易之前已经对控方证据的性质、情况进行了认真分析和比较，从而帮助被告人作出明智的选择。也就是说，美国因辩诉交易的诉讼行为使得法庭公开审理简化了庭审证据调查的程序，这种"简化"实际上在刑事审判中是以被告人作出有罪答辩的自愿性和明智性为法官证据调查的对象的，不存在严格实质意义上的证据调查。

3. 法国违警罪的证据调查

法国对违警案件的审理有简易程序和普通程序两种方式，与法国重罪案件和轻罪案件的庭审证据调查相比较，违警案件的证据调查比较简化。具体表现为，对于违警案件的普通程序而言，在庭审证据调查中一般不传唤证人到庭作证，法官主要审查核实违警罪用的书面笔录或报告，该笔录或报告的证明力优于其他定罪证据；对于违警案件的简易程序而言，被告人承认犯罪的，法官不再进行证据调查，迳行裁判。

4. 德国简易程序的证据调查

德国简易程序是作为一般诉讼程序的特殊情形予以规定的，它适用于案情不复杂、不需要对证据审查作出系统调查的案件。根据《德国刑事诉讼法典》第417条规定可知，德国简易程序的证据调查过程被大大简化，在庭审证据调查环节中，允许朗读以前的讯问笔录或含有相关说明内容的证明文书代替对证人、鉴定人、共同被告人的询问。

5. 意大利简易程序的证据调查

意大利简易程序是五种特殊程序之一，其不进行对抗式的法庭审判，由预审法官在预审阶段对案件作出判决。预审法官根据侦查卷宗进行审查核实证据，被告人作为证人出席预审法庭，接受法官的讯问。意大利的简易程序既不是一般意义上的审判，也不是辩诉交易，它是由预审法官在预审法庭通过讯问被告人和审查侦查卷宗完成证据调查的。

意大利式的辩诉交易，类似于美国的辩诉交易，法官在庭审中获知控辩双方已经达成协议且被告人是在自愿、明知的情况下作出有罪供述或有罪答辩的，法官则不再进行证据调查。直接审判程序，是由检察官提请法官直接进行的一种特别审判，其特殊在于不需要进行预审直接进入法庭审理阶段，但在证据调查中控辩双方可以提出本方的证人出庭，但这不是必须的。

6. 日本即决裁判、简易公审程序的证据调查

日本即决裁判是在2004年修改刑事诉讼法时新增的程序，是检察官对于提起公诉的案件认为符合即决审判的要求，申请法官即决审判。而简易公审程序是法官在开庭听取控辩双方意见后当庭作出是否适用简易公审程序。两个程序都是为了迅速处理轻微刑事案件，提高诉讼效率而规定的。被告人在开庭时做有罪意旨的陈述，二者在庭审证据调查程序中均可以被简化，其体现在两个方面：一是证据调查不需要严格按照普通程序的法律规定进行，可以按照适当方式进行；二是传闻证据可以适用。

7. 我国台湾地区简易程序、简式审判程序和协商程序

我国台湾地区随着近些年司法改革的需要，刑事审判已经实现由职权主义审问式模式向当事人主义对抗式的转变。为了合理配置司法资源，提高诉讼效率，我国台湾地区规定了三种普通程序简化审的程序，即简易程序、简式审判程序和协商程序。

具体来说，简易程序是不需要开庭的，法官庭前一般不讯问被告，法官在被告人作出有罪供述的基础上直接依检察官的申请作出裁判。从我国台湾地区"刑事诉讼法"第451条的规定来看，该地区的简易程序实际上是一种书面审理。我国台湾地区在1996年"减轻处理案件之负担"的改革背景下，为达到繁简分流的目的，于2003年修正"刑事诉讼法"时增加了简式审判程序。在简式审判程序的证据调查中，法官可以自主决定适当的证据调查方法，可不适用普通程序中有关物证、书证及人证的调查方法，也不适用传闻证据规则。协商程序，是2004年我国台湾地区修改"刑事诉讼法"时增设的又一简化通常程序的特殊程序，该程序要求检察官与被告人之间进行协商且以被

告人认罪为前提，再由检察官申请法院依照协商程序判决。需要指出的是，法院一旦确定适用协商程序进行案件审理，则按照简易程序的要求进行，证据调查程序极为简化，不需要进行言词辩论，不适用传闻证据规则，但法官讯问被告人必须为之。

（二）域外国家及地区特殊程序庭审证据调查的评价

由于各国及地区诉讼理念的不同，其设置不同类型的简易程序，但根据被告人是否认罪，简易程序的证据调查环节有所不同。对于被告人认罪的，法庭审理中几乎是不存在证据调查的，法官只审查被告人作出认罪表示的自愿性和明智性，然后直接量刑裁判，如英美法系的辩诉交易；对于被告人不认罪的，证据调查程序比较普通程序而言被大幅简化，可以不需要证人出庭，直接根据书面证据进行审查判断、允许传闻证据的适用，等等；对于特殊的简易程序，如德国的处罚令程序、我国台湾地区的简易程序、日本的简易命令程序和交通案件即决裁判程序等可以不进行开庭审理，直接由法官进行书面审理，可以说是对庭审证据调查程序的最大限度的简化。

二、我国特殊程序刑事庭审证据调查概述

（一）我国特殊程序设置情况

仅通过普通程序获得程序公正的单一价值观已经不能满足司法实践的需要，为了实现审判程序"公正优先，兼顾效率"的价值目标，通过繁简分流，以有限的司法资源处理尽可能多的案件是当前刑事诉讼程序改革的重要内容之一，而刑事庭审证据调查程序的繁简程度则是程序简易化改革的关键。2018年《刑事诉讼法》修改以前，比照普通程序我国刑事庭审证据调查程序，可以被简化的领域主要是简易程序和试点中的速裁程序。具体来说，我国的简易程序在1996年《刑事诉讼法》中首次被确认，2003年最高人民法院、最高人民检察院、司法部出台的《关于适用普通程序审理"被告人认罪案件"的若干意见（试行）》[1]和《关于适用简易程序审理公诉案件的若干意见》对简易程序的适用范围予以扩大。2010年最高人民法院出台了《关于

---

[1]　2012年《刑事诉讼法》将《关于适用普通程序审理"被告人认罪案件"的若干意见（试行）》中被告人认罪的案件纳入简易程序范畴。

贯彻宽严相济刑事政策的若干意见》并提出要进一步强化简易程序的适用。2012年《刑事诉讼法》对简易程序的适用条件作了大幅度的修改，明确了简易程序适用的三个条件，即案件事实清楚、证据确实充分，被告人认罪且对指控事实无异议及被告人同意适用简易程序。简易程序的庭审证据调查环节，是不受普通程序所规定的证据调查的内容和方式的限制的，是普通程序庭审证据调查环节的简化。刑事速裁程序在2014年全国人民代表大会常务委员会得到授权并在18个地区展开试点（2016年8月22日我国有关刑事速裁程序的试点工作已经到期），从试点地区刑事速裁审理案件的范围来看——"案件事实清楚，证据确实充分；被告人自愿认罪且对法律适用没有争议；七大类犯罪且可能判处1年以下有期徒刑的"——实际上刑事速裁程序是对简易程序案件受理范围的再次分流，其审理程序与简易程序审理过程类似，可以不再进行庭审证据调查，实际上是一种省略。

然而，为了更好地贯彻"宽严相济"的刑事政策，2014年党的十八届四中全会明确提出"完善刑事诉讼中认罪认罚从宽制度"，2015年2月26日最高人民法院正式发布的《人民法院第四个五年改革纲要》第13项要求即"完善刑事诉讼中认罪认罚从宽制度"，2016年7月中央全面深化改革领导审议通过了《关于认罪认罚从宽制度改革试点方案》并在相同的18个地区开展试点。值得肯定的是，2018年《刑事诉讼法》的修改将认罪认罚从宽制度法定化，速裁程序亦入法，2019年"两高三部"出台的《关于适用认罪认罚从宽制度的指导意见》（以下简称《认罪认罚从宽指导意见》）将认罪认罚从宽制度进一步具体化以指导司法实践，也为我国刑事庭审简易等证据调查程序的进行提供了执行依据。

鉴于此，刑事案件的审判因被告人的认罪认罚而可能被允许程序上从简，但普通程序、简易程序与速裁程序从简的程度不同，庭审证据调查的内容也有所变化。本章第二节将以被告人认罪认罚的案件在普通程序、简易程序和速裁程序所涉及的庭审证据调查环节展开讨论。

（二）我国特殊程序设置的法理基础

1. 诉讼效率理论

在刑事审判中，诉讼效率要求法官以较快的速度，较省的资源有效地解决更多的纠纷。特殊程序实际上是相对于普通程序而言的，在刑事庭审中简化或省略某些环节、步骤，设置特殊程序的目的在于要将公正与效率两大价值加以平衡，实现司法资源的合理配置，以提高审判的经济效益。我国台湾地区学者林钰雄教授主张"简易程序之用意，一言以蔽之，主要在于诉讼经济"，[1]世界多数国家都建立了多种简易程序，以保证大量案件能够得到迅速处理。我国目前刑事案件数量日益增加，各级法院都面临着案多人少的实际困难，基层法院表现得更为突出。并不是所有的刑事案件都是案情复杂、证据不明或存在争议的，1996年简易程序的确立，到2014年以来的刑事速裁程序、认罪认罚从宽的试点等，为缓解刑事审判的压力起到了良好的作用。因此，我国目前所设置的简易程序，实则是对案件繁简分流进行处理，不同程度地简化证据调查程序，可以集中有限的司法资源审理那些重大、复杂的案件，也是司法公正之义的有益彰显。

2. 被告人诉讼主体理论

被告人诉讼主体理论是在我国1996年《刑事诉讼法》修改后提出的，刑事庭审不再将被告人作为讯问的客体，赋予被告人一系列诉讼权利使其有效参与刑事裁判制作过程。刑事案件适用特殊程序，意味着被告人某些诉讼权利将受到限制或剥夺，被告人不能充分地参与庭审证据调查过程，但需要承担最终裁判的结果。因此，只有赋予被告人自主、自愿选择或放弃是否适用特殊程序的权利，才能够保障其诉讼主体地位的实现。我国特殊程序的适用是以被告人认罪且同意适用特殊程序为前提的，被告人程序的选择权正是被告人诉讼主体理论的体现。"犯罪嫌疑人、被告人已经认罪，犯罪嫌疑人、被告人在刑事诉讼程序中也可以选择适用有关证据调查、法庭辩论等程序"，[2]因此，被告人在选择适用特殊程序时，就已经选择了法庭简化或省略证据调查的过程，但这种选择必须是自愿的，这也是被告人"希望由自己发现案件真相与促进程序"[3]理性诉求的体现。

---

〔1〕　林钰雄：《刑事诉讼法》（下册），中国人民大学出版社2005年版，第197页。

〔2〕　刘计划：《刑事公诉案件第一审程序》，中国人民公安大学出版社2012年版，第177~178页。

〔3〕　姚莉、詹建红："刑事程序选择权论要——从犯罪嫌疑人、被告人的角度"，载《法学家》2007年第1期。

第二节　我国特殊程序刑事庭审证据调查的具体问题

一、特殊程序刑事庭审证据调查之"简化"问题

《认罪认罚从宽指导意见》出台实施以来，刑事案件因被告人认罪认罚导致了庭审证据调查的差异，形成了普通程序简化审、简易程序和刑事速裁程序三种简化审理模式，庭审证据调查是在简化和省略普通程序的某些环节和步骤下进行的，但是其"简化"和"省略"的程度还是不尽相同的。

（一）普通程序简化审的庭审证据调查程序

1. 普通程序简化审的庭审证据调查程序的基本内容

从《刑事诉讼法》第 190 条第 2 款的规定可以看出，当前我国认罪认罚从宽案件庭审证据调查环节主要是对认罪认罚自愿性和认罪认罚具结书内容真实性与合法性的审查，但适用何种程序审理并没有明确规定。在 2018 年《刑事诉讼法》修改之前，实践中认罪认罚从宽案件的程序适用主要是依据"两高三部"印发的《关于在部分地区开展刑事案件认罪认罚从宽制度试点工作的办法》（已失效）执行的，其中关于认罪认罚从宽案件的适用程序可分为两种：一是基层法院可能判处三年以下有期徒刑的案件适用速裁程序，不进行法庭调查、法庭辩论，当庭宣判；二是基层法院可能判处三年以上有期徒刑的案件适用简易程序，在庭审证据调查方面事实上也是普通程序的简化审。而从《认罪认罚从宽指导意见》第 39 条第 3 款"被告人违背意愿认罪认罚，或者认罪认罚后又反悔，依法需要转换程序的，应当按照普通程序对案件重新审理"及第 47 条的规定可知，普通程序审理的刑事案件，若被告人认罪认罚的，审理程序也会随之简化。根据《认罪认罚从宽指导意见》第 39 条第 1 款和第 2 款的规定，刑事庭审证据调查环节主要是围绕两个方面展开的：一是定罪量刑的关键事实。庭审证据调查中，控辩双方需要对被告人定罪量刑的关键事实进行举证、质证，以帮助法庭查明案件情况。二是对被告人认罪认罚的自愿性、真实性。相比较其他案件，认罪认罚案件庭审证据调查环节实际上增加了对被告人认罪认罚自愿性、合法性方面的审查，围绕被告人是否自愿、精神状态是否正常、认罪认罚性质与法律后果的理解、检察机关与

公安机关是否履行告知义务并听取意见、值班律师或者辩护人是否与人民检察院进行沟通并提供了有效法律帮助或者辩护，并在场见证认罪认罚具结书的签署等方面展开。关于刑事庭审证据调查简化的内容，根据《认罪认罚从宽指导意见》第47条，主要包括两个方面：一是对被告人的讯问、发问可以简化；二是对控辩双方无异议的证据，可以仅就证据名称及证明内容进行宣读。

2. 普通程序简化下的庭审证据调查程序的改革建议

鉴于普通程序中认罪认罚是刑事审判中的一个新生事物，其刑事庭审证据调查的简化在《认罪认罚从宽指导意见》已有规定，但为了防止法官因滥用权力而导致被告人权利受到侵犯，从而有违认罪认罚从宽精神之实质，笔者认为需要从以下三个方面予以完善。首先，对关键事实要予以明确界定。实践操作中，法官若对关键事实证据调查缺乏统一标准，则容易导致关键事实举证、质证的差异，继而影响法官对案件事实与证据的评价。那么，笔者认为，关键事实的理解至少包含但不限于以下三个方面：一是有关确认被告人及其实施犯罪的事实与证据；二是控辩双方关于定罪量刑有争议的事实与证据；三是被告人当庭翻供的供述。也就是说，法官在关键事实方面的庭审证据调查不能简化处理，其他次要事实或控辩双方没有争议的事实或证据可以简化处理。其次，被告人认罪认罚自愿性、合法性方面的审查不能简化。认罪认罚案件庭审证据调查的核心部分是被告人认罪认罚的自愿性与合法性，《认罪认罚从宽指导意见》已经明确指出庭审审查被告人认罪认罚的具体内容，该部分内容的调查不能简化或省略进行，否则，难以保证被告人认罪认罚的自愿性、真实性。最后，明确检察机关承担被告人认罪认罚自愿性、合法性证据调查的举证责任。检察机关对被告人认罪认罚的案件，应当承担被告人认罪认罚自愿、合法的举证责任，特别是在检察机关当庭出示《认罪认罚具结书》时，建议检察机关播放被告人签写《认罪认罚具结书》时的录音录像。

（二）简易程序的刑事庭审证据调查

1. 简易程序刑事庭审证据调查

（1）刑事庭审证据调查的特点。我国《刑事诉讼法》第219条规定了适用简易程序审理的案件，不受讯问被告人、询问证人、鉴定人、出示证据等程序规定的限制。我国简易程序的证据调查比照普通程序而言，是一种"简化",而非"省略",具体表现为三个方面:一是法官、控方共同讯问被告人的"单箭头"证据调查模式。由于我国刑事案件律师辩护率较低,据统计我国刑事案件律师辩护率约为14%,〔1〕实践中简易程序的辩护律师出庭率更低。因此,我国简易程序证据调查很难形成控辩双方共同举证、质证的局面,往往采取控方举证,法官和公诉人共同讯问被告人的调查模式。二是证据调查范围大大缩小,定罪量刑证据的举证、质证方式均予以简化。由于被告人认罪,公诉人会有选择地进行举证,不再要求证人、鉴定人的实际出庭,不再详细宣读各种证据的内容,仅仅宣读各种证据"清单"的条目。由于许多案件的被告人没有辩护律师,从而质证基本上通过公诉人宣读各类证据,由被告人确认进行的。三是当庭认证率比较高。由于被告人认罪,控辩双方对证据没有什么异议,法官当庭认证率较高。

(2)刑事庭审证据调查的问题及改革建议。根据我国《刑事诉讼法》第219条和《刑诉法解释》第295条的规定,我国简易程序庭审证据调查过程实际上是对普通程序庭审证据调查过程有选择性的简化,对于简化到何种程度一般由庭审法官根据案件的情况自行决定。一般来说,在庭审证据调查的举证环节,控辩双方对证据没有异议,可以仅就证据取得的时间、地点、证据的名称和证明的事项进行简要说明,无须实质性的举证、质证;若控辩双方对证据存在异议或是法官认为有必要调查的证据,应当由控辩双方举证、质证。

由于立法规定较为简单,实践中我国简易程序的庭审证据调查往往走向两个极端。其一,"该简不简"。简易程序设置的目的在于通过繁简分流的方式减少诉累,提高庭审效率。然而,实践中许多简易程序的证据调查并没有比照普通程序进行简化。在相当一部分以简易程序审理的法庭中,控辩双方对证据都无异议,然而庭审法官仍要求控辩双方对被告人逐一讯问,对无异议证据进行逐一举证、质证,无端耗费大量的时间和精力,使得控辩审三方都很疲惫。其二,"一简到底"。简易程序证据调查过程是普通程序证据调查的简化或省略,但并不意味着完全没有证据调查的过程。然而,有些法官在

---

〔1〕 全国刑事案件辩护率大数据报告,选取全国范围内2014年1月1日至2016年12月8日刑事案件一审裁判文书2 172 100份,二审裁判文书1 551 209份,数据来源于《聚法》微信公众号,2016年12月12日。

简易程序庭审证据调查中自由裁量得有些"过"，对于控辩双方没有异议的证据，只进行"被告人有无异议"的简单讯问，不再进行证据情况的说明；对于控辩双方有异议的证据，不进行严格的举证、质证，只是通过宣读证据条目的方式进行举证，质证也流于形式。

"在改革刑事司法制度，使其达到现代化过程中，一个最主要的挑战就是要保证在加速司法过程的同时保证公平。"[1]实践中，我国简易程序的庭审证据调查是比照普通程序简化进行的，但是我国法律并没有对简化的"度"进行限制，使得法官有着很大的自由裁量权，甚至有些法官对这种"简化"理解为可以省略证据调查环节，在某种程度上可能会影响司法公正的实现。因此，对于我国简易程序庭审证据调查，笔者认为从以下三个方面予以明确不能"简化"之处：一是证据调查的顺序，讯问被告人是否认罪置于证据调查之首。实践中被告人当庭不认罪的情况经常发生，因此，在证据调查开始之际，审判长应当首先讯问被告人是否认罪。二是证据调查的范围和方法。在简易程序庭审证据调查中，对于异议证据、关键证据和量刑证据应重点调查。具体而言，被告人已经对罪行供认不讳，公诉人举证方式已经简化，但是对于定罪量刑的证据条目要简要宣读，或对于异议证据，或法庭认为定罪的关键证据仍旧需要规范的证据调查，不能简化或省略。需要指出的是，在简易程序中，被告人对定罪问题基本上没有异议，但是对于量刑或多或少会有些争议，因此，建议有关量刑证据公诉人应当重点举证，听取被告人及辩护律师的意见，尤其是有利于被告人的量刑证据。三是证据调查的结果。在简易程序证据调查过程中，法官一旦发现事实不清、证据不足或被告人当庭不认罪的，应当按照普通程序证据调查的程式和要求重新审查核实证据。

2. 认罪认罚简易程序刑事庭审证据调查

根据《认罪认罚从宽指导意见》第46条规定，适用简易程序审理的认罪认罚案件，刑事庭审证据调查环节可以简化，但简化的程度在该意见中也没有写明，笔者认为应当参照上文不认罪认罚简易程序刑事庭审证据调查中不能简化的规定或建议进行操作，特别是对有争议的事实与证据的调查核查不应简化举证、质证。此外，在认罪认罚简易程序庭审证据调查中对《认罪认

---

〔1〕〔英〕麦高伟、杰弗里·威尔逊主编：《英国刑事司法程序》，姚永吉等译，法律出版社2003年版，第13页。

罚具结书》签署的自愿性、真实性、合法性要进行调查核实,不能简化或省略。

(三) 速裁程序的"庭审证据调查"

1. 速裁程序"庭审证据调查"的特点

根据《刑事诉讼法》第 224 条规定,"适用速裁程序审理案件,不受本章第一节规定的送达期限的限制,一般不进行法庭调查、法庭辩论,但在判决宣告前应当听取辩护人的意见和被告人的最后陈述意见",刑事速裁程序虽然也是普通程序法庭调查的简化审,但是相对于简易程序而言,其庭审证据调查程序有自己的特点,实际上是庭审证据调查程序的省略。基层人民法院适用速裁程序审理的案件,一般来说,刑事速裁程序并没有实质性的庭审证据调查的内容,"庭审证据调查"主要围绕法官询问被告人对被指控的犯罪事实有无异议,被告人是否同意适用速裁程序,被告人是否自愿认罪认罚和被告人是否同意检察机关的量刑建议等方面进行,而非围绕案件实际证据进行调查。简言之,适用速裁程序审理的刑事案件,其庭审证据调查的最大特点是庭审中不需要对案件证据进行举证、质证,证据调查环节可视为一种完全省略的样态。

2. 速裁程序"庭审证据调查"的问题及建议

一旦决定适用刑事速裁程序,实际上是不存在庭审证据调查环节的,那么,省略掉的庭审证据调查如何保证案件质量呢?笔者认为,这是刑事速裁程序需要着重考虑的问题。因此,建议从以下两个方面进行完善:一是保证被告人作出程序选择的知情权。不论是庭前提审,还是开庭审理之初,法官应询问被告人对涉案罪名及证据材料、适用速裁程序的庭审过程是否知悉,是否同意接受刑事诉讼速裁程序等方面内容,以保证被告人对速裁程序适用的充分了解。二是明确"庭审证据调查"的新重点。由于省略了案件证据庭审调查环节,但是有些问题仍需要在庭审中予以讯问、确定,这可以看作是庭审证据调查的一种特别对象。具体包括,庭审调查的重点在于讯问被告人对控方起诉意见书中所指控的犯罪事实及证据是否有异议,庭审中需要对被告人认罪认罚自愿作出方面的证据进行出示,并当庭讯问被告人认罪认罚作出时是否完全出于自己真实的意愿等,此外,法官还应当当庭听取辩护人的意见,以确保刑事速裁程序的公正性。通过刑事速裁程序的"庭审证据调查"，一旦发现不符合刑事速裁程序适用条件的，应当及时转为简易程序或者普通程序审理。

二、特殊程序刑事庭审证据调查与证明标准

刑事诉讼中的证明标准是指负有证明责任的主体作出有罪认定所要达到的证明程度。刑事庭审证据调查程序的结果就是要求法官对被调查的证据进行认证，而定罪量刑认证的标准就是证明标准。由于简易等程序庭审证据调查的过程是比照普通程序进行的简化或省略，那么法官对其证明标准的把握是否也有所降低呢？

对于普通程序简化下的认罪认罚案件，我国《刑事诉讼法》及《认罪认罚从宽指导意见》并未明确规定证明标准问题。英美法系国家的辩诉交易制度是完全可以不按照"排除合理怀疑"进行定罪量刑的，一旦确定适用辩诉交易，在庭审证据调查中控方的举证责任就没有了，也不存在质证的问题，法官也不再进行调查。也就是说，只要控辩双方对罪名和量刑达成一致即可，对证据所要达到的标准没有具体要求。基于公正优先、兼顾效率的理念，我国大部分学者认为普通程序简化下的认罪认罚从宽的证明标准仍应秉承不能降低的态度，笔者也赞同该观点。在司法实践中，被告人认罪认罚后当庭翻供的数量有些增多，若不严格遵循证据确实充分的证明标准，不仅被告人认罪认罚的自愿性难以核实，而且容易增加冤假错案的风险。因此，在普通程序简化下认罪认罚从宽处理的案件中，涉及被告人自愿性、合法性的证据，定罪量刑有关的关键证据仍旧需要达到确实充分的标准，以利于法官查明案件真相。

对于简易程序而言，其首要的适用条件就是证明标准，即案件事实清楚、证据确实充分。虽然简易程序庭审证据调查过程有所简化，但是其证明标准没有降低，法官需要严格遵守，查明事实真相。

对于刑事速裁程序而言，虽然庭审证据调查环节是省略的，但其证明标准没有降低。其理由如下：一是我国刑事速裁程序适用的条件之一也是案件事实清楚、证据确实充分。《刑事诉讼法》第222条第1款就明确规定了刑事速裁程序适用的条件，该条件同时表明了对证明标准的严格适用的立法初衷，并不因为庭审证据调查程序的省略，而降低证明标准。二是在刑事速裁案件中，大多数案件取证过程较为及时、客观，能够达到证据确实充分的标准。

例如在醉驾案件中，需要先进行呼吸检测，如果发现酒精含量较高，则再进一步进行血液检测，查看酒精含量（如果血液中的酒精含量大于或者等于80mg/100ml 的，为醉驾）。可以说，对于醉驾案件的证明标准容易达到确实充分，在庭审证据调查中不用再举证、质证。

综上所述，在特殊程序的刑事庭审证据调查环节，法官定罪处罚及对认罪认罚自愿性、真实性、合法性的审查均要严格按照事实清楚、证据确实充分的标准进行认证，不可降低。

结　论

刑事庭审证据调查程序作为审判的中心和重心，是庭审中相对独立的一个诉讼阶段，其最大价值在于法官通过亲历证据调查的过程对诉讼证据的证据资格和证明力作出准确、客观的判断。在全面推进"以审判为中心，庭审实质化"司法改革背景下，严格、规范的庭审证据调查是我国刑事审判方式改革顺利进行的助推力。本书通过刑事庭审证据调查程序的理论探究到实践探索，从模式构建到具体内容论述，从域外国家及地区考察到对本土现状进行多维度、系统性研究和反思，得出以下结论性意见。

第一，关于我国刑事庭审证据调查程序的理论依据。任何一个问题的研究都离不开理论的探知和支撑，刑事庭审证据调查程序也不例外。我国刑事庭审证据调查程序作为刑事审判的核心，一是客观真实理论和程序公正理论为该程序的研究提供了理论根基。一方面坚持刑事庭审证据调查客观真实与法律真实辩证统一，即对于关键证据、主要证据的调查要符合客观真相，对于基本证据、次要证据的调查可以达到法律真实的程度，对于推定直接按照法律规定认定。另一方面刑事庭审证据调查程序是法官认定案件证据的程序保障，其本身也体现了程序公正的价值。二是直接言词原则、审判公开原则与证据裁判原则为该程序的研究提供了指导性法理基础。三大指导原则为刑事庭审证据调查程序存在问题的分析及改革建议的提出提供了法理依据，使得刑事庭审证据调查程序的完善更加科学、合理。

第二，关于我国刑事庭审证据调查程序的模式。随着控辩双方对抗性因素在刑事审判中的不断强化，我国刑事庭审证据调查模式从"法官强权调查"模式，到"法官主导调查"模式，现已形成"法官主持，控辩双方参与调查"的模式。该模式不同于英美法系国家"当事人双方共同推进调查"的模式，也不同于大陆法系国家"法官职权调查"的模式。我国刑事庭审证据调查模式是在对我国刑事审判方式改革的理论探究及实践摸索中形成的，能够切实反映我国庭审调查中控辩审三方的地位和职能，为刑事庭审证据调查的运行提供基本框架。因此，我国刑事庭审证据程序的模式是一种具有中国特色的刑事庭审证据调查模式。

第三，关于刑事庭审证据调查程序的内容。从纵向来看，刑事庭审证据调查程序包括举证、质证和认证三个环节。没有举证，质证和认证活动就无法进行；没有质证，举证活动和认证活动就毫无意义；没有认证，举证活动和质证活动就没有结果。"非经合法证据调查的证据不得作为定案的根据，也就是说事实裁判者最后认定证据的证明力并对事实进行裁判必须根据经过证据调查程序的证据"，[1]因此，举证在法庭、质证在法庭和认证在法庭是庭审实质化的体现，也是定罪量刑的依据。从横向来看，刑事庭审证据调查程序包括主体、顺序、范围、方式和结果五个方面的内容。主体问题明确了控辩审三方在庭审证据调查中的职能，顺序问题明确了控辩双方举证的先后顺序，范围问题确定了法庭对哪些证据需要进行调查，方式问题探究了法庭采用何种手段对证据的证据资格和证明力予以查明，结果问题表明了通过庭审证据调查将达到对证据资格和证明力予以认定的目的。五个方面有机联系，保障庭审证据调查程序的顺利、有效进行。

第四，刑事庭审证据调查程序突出的问题。通过刑事庭审证据调查程序的理性分析和深入探讨，笔者发现我国刑事庭审证据调查程序存在一些问题，如辩方举证虚化、庭审质证走过场、证人出庭作证难、法官对当庭认证的抵触等，这些问题直接影响我国刑事审判方式改革的成败。因此，需要认真分析刑事庭审证据调查中存在的问题，根据相应的理论依据，结合司法实践的情况，提出有建设性、有针对性的改革建议。

总之，刑事庭审证据调查程序的研究是我国刑事审判方式改革的重要内容之一，确保诉讼证据出示在法庭、诉讼证据查明在法庭、证据认定形成于法庭是新一轮司法改革的焦点。规范我国刑事庭审证据调查程序，是查明案件真相依据的保障，是解决控辩双方争议的最佳途径，有利于查明案件真相，彰显司法公正的本色。

---

[1] 郑未媚：《自由心证原则研究——以刑事诉讼为视角》，中国人民公安大学出版社 2008 年版，第 136 页。

参考文献

一、中文著作

1. 卞建林主编：《刑事证明理论》，中国人民公安大学出版社 2004 年版。

2. 卞建林主编：《证据法学》，中国政法大学出版社 2005 年版。

3. 陈光中：《〈公民权利与政治权利国际公约〉与我国刑事诉讼》，商务印书馆 2005 年版。

4. 陈光中、江伟主编：《诉讼法论丛》（第 6 卷），法律出版社 2001 年版。

5. 陈光中：《非法证据排除规则实施问题研究》，北京大学出版社 2014 年版。

6. 陈光中：《刑事诉讼法》，北京大学出版社、高等教育出版社 2016 年版。

7. 陈光中：《中华人民共和国刑事证据法专家拟制稿（条文、释义与论证）》，中国政法大学出版社 2004 年版。

8. 陈光中：《中国司法制度的基础理论问题》，经济科学出版社 2010 年版。

9. 陈光中：《中国刑事二审程序改革之研究》，北京大学出版社 2011 年版。

10. 陈光中：《中华人民共和国刑事诉讼法再修改专家建议稿与论证》，中国法制出版社 2006 年版。

11. 陈光中：《证据法学》，法律出版社 2019 年版。

12. 陈朴生：《刑事证据法》，三民书局 1979 年版。

13. 陈如超：《刑事法官的证据调查权研究》，中国人民公安大学出版社 2011 年版。

14. 陈瑞华、蒋炳仁：《庭审方式改革理论与实务》，中国民主法制出版社 1998 年版。

15. 陈瑞华：《程序正义理论》，中国法制出版社 2010 年版。

16. 陈瑞华：《刑事审判原理论》，北京大学出版社 2003 年版。

17. 陈瑞华：《刑事诉讼的前沿问题》（上册），中国人民大学出版社 2016 年版。

18. 陈卫东：《反思与构建：刑事证据的中国问题研究》，中国人民大学出版社 2015 年版。

19. 陈卫东主编：《模范刑事诉讼法典》，中国人民大学出版社 2005 年版。

20. 陈心歌：《中国刑事二审程序问题研究》，中国政法大学出版社 2013 年版。

21. 陈顾远：《中国法制史》，商务印书馆 1935 年版。

22. 樊崇义：《刑事诉讼法实施问题与对策研究》，中国人民公安大学出版社 2001 年版。

23. 樊崇义主编:《刑事诉讼法学研究综述与评价》,中国政法大学出版社 1991 年版。

24. 樊崇义、夏红主编:《正当程序文献资料选编》,中国人民公安大学出版社 2004 年版。

25. 房保国、陈宏钧:《鉴定意见研究》,中国政法大学出版社 2012 年版。

26. 顾永忠:《中国式对抗制庭审方式的理论与探索》,中国检察出版社 2008 年版。

27. 顾永忠:《刑事上诉程序研究》,中国人民公安大学出版社 2003 年版。

28. 何家弘、刘品新:《证据法学》,法律出版社 2004 年版。

29. 何家弘、南英主编:《刑事证据制度改革研究》,法律出版社 2003 年版。

30. 何家弘:《证据调查》,中国人民大学出版社 2005 年版。

31. 胡帅:《刑事诉讼中的严格证明》,人民法院出版社 2012 年版。

32. 胡锡庆:《刑事审判方式改革研究》,中国法制出版社 2001 年版。

33. 黄东熊等:《刑事证据法则之新发展:黄东熊教授七秩祝寿论文集》,学林文化事业有限公司 2003 年版。

34. 江伟:《民事诉讼法》,复旦大学出版社 2006 年版。

35. 江伟:《证据法学》,法律出版社 1999 年版。

36. 江显和:《刑事认证制度研究》,法律出版社 2009 年版。

37. 季卫东:《法律程序的意义》,中国法制出版社 2012 年版。

38. 李昌盛:《论对抗式刑事审判》,中国人民公安大学出版社 2009 年版。

39. 李玉华:《警察出庭作证指南》,中国人民大学出版社 2014 年版。

40. 李玉华等:《诉讼证明标准研究》,中国政法大学出版社 2010 年版。

41. 李春雷:《中国近代刑事诉讼制度变革研究(1895—1928)》,北京大学出版社 2004 年版。

42. 李静:《证据裁判原则初论——以刑事诉讼为视角》,中国人民公安大学出版社 2008 年版。

43. 李明:《证据证明力研究》,中国人民公安大学出版社 2013 年版。

44. 李世锋:《用程序写下正义——刑事二审专题实证研究》,湘潭大学出版社 2015 年版。

45. 李树真:《刑事证据审查判断精细化过程因素与进路》,中国人民公安大学出版社 2012 年版。

46. 李秀清:《日耳曼法研究》,商务印书馆 2005 年版。

47. 林钰雄:《刑事诉讼法》(下册),中国人民大学出版社 2005 年版。

48. 林钰雄:《刑事诉讼法》(上册),中国人民大学出版社 2005 年版。

49. 刘玫:《香港与内地刑事诉讼制度比较研究》,中国政法大学出版社 2015 年版。

50. 刘计划:《刑事公诉案件第一审程序》,中国人民公安大学出版社 2012 年版。

51. 刘计划:《中国控辩式庭审方式研究》,中国方正出版社 2005 年版。

52. 龙宗智:《刑事庭审制度研究》,中国政法大学出版社 2001 年版。

53. 龙宗智：《证据法的理念、制度与方法》，法律出版社 2008 年版。

54. 龙宗智：《司法改革与中国刑事证据制度的完善》，中国民主法制出版社 2016 年版。

55. 龙宗智、夏黎阳主编：《中国刑事证据规则研究》，中国检察出版社 2011 年版。

56. 龙宗智：《检察官客观义务论》，法律出版社 2014 年版。

57. 罗志渊：《近代中国法制演变研究》，正中书局 1966 年版。

58. 马贵翔等：《刑事证据规则研究》，复旦大学出版社 2009 年版。

59. 马贵翔、胡铭：《正当程序与刑事诉讼的现代化》，中国检察出版社 2007 年版。

60. 齐树洁主编：《美国证据法专论》，厦门大学出版社 2011 年版。

61. 沈德咏、宋随军主编：《刑事证据制度与理论》，法律出版社 2002 年版。

62. 沈德咏主编：《严格司法与诉讼制度改革》，法律出版社 2016 年版。

63. 沈志先：《刑事证据规则研究》，法律出版社 2014 年版。

64. 宋英辉主编：《刑事诉讼原理》，法律出版社 2003 年版。

65. 宋英辉：《外国刑事诉讼法》，法律出版社 2006 年版。

66. 孙长永：《探索正当程序——比较刑事诉讼法专论》，中国法制出版社 2005 年版。

67. 万毅：《程序正义视野下的审判程序》，中国检察出版社 2006 年版。

68. 汪海燕：《我国刑事诉讼模式的选择》，北京大学出版社 2008 年版。

69. 王进喜：《美国〈联邦证据规则〉（2011 年重塑版）条解》，中国法制出版社 2012 年版。

70. 王均平：《人证调查原理与应用技术》，武汉大学出版社 2002 年版。

71. 王天民：《实质真实论》，法律出版社 2013 年版。

72. 王兆鹏：《美国刑事诉讼法》，北京大学出版社 2005 年版。

73. 魏晓娜：《刑事正当程序原理》，中国人民公安大学出版社 2006 年版。

74. 巫宇甦：《证据法学》，群众出版社 1983 年版。

75. 熊选国：《刑事诉讼法司法解释释疑》，中国法制出版社 2002 年版。

76. 徐静村：《中国刑事诉讼法（第二修正案）学者拟制稿及立法理由》，法律出版社 2005 年版。

77. 谢佑平：《程序法定原则研究》，中国检察出版社 2006 年版。

78. 许亚文：《程序正义论》，山东人民出版社 2004 年版。

79. 杨宇冠：《非法证据排除规则在中国的实施问题研究》，中国检察出版社 2015 年版。

80. 叶青：《诉讼证据法学》，北京大学出版社 2013 年版。

81. 颜飞：《书面证言使用规则研究——程序法视野下的证据问题》，中国法制出版社 2012 年版。

82. 臧铁伟主编：《中华人民共和国刑事诉讼法解读》，中国法制出版社 2012 年版。

83. 张保生主编：《证据法学》，中国政法大学出版社 2009 年版。

84. 张步文：《司法证明原论》，商务印书馆 2014 年版。

85. 张晋藩主编：《中国民法通史》，福建人民出版社 2003 年版。

86. 郑未媚：《自由心证原则研究——以刑事诉讼为视角》，中国人民公安大学出版社 2008 年版。

87. 赵信会、韩清：《检察机关证据调查制度理论与实务》，法律出版社 2013 年版。

88. 祖伟：《中国古代证据制度及其理据研究》，法律出版社 2013 年版。

89. 朱文奇：《国际刑事诉讼法》，商务印书馆 2014 年版。

90. 左卫民：《中国刑事诉讼运行机制实证研究》，法律出版社 2007 年版。

91. 周欣：《外国刑事诉讼特色制度与变革》，中国人民公安大学出版社 2014 年版。

92. ［德］克利纳等：《德意志民主共和国民事诉讼》，刘家辉译，西南政法学院诉讼法教研室编印。

93. ［德］G. 拉德布鲁赫：《法哲学》，王朴译，法律出版社 2005 年版。

94. ［德］克劳思·罗科信：《刑事诉讼法》，吴丽琪译，法律出版社 2003 年版。

95. ［苏］安·扬·维辛斯基：《苏维埃法律上的诉讼证据理论》，法律出版社 1957 年版。

96. ［法］卡斯东·斯特法尼等：《法国刑事诉讼法精义》（下），罗结珍译，中国政法大学出版社 1999 年版。

97. ［法］孟德斯鸠：《论法的精神》（上册），张雁深译，商务印书馆 1959 年版。

98. ［法］让-皮埃尔·韦尔南：《神话与政治之间》，余中先译，生活·读书·新知三联书店 2005 年版。

99. ［日］田口守一：《刑事诉讼法》，张凌、于秀峰译，中国政法大学出版社 2010 年版。

100. ［日］松尾浩也：《日本刑事诉讼法》，丁相顺译，中国人民大学出版社 2005 年版。

101. ［美］E. 博登海默：《法理学：法律哲学与法律方法》，邓正来译，中国政法大学出版社 1999 年版。

102. ［美］乔恩·R. 华尔兹：《刑事证据大全》，何家弘、王若阳等译，中国人民公安大学出版社 2004 年版。

103. ［美］刘易斯：《血痕枪弹指纹探奇》，何家弘译，群众出版社 1991 年版。

104. ［美］米尔建·R. 达马斯卡：《漂移的证据法》，李学军等译，中国政法大学出版社 2003 年版。

105. ［美］哈德罗·J. 伯尔曼：《法律与革命——西方法律传统的形成》，贺卫方等译，中国大百科全书出版社 1993 年版。

106. ［奥］曼弗雷德·诺瓦克：《〈公民权利和政治权利国际公约〉评注》，孙世彦、毕小青译，生活·读书·新知三联书店 2008 年版。

107. ［日］谷口安平：《程序的正义与诉讼》（增补本），王亚新、刘荣军译，中国政法大学出版社 2002 年版。

108. ［日］石井一正：《刑事实务证据法》，判例时报社 1996 年版。

109. ［日］松尾浩也：《日本刑事诉讼法》，丁相顺译，中国人民大学出版社 2005 年版。

110. ［日］小野、横川：《改订刑事诉讼法（注释全书）》，有斐阁 1966 年版。

111. ［苏］克列曼：《苏维埃民事诉讼》，法律出版社 1957 年版。

112. ［苏］切里佐夫：《苏维埃刑事诉讼》，中国人民大学刑法学教研室译，法律出版社 1956 年版。

113. Brian Kennedy：《证人询问的技巧》，郭乃嘉译，元照出版有限公司 2002 年版。

114. 林荣耀、蔡佩芬：《刑事诉讼法逐条释论》（一、二合辑），神州图书出版有限公司 2004 年版。

115. 林国贤、李春福：《刑事诉讼法论》（下册），三民书局 2006 年版。

116. ［意］切萨雷·贝卡里亚：《论犯罪与刑罚》，黄风译，中国方正出版社 2005 年版。

117. ［英］麦高伟、杰弗里·威尔逊主编：《英国刑事司法程序》，姚永吉等译，法律出版社 2003 年版。

118. 《德国刑事诉讼法典》，李昌珂译，中国政法大学出版社 1995 年版。

119. 《德国刑事诉讼法典》，宗玉琨译，知识产权出版社 2013 年版。

120. 《美国联邦刑事诉讼规则和证据规则》，卞建林译，中国政法大学出版社 1996 年版。

121. 《日本刑事诉讼法》，宋英辉，中国政法大学出版社 2000 年版。

122. ［美］兰博约：《对抗式刑事审判的起源》，王志强译，复旦大学出版社 2010 年版。

123. ［美］戈尔丁：《法律哲学》，齐海滨译，三联书店 1987 年版。

二、论文类

1. 卞建林、李菁菁："从我国刑事法庭设置看刑事审判构造的完善"，载《法学研究》2004 年第 3 期。

2. 卞建林、谢澍："'以审判为中心'视野下的诉讼关系"，载《国家检察官学院学报》2016 年第 1 期。

3. 拜荣静："论刑事鉴定意见证明力的评价"，载《贵州大学学报（社会科学版）》2013 年第 5 期。

4. 陈光中、唐彬彬："深化司法改革与刑事诉讼法修改的若干重点问题探讨"，载《比较法研究》2016 年 11 月刊。

5. 陈光中、郭志媛："非法证据排除规则实施若干问题研究——以实证调查为视角"，载《法学杂志》2014 年第 9 期。

6. 陈光中、马康："认罪认罚从宽制度若干重要问题探讨"，载《法学》2016 年第 8 期。

7. 陈光中、朱卿："中国古代诉讼证明问题探讨"，载《现代法学》2016 年第 5 期。

8. 陈光中："关于检察官客观义务的几点看法"，载《检察日报》2009 年 5 月 15 日，第

3 版。

9. 陈卫东、杜磊："检察官客观义务的立法评析"，载《国家检察官学院学报》2015 年第 3 期。

10. 陈学权："以审判为中心呼唤科学的交叉询问规则"，载《证据科学》2016 年第 3 期。

11. 陈永生："论客观与诉讼关照义务原则"，载《国家检察官学院学报》2005 年第 4 期。

12. 陈佑治："刑事诉讼与证据法系列之四——异议及异议之处理"，载《法令月刊》第 59 卷第 9 期。

13. 程军伟："论司法鉴定人出庭作证的任务、证言规则及要求"，载《铁道警察学院学报》2016 年第 4 期。

14. 樊崇义："客观真实管见——兼论刑事诉讼证明标准"，载《中国法学》2000 年第 1 期。

15. 顾永忠、李竺娉："论刑事辩护的有效性及其实现条件——兼议'无效辩护'在我国的引入"，载《西部法学评论》2008 年第 1 期。

16. 顾永忠、肖沛权："'完善认罪认罚从宽制度'的亲历观察与思考、建议——基于福清市等地刑事速裁程序中认罪认罚从宽制度的调研"，载《法治研究》2017 年第 1 期。

17. 顾永忠："以审判为中心背景下的刑事辩护突出问题研究"，载《中国法学》2016 年第 2 期。

18. 郭志媛："非法证据排除规则实施研讨会综述"，载《人民法院报》2013 年 12 月 4 日，第 6 版。

19. 郭志媛："非法证据排除范围界定的困境与出路——兼谈侦查讯问方法的改革"，载《证据科学》2015 年第 6 期。

20. 胡波："也谈我国的交叉询问制度"，载《法学杂志》2002 年第 6 期。

21. 胡锡庆、张少林："刑事庭审认证规则研究"，载《法学研究》2001 年第 4 期。

22. 李颖："试论现行刑事证据制度的立法缺陷及完善——兼论现行庭审方式改革对证据制度的要求"，载《法律科学》1999 年第 1 期。

23. 李本森："刑事速裁程序的司法再造"，载《中国刑事法杂志》2016 年第 5 期。

24. 李本森："我国刑事案件速裁程序研究——与美、德刑事案件快速审理程序之比较"，载《环球法律评论》2015 年第 2 期。

25. 梁坤、陶树声："刑事审判当庭认证实证研究"，载《人民司法》2010 年第 15 期。

26. 刘玫、韩瀚："刑事诉讼中'有专门知识的人'的诉讼地位、证据效力及质证范围"，载《中国政法大学学报》2016 年第 2 期。

27. 刘玫、鲁杨："我国刑事诉讼简易程序再思考"，载《法学杂志》2015 年第 11 期。

28. 刘国庆："刑事诉讼中的异议权问题研究"，载《中国刑事法杂志》2010 年第 2 期。

29. 龙宗智："论刑事对质制度及其改革完善"，载《法学》2008 年第 5 期。

30. 龙宗智："庭审实质化的路径和方法"，载《法学研究》2015年第5期。

31. 龙宗智："新刑事庭审方式评析"，载《人民检察》1998年第11期。

32. 龙宗智："中国法语境中的检察官客观义务"，载《法学研究》2009年第4期。

33. 孙锐："实物证据庭审质证规则研究——以美国鉴真规则的借鉴为视角"，载《安徽大学学报（哲学社会科学版）》2016年第4期。

34. 孙维萍、露卡·露巴利亚："意大利刑事诉讼法的主要特色及最新修订"，载《政治与法律》2003年第5期。

35. 孙长永："当事人主义刑事诉讼中的法庭调查程序评析"，载《政治与法律》2003年第3期。

36. 孙长永："日本和意大利刑事庭审中的证据调查程序评析"，载《现代法学》2002年第6期。

37. 孙长永："审判中心主义及其对刑事程序的影响"，载《现代法学》1999年第4期。

38. 奚玮、吴小军："论我国法官庭外调查证据的范围——以刑事诉讼为中心"，载《政治与法律》2005年第5期。

39. 熊秋红："刑事庭审实质化与审判方式改革"，载《比较法研究》2016年第5期。

40. 熊秋红："刑事证人作证制度之反思——以对质权为中心的分析"，载《中国政法大学学报》2009年第5期。

41. 熊秋红："有效辩护、无效辩护的国际标准和本土化思考"，载《中国刑事法杂志》2014年第6期。

42. 杨钧、秦嬿："论释明制度"，载《法学》2003年第9期。

43. 杨宇冠、刘曹祯："以审判为中心的诉讼制度改革与质证制度之完善"，载《法律适用》2016年第1期。

44. 杨宇冠、杨依："'以审判为中心'的若干问题研究"，载《西北大学学报（哲学社会科学版）》2016年第3期。

45. 姚莉、詹建红："刑事程序选择权论要——从犯罪嫌疑人、被告人的角度"，载《法学家》2007年第1期。

46. 叶青："构建刑事诉讼证人、鉴定人出庭作证保障机制的思考"，载《中国司法鉴定》2015年第2期。

47. 王敏远："认罪认罚从宽制度疑难问题研究"，载《中国法学》2017年第1期。

48. 王敏远："以审判为中心的诉讼制度改革问题初步研究"，载《法律适用》2015年第6期。

49. 卫跃宁："庭审实质化的检察进路"，载《中国政法大学学报》2016年第6期。

50. 卫跃宁、宋振策："论庭审实质化"，载《国家检察官学院学报》2015年第6期。

51. 张杰："法官办案责任制的三个关键要素"，载《人民法治》2015年第Z1期。

52. 张军："关于刑事案件审判方式的若干问题"，载《中国法学》1996 年第 3 期。

53. 郑高键："对被告人翻供案件证据认定的调查与思考"，载《甘肃政法学院学报》2009 年第 3 期。

54. 朱孝清："检察官负有客观义务的缘由"，载《国家检察官学院学报》2015 年第 3 期。

55. 朱孝清："检察官客观公正义务及其在中国的发展完善"，载《中国法学》2009 年第 2 期。

56. 左卫民："中国刑事诉讼模式的本土构建"，载《法学研究》2009 年第 2 期。

57. 郭华："庭审案件事实认定程序规则研究"，载《法学杂志》2008 年第 1 期。

58. 王上仁："台湾地区刑事诉讼体制与法院职权调查证据之变迁——兼论对我国大陆之借鉴意义"，载《西部法学评论》2015 年第 3 期。

三、外文资料

1. Henry Campbell Black, *Black's Law Dictionary*, 5th. ed., St. Paul Minn. West Publishing Co.

2. Christopher Ozawkie, *The Bill of Rights for the Criminal Defendant in American Law*, *in Human Rights in Criminal Procedure*, Martinis Nijhoff Publishers, 1982.

3. Lon L. Fuller, "The Forms and Limits of Adjudication, in American Court System", H. Freman & Company, 1978.

4. Shigemitsu Dandu, *Japanese Criminal procedure*, Fred B. &Co. South Hackensack, N. j, 1965.

5. Wigmore, *Evidence. At 1367*, *Prince*, *Richardson on Evidence*. 10th edition, 1973.

6. Jerome Hall, *Case and Readings on Criminal Law and Procedure*, The Bobbs-Merrill Company, Inc., 1949.

7. J. A. Jolowicz, "Adversarial and Inquisitorial Models of Civil Procedure", *in International and Comparative Law Quarterly*, Vol. 52, 2003.

8. Frank R. Herrmann, S. J., Brownlow M. Speer, "Facing the Accuser: Ancient and Medieval Precursors of the Confrontation Clause", *Virginia Journal of International Law*, Vol. 34, 1994.

9. *Black's Law Dictionary*, Abridged 6th ed, West Group, 1991.

10. Ratanlal Ranchhoddas, Dhirajlal Keshavlal Thakore, *The Law of Evidence* (*Act of* 1872), 23th ed. Lexis Nexis Butterworths Wadhwa Nagpur, 2010.

11. Aleksander Peczenik, *On Law and Reason*. Springer, 2008.

12. Andrei Marmor, *Philosophy of Law*. Princeton University Press, 2010.

13. Douglas E. Edlin, *Judges and Unjust Laws*: *Common Law Constitutionalisom and the Foundations of Judicial Review*. The University of Michigan Press, 2010.

14. Roxin/Schünemann, *Strafverfahrensrecht*, Auflage, C. H. Beck 2014.

15. Ulrich Eisenberg, *Beweisrecht der StPO*, C. H. Beck München 2013.

四、博士论文

1. 万永海："刑事法庭调查论"，中国政法大学 2005 年博士学位论文。

2. 王国忠："刑事交叉询问之研究"，中国政法大学 2006 年博士学位论文。

3. 贺振华："刑事庭审中的人证调查程序研究"，西南政法大学 2007 年博士学位论文。

4. 肖波："刑事庭审调查制度的正当性研究"，复旦大学 2009 年博士学位论文。

5. 纪虎："刑事被告人庭审调查程序研究"，西南政法大学 2010 年博士学位论文。

6. 陈如超："刑法法官的证据调查权研究"，西南政法大学 2010 年博士学位论文。

五、网址及其他

（一）电子数据

全国刑事案件辩护率大数据报告，选取全国范围内 2014 年 1 月 1 日至 2016 年 12 月 8 日刑事案件一审裁判文书 2172100 份，二审裁判文书 1551209 份，数据来源于《聚法》微信推送，2016 年 12 月 12 日。

（二）古籍资料

1.《周礼·秋官·小司寇》。

2.《封诊式》。

3.《后汉书·邓骘传》。

4.《宋书·谢庄传》。

5.《晋书·五行志》。

6.《敦煌变文集·燕子赋》。

7.《尚书·吕刑》。

8. 张纯一："晏子春秋校注·内篇谏下"，载《诸子集成》，上海书店出版社 1986 年影印版。

9.《汉书·赵广志传》。

10.《大清新法令》附录法典草案一，诉讼法。

11.《睡虎地秦墓竹简》整理小组：《睡虎地秦墓竹简·封诊式》，文物出版社 1977 年版。

12.《唐律疏议·断狱》。

13.《大明令·刑令》。

14.《明会典》。

15.《宋刑统》。

16.《礼记·月令》。

17.《元史·刑法志》。

18.《清史稿·刑法志》。

19. 李焘：《续资治通鉴长编》，中华书局 1992 年版。

20. 马端临：《文献通考》，中华书局 1986 年版。

21. 《元典章》。

后　记

　　本书是在我博士论文的基础上修改完成的。回首过去二十五年的学习经历，多少往事历历在目。在这条充满艰辛而又令人不懈追求的求知路上，承蒙诸多师长、亲人和朋友的关心、支持和帮助，跌跌撞撞走到今天。难以言表，唯以最后的篇幅、最真的情感感恩改变我生活、成就我梦想的人。

　　感谢我的父母。感谢他们赋予我生命，教会我做人的道理；感谢他们给我一个温暖的家，让我学会乐观和坚强。在成长过程中，我遇到过很多坎坷、失败，是他们一直在我身旁给我鼓励，让我有了迎难而上的勇气。我也收获过很多荣誉，但唯有他们在我耳边不断鞭策，让我可以谦卑慎行。感谢他们在我读博士期间悉心照顾我的女儿，女儿健康、快乐的成长给予我莫大的支持。养女方知父母恩，谢谢你们！

　　感谢我的恩师陈光中先生。在中国政法大学求学期间，先生对我的学习、工作和生活都给予了莫大的关心、指导和帮助。先生深厚的学术涵养、严谨的治学态度和一丝不苟的工作精神值得我用一生去学习。在学业上，论文的选题、框架的构建、数据的调查、资料的收集、行文的逻辑、正式的行文、修改的定稿等，都是在先生一步步的指导下完成的，字里行间的每一处都凝聚着先生的心血；在工作上，感谢先生给我机会，让我有幸参与到"以审判为中心，证人、鉴定人出庭作证制度"的课题研究中。在跟随先生多次到地方法院调研的过程中我学会了如何对司法数据进行收集、整理和分析，先生求真务实的态度对我的教学、科研工作产生了潜移默化的影响；在生活中，先生给予我无微不至的关心和照顾。每次见到先生，先生都会问到"孩子什么样"，一股暖流顿时涌上心头。谢谢先生的接纳、教导和鼓励，因为您，我才有机会改变人生，真诚地道一句"谢谢"！

　　中国政法大学的刑事司法学院是一个温馨的大家庭，在这里，每一位老师学术精湛，为人平易，和蔼可亲。感谢刘玫教授、顾永忠教授、汪海燕教授、卫跃宁教授在论文开题过程中对本书的思路和框架给予的指导与意见；感谢卞建林教授、樊崇义教授、杨宇冠教授、李本森教授、郭志媛教授。他们渊博的学识和孜孜不倦的教诲，使我步入了刑事诉讼法和证据法的理论殿堂。

最后，感谢周欣教授。在北京求学的生涯中，是您一直给予我关心、指导；在我博士论文写作的过程中，给予我宝贵意见。在北京，有位亦师亦母的老师一直关爱着我，我是幸运的，感谢周老师！

师恩似海，吾将谨记教诲，潜精研思；大德不酬，唯有坚持不懈，不负师望；丹漆随梦，吾当鞠躬尽力，上下求索。

张杰

2020 年 12 月于江苏师范大学法学院